国际贸易实务项目化教程

主　编　吴　兰
副主编　李超翠　黄　灿
肖映红　林　寿

北京理工大学出版社
BEIJING INSTITUTE OF TECHNOLOGY PRESS

图书在版编目（CIP）数据

国际贸易实务项目化教程/吴兰主编. --北京：北京理工大学出版社，2021.9(2023.9 重印)

ISBN 978-7-5763-0451-0

Ⅰ. ①国… Ⅱ. ①吴… Ⅲ. ①国际贸易-贸易实务-高等学校-教材 Ⅳ. ①F740.4

中国版本图书馆 CIP 数据核字(2021)第 200131 号

出版发行／北京理工大学出版社有限责任公司
社　　址／北京市海淀区中关村南大街 5 号
邮　　编／100081
电　　话／(010) 68914775（总编室）
　　　　　(010) 82562903（教材售后服务热线）
　　　　　(010) 68944723（其他图书服务热线）
网　　址／http://www.bitpress.com.cn
经　　销／全国各地新华书店
印　　刷／北京侨友印刷有限公司
开　　本／787 毫米×1092 毫米　1/16
印　张／17.75
字　　数／342 千字
版　次／2021 年 9 月第 1 版　2023 年 9 月第 3 次印刷
定价／49.80 元

责任编辑／武丽娟
文案编辑／武丽娟
责任校对／刘亚男
责任印制／施胜娟

图书出现印装质量问题，请拨打售后服务热线，本社负责调换

前言 PREFACE

国际贸易实务是高等职业院校财经大类核心专业必修课程，也是一门具有涉外活动特点及实践性较强的综合性应用学科，该课程的教学可为从事外贸业务的工作者奠定理论基础。国际贸易实务项目化教程结合国际贸易惯例及现行贸易习惯做法，并参照国内外最新法规、条例编纂而成，主要适用于高等职业院校学生及国际贸易领域的初学者。通过本书学习，有利于学习者更深刻理解党的二十大报告中关于加快构建新发展格局，推进高水平对外开放的重要理论。

教材中注重对于学生创新意识和创新能力的培养，以适应2035年“实现高水平科技自立自强，进入创新型国家前列”，建成科技强国的总体目标。因此，本书在编写过程中以学生为中心、以学生认知能力为出发点、以培养学生国际贸易实际应用能力为主线，针对目前高职学生的实际情况，按照职业成长规律，模块任务设置由简单到复杂，知识由浅入深。全书以项目任务为纲，设计了13个项目，贯彻“用任务训练职业岗位能力”的思想，尽量做到内容丰富实用且理论适度，突出实践。全书以设计新颖独特的“环节穿插、学练结合”内容编排方式让教师教得轻松，情景创设、角色扮演、小组合作演练、分组对抗演练等训练方式让学生学得有兴趣。全书以综合素质和工匠精神的培养为重点，注重激发学习者对职业的认同感、责任感和荣誉感。在教材开发中吸收了大量来自紧密合作企业的外贸业务典型案例，确保了案例的真实性、时效性和新鲜度。同时教材增加相应的思政内容和数字化资源，育人元素的融入更能体现系统化观念，以国家目标和战略需求为导向，以专业人才培养目标为依据，以所在专业能力结构为主线，将习近平新时代中国特色社会主义思想、中国式现代化、2035科技强国、人才强国目标、爱国创新协调育人、锐意开拓进取等融入教材之中。让学生在学习国际贸易知识、分析国际贸易现象、掌握国际贸易实务所需技能的过程中，培养爱国意识和理念，领会新时代国际贸易企业对国际贸易人才的要求。

本书在结构方面，构建了“课程—项目章节—学习单元—任务情景—任务讲解—任务实训”的逻辑，自上而下形成多级资源架构。在内容方面，充分考虑理论体系完整性问题，选取有代表性的进出口行业，以外贸企业的真实业务案例来诠释一般贸易进出口业务操作的流程和技巧。全书以实际进出口业务的操作技能为主线索，首先将进出口业务全过程分解为13个项目，继而细化项目内容，形成任务单元，并进一步根据任务单元知识元素特性分解为若干具体的任务情景，形成课程情景素材库，通过对任务情景的讲解和任务实训来完成全部的编撰。本书融入了55个数字化新型课程资源元素，涵盖77个技能点及109个知识点。每个知识点的讲解还注重与课程思政内容建设相融合。

本书在编写过程中力求达到以下几点：

第一，结构体系的合理性。在拟写本书纲要、目录和统稿的过程中，编者都注重全书结构体系的合理性和逻辑性。本书将国际贸易业务所涉及的基本环节分解成各个项目章节分别进行讲解，由浅入深，逐步讲解了当今国际贸易业务程序的基本步骤、操作程序及业务善后处理等内容。

第二，突出情景教学。本书每个项目章节都有案例。每一项目章节都配有与本项目知识有关的案例（任务）导入，并用二维码数字化资源形式进行分析，以帮助学生进一步理解所学知识，巩固教学内容，提高学习兴趣。此外，在任务实训部分采用数字化形式提高了实际业务类案例分析的比重，便于学生用所学知识解决实际问题。通过进一步丰富、优化、更新教材数字化资源，响应党的二十大中推进教育数字化的要求。

第三，内容的实用性。国际贸易实务涉及内容繁杂，本书在编写过程中，根据适用对象力求做到精简实用，摈弃部分过于复杂的知识点，并保留国际贸易基层工作人员所需的基本知识点。在每个项目的任务实训部分采用数字化形式增加了常用国际贸易专业术语的中英文集萃，从而扩充学生的相关知识面。

第四，方便教学。为了便于教师备课及教学，在每个项目开头均设有项目导语，列明每个项目章节的知识目标、能力目标、素质目标，同时在课后设置任务训练，便于教师检验学生的学习情况。

本书有助于新型冠状病毒疫情下在线教学工作的有序开展，对于深化高职院校课程体系改革、促进高职院校课程体系建设、提高学生的专业优势和竞争力具有促进作用。通过本书的学习能帮助学生更好地对所学的进出口业务知识进行系统的回顾和小结，使专业知识得以融会贯通；本书以案例分析为重点，从多角度进行全面的分析或解答，使学生能从纷繁复杂的案例中，提高综合运用基础知识和解决问题的能力，以便今后在国际贸易实践中做到学以致用，触类旁通，避免风险，减少损失，解决纠纷，提高工作水平和业务能力。

本书是重庆工程职业技术学院从事该领域教学的教师倾力合作的成果。全书由重庆工程职业技术学院吴兰进行前期统筹规划、后期统稿处理并担任主编，由重庆工程职业技术学院李超翠、黄灿、肖映红及广东工程职业技术学院林寿担任副主编。其中，吴兰负责编写项目一和项目六至十三，李超翠负责编写项目二，黄灿负责编写项目三，肖映红负责编写项目四，林寿负责编写项目五。由于时间仓促，书中难免有疏漏及错误之处，敬请各位专家学者、教师及读者指正，提出宝贵意见。请将反馈意见发至wulan－5346@163. com邮箱，同时也欢迎大家参与探讨，我们将不胜感激。

目录 CONTENTS

项目一　绪论

项目导语

国际贸易实务是一门研究国与国之间有形商品即货物买卖的有关理论和实际业务的课程，是一门经济管理类专业必修的专业基础课程，也是一门具有涉外活动特点、实践性很强的综合性应用学科。本项目重点介绍了国际贸易的基本概念和相关指标，是学习和分析国际贸易相关活动的基础。

知识目标：

- 了解国际贸易产生和发展的条件
- 理解国际贸易课程的学科体系
- 掌握国际贸易的基本概念

能力目标：

- 能解释国际贸易的相关概念
- 能分析国际贸易的相关指标

素质目标：

- 引导学生树立远大理想，弘扬爱国主义情怀，树立正确的人生观、世界观、价值观
- 培养爱岗敬业、诚实守信的良好职业道德
- 培养国际贸易从业人员要求的基本素养

案例（任务）导入

案例（任务）描述：

2020 年 1 月，中国天津光明公司与美国设在中国广州的外商独资企业史密斯公司在大连签订一份货物买卖合同，合同规定，由史密斯公司向光明公司出售一批移动电信设备，总金额为 200 万美元，交货地点为光明公司设在沈阳的仓库。双方在执行合同的过程中，对合同有关条款的解释发生争议。史密斯公司提出应该适用《联合国国际货物销售合同公约》，而光明公司则认为应该按中国法律。试分析解决此项纠纷究竟应该适用什么法律。

任务一 国际贸易的概述

国际贸易的产生和发展

国际贸易是在人类社会生产力发展到一定阶段才产生和发展起来的，它是一个历史范畴。贸易就是商品的交换，它的产生需要两个条件：一是剩余产品，二是私有财产制度。社会生产力的发展产生出用于交换的剩余产品，而国际贸易是国与国之间的商品交换，所以国家的形成也是国际贸易产生的基本条件。它是伴随着国际分工的出现和世界市场的形成而产生和发展起来的。

一、国际分工的出现

国际分工是国家之间的劳动生产分工，它是社会生产分工发展到一定阶段，分工超越了国家界限的结果。在人类社会早期，生产力水平极其低下，人们都是自给自足，劳动成果仅仅能够维持群体的最基本的生存需要，根本没有剩余产品可以拿来与别人进行交换，所以谈不上贸易，更别说国际贸易了。后来慢慢有了可以交换的剩余产品，还出现了畜牧业和农业、手工业的分工，又由于国家的形成，商品的交换超越了国界，所以就有了国际分工，但这个时候的分工是很少的。15 世纪末的地理大发现后出现了真正意义上的国际贸易。16—17 世纪手工业向工场手工业的过渡，西欧国家的殖民政策，还有后来的三次大规模的产业革命，以及现阶段国际分工的深化都促进了国际分工的大规模发展。

二、世界市场的形成

世界市场是指世界各国进行商品和劳务交换的场所和领域，它是由国际分工联系起来的各个国家的市场构成的总和，是随着国际分工的出现而开始形成的。在地理大发现之前，区域性市场已经产生，地理大发现则奠定了世界市场产生和形成的基础，而机器大工业则促进了世界市场的迅速发展，世界市场形成的标志是多边贸易支付体系和国际金本位制度的建立。现阶段的世界市场是一个统一的无所不包的市场，形成了比较健全的包括各种商品交易所、国际拍卖市场、博览会、网上交易平台等多种形式的销售渠道。

三、生产力的发展是国际贸易产生和发展的根本原因

国际分工的发展和世界市场的形成是国际贸易产生和发展的前提条件，而它们的

发展又是生产力发展的必然结果。生产力的发展对国际贸易的内容、广度和深度都起着决定性的作用，各国的生产力水平决定了它们在世界贸易中的地位，现阶段国际贸易的迅速发展正是生产力进一步发展的结果。

任务二　国际贸易实务的法律适用及学科体系

国际贸易课程分三个部分，即理论、政策和实务。其中理论部分主要是分析国际贸易的原因、模式、影响等，解决为什么要进行贸易的问题；政策部分主要是针对各国政府采用的各种政策分析其影响；国际贸易实务是相对国际贸易理论而言的，指国际贸易的具体操作，也就是解决如何进行国际贸易的问题。

本书涉及的就是第三部分，主要介绍国际货物买卖方面的基本业务知识、规则与技能。其法律适用涉及以下内容：

一、国际货物贸易适用的法律与惯例

（一）国际货物贸易适用的法律

国际货物贸易是不同国家（地区）的当事人之间的商品交换，即具有国际性。对“国际性”的判断标准有：

（1）买卖双方当事人的营业地处于不同的国家。

（2）当事人具有不同的国籍。

（3）订立合同的行为完成于不同的国家。

（4）货物须由一国运往另一国。

联合国国际贸易法委员会在 1980 年 4 月于维也纳制订的《联合国国际货物买卖公约》中采用了单一的“营业地标准”，即以买卖双方的营业地是否处于不同国家为标准。如果当事人拥有多处营业地时，公约采用“最密切联系原则”。

规范国际货物贸易的法律主要有《联合国国际货物销售合同公约》以及相关国家的国内法。我国《合同法》第 126 条规定：“涉外合同的当事人可以选择处理合同争议所适用的法律，但法律另有规定者除外。涉外合同的当事人没有选择的，适用与合同有密切联系的国家的法律。”

（二）国际贸易惯例

惯例主要有《2010 年国际贸易术语解释通则》（最新版 INCOTERMS 2010 于 2011 年 1 月 1 日实施）、《托收统一规则》（《URC 522》）、《跟单信用证统一惯例》（《UCP 600》）等。

二、合同条款

合同条款一般包括采用何种贸易术语，成交商品的名称、品质、数量、包装、价

格、运输、保险、支付、商检、索赔、不可抗力和仲裁等交易条件。

三、合同的商订和履行

合同商订的过程，可能包括询盘、发盘、还盘和接受各环节。一般情况下，当接受生效的时候，合同即告成立。而合同的履行是实现货物和资金按约定方式转移的过程。

四、贸易方式

除普通贸易方式外，还可采用其他贸易方式，如经销、代理、寄售、招标、期货交易、对销交易和加工贸易、电子商务等。

任务三　国际贸易实务的理论基础

一、国际贸易的含义

国际贸易是指世界各国或各地区之间货物、服务和技术的交换，是各国或各地区之间国际分工的表现，反映了世界各国或各地区在经济上的相互依靠关系。从这个概念中我们可以看出国际贸易的内容是货物贸易、服务贸易和技术贸易，特点是涉及不同的独立的国家或地区，就其性质而言，国际贸易是第二性的，由国际分工决定并影响其发展。

二、国际贸易的基本概念及分类

（一）国际贸易与对外贸易

国际贸易（International Trade）又称世界贸易（World Trade），是指不同国家（或地区）之间的商品和劳务的交换活动，即商品和劳务的国际转移。由进口贸易（Import Trade）和出口贸易（Export Trade）两部分组成，故也称为进出口贸易。从一个国家的角度看这种交换活动就是对外贸易（Foreign Trade），就是一国或地区同别国或地区进行货物和服务交换的活动。因此，提到对外贸易时要指明特定的国家，如中国的对外贸易。某些岛国如英国、日本等也称对外贸易为海外贸易（Oversea Trade）。广义的对外贸易包括服务贸易；狭义的对外贸易则只包含货物贸易的内容。把握这组概念要注意的是必须以跨越国境为标准。比如外资企业生产的产品在中国国内销售就不能计入国际贸易，但是跨国公司的国外分支机构向母公司的输入就应该计入。

（二）总贸易和专门贸易

这是按统计口径不同进行划分的。

总贸易（General Trade）是指以国境为标准划分的进出口贸易。凡进入国境的商品一律列为总进口；凡离开国境的商品一律列为总出口。在总出口中又包括本国产品的出口和未经加工的进口商品的出口。总进口额加总出口额就是一国的总贸易额。美国、日本、英国、加拿大、澳大利亚、中国、苏联、东欧等国家或地区均采用这种划分标准。

专门贸易（Special Trade）是指以关境为标准划分的进出口贸易。只有从外国进入关境的商品以及从保税仓库提出进入关境的商品才列为专门进口。当外国商品进入国境后，暂时存放在保税仓库，未进入关境，不列为专门进口。从国内运出关境的本国产品以及进口后经加工又运出关境的商品，则列为专门出口。专门进口额加专门出口额称为专门贸易额。德国、意大利等国家均采用这种划分标准。

当一国执行统一的关税政策，国境等于关境，按总贸易体系和专门贸易体系计算的结果是一样的；现阶段很多国家开辟了专门的免税区，即采取了不同的关税政策，则国境大于关境；还有现在也有很多国家联合起来执行相同的关税政策，则国境小于关境，比如欧盟。

（三）出口贸易、进口贸易与过境贸易

这是按商品移动的方向进行划分的。

出口贸易（Export Trade）是指一国把自己生产的商品输往国外市场销售，又称输出贸易。如果商品不是因外销而输往国外，则不计入出口贸易的统计之中，如运往境外使馆、驻外机构的物品，或者携带个人使用物品到境外等。

进口贸易（Import Trade）是指一国从国外市场购进用以生产或消费的商品，又称输入贸易。如果商品不是因购入而输入国内，则不计入进口贸易。同样，若不是因购买而输入国内的商品，则不称进口贸易，也不列入统计，如外国使领馆运进自用的货物，以及旅客携带个人使用物品进入国内等。

过境贸易（Transit Trade）是指甲国向乙国运送商品，由于地理位置的原因，必须通过第三国，对第三国来说，虽然没有直接参与此项交易，但商品要进出该国的国境或关境，并要经过海关统计，从而构成了该国进出口贸易的一部分。比如内陆国与不相邻的国家之间的商品交易，就必须通过第三国国境，对第三国海关来说，就会把这类贸易归入过境贸易。不过如果这类贸易是通过航空运输飞越第三国领空的话，第三国海关不会把它列入过境贸易。过境贸易可分为直接和间接两种。直接过境贸易是外国商品纯转运性质经过本国，并不存放在本国海关仓库，在海关监督下，从一个港口通过国内航线装运到另一个港口再输出国外；或在同一港口内从这艘船装到另一艘船；或在同一车站从这列火车转装到另一列火车后离开国境。间接过境贸易是外国商品运到国境后，先存放在海关保税仓库，以后未经加工改制，又从海关保税仓库提出，再运出国境。根据专门贸易体系，这种商品移动作为过境贸易处理不计入对外贸易额内。

（四）直接贸易、间接贸易和转口贸易

这是按生产国和消费国在贸易中的关系进行划分的。

直接贸易（Direct Trade）：指商品生产国与商品消费国不通过第三国进行买卖商品的行为。贸易的出口国方面称为直接出口，进口国方面称为直接进口。

间接贸易（Indirect Trade）和转口贸易（Entrepot Trade）：指商品生产国与商品消费国通过第三国进行买卖商品的行为，间接贸易中的生产国称为间接出口国，消费国称为间接进口国，而第三国则是转口贸易国，第三国所从事的就是转口贸易。

例如，战后的伊拉克有一些商机，但是风险也很大。我国的有些企业在向伊拉克出口商品时，大多是先把商品卖给伊拉克的周边国家，再由伊拉克的周边国家转口到伊拉克。

需要注意的是，直接贸易和间接贸易的区别是以货物所有权转移是否经过第三国（中间国）为标准的，而与运输方式无关。直接贸易可以是生产国的商品通过第三国转运至消费国，间接贸易可以是生产国的商品直接运往消费国。

（五）双边贸易、三角贸易和多边贸易

这是按参与国家的多少来划分的。

双边贸易（Bilateral Trade）本来是指两国政府之间商定的贸易规则和调节机制下的贸易。两国政府往往通过签订贸易条约或协定来规定贸易规则和调节机制，要求两国在开展贸易时必须遵守贸易条约或协定中的规定。双边贸易所遵守的规则和调节机制不适用于任何一个签约国与第三方非签约国之间开展的贸易。例如，在《中美贸易条约》下开展的中美贸易就是一种双边贸易。现在泛指两个国家或地区之间的贸易。

三角贸易（Triangle Trade）是当两国贸易不能实现平衡或外汇支付产生困难时，可以把贸易关系扩大到第三国，通过协议在三国之间互相搭配商品进行交易，从而达到保持贸易和收支平衡的目的。

多边贸易（Multilateral Trade）指三个或三个以上的国家，为求相互间的收支在整体上获得平衡，通过协议在多边结算的基础上所进行的贸易，又称多角贸易。其产生往往是由于两国间彼此供应的商品不对路或价格不相当，以致进出口不能平衡，外汇收支发生困难，需要第三国或更多的国家参加协议，建立三国或多国贸易，以使彼此间的进出口达到基本平衡。

（六）现汇贸易、记账贸易和易货贸易

现汇贸易（Spot Exchange Trade）指的是以国际货币作为清偿手段的国际贸易，又称自由结汇贸易（Free - liquidation Trade）。能够充当这种国际支付手段的，主要是美元、英镑、马克、法郎和日元这些可以自由兑换的货币。

记账贸易（Clearing Account Trade）是指在国际贸易中，贸易双方通过银行记账进行清算的一种贸易方式，通常是根据两国政府间签订的双边贸易协定和支付协定，商

定每年进出口额、主要进出口商品的品种和数量、执行期限和记账程序，各自在对方国家开立银行账户，集中结算货款支付。双方的进出口公司出运商品以后，只在各自的银行账户上记入贷出或借入即可。每年年终进行结算，差额部分用商定的货币偿还，或转入下一年度。通常双方规定一个限额限度，当一方超过限额时，另一方可以停止交货，或者催促对方加速交货。

易货贸易（Barter Trade）指以经过计价的商品作为清偿手段的国际贸易，或称换货贸易。它的特点是，进口与出口直接相联系，以货换货，进出基本平衡，可以不用现汇支付。这就解决了那些外汇匮乏国家开展对外贸易的困难。加上现在各国之间经济依赖性加强，有支付能力的国家有时也不得不接受这种贸易方式，因此易货贸易在国际贸易中十分兴盛，大致已接近世界贸易额的1/3。

必须注意，倘若两国间签订了贸易支付协定，规定双方贸易经由清算账户收付款，则一般不允许进行现汇贸易。因此，从清偿工具的角度看，这是一种特殊形式的国际贸易。

（七）有形贸易和无形贸易

有形贸易（Tangible Goods Trade）指商品的进出口贸易。由于商品是可以看得见的有形实物，故商品的进出口被称为有形进出口，即有形贸易。

无形贸易（Intangible Goods Trade）是“有形贸易”的对称，指劳务或其他非实物商品的进出口发生的收入与支出。其主要包括和商品进出口有关的一切从属费用的收支，如运输费、保险费、商品加工费、装卸费等以及和商品进出口无关的其他收支，如国际旅游费用、外交人员费用、侨民汇款、使用专利特许权的费用、国外投资汇回的股息和红利、公司或个人在国外服务的收支等。以上各项中的收入，称为“无形出口”；以上各项中的支出，称为“无形进口”。

有形贸易因要结关，故其金额显示在一国的海关统计上；无形贸易不经过海关办理手续，其金额不反映在海关统计上，但显示在一国国际收支表上。

（八）复出口和复进口

复出口（Re－export）指从国外输入的商品，没有在本国消费，又未经加工就再出口，也称复输出。如进口货物的退货、转口贸易等。

复进口（Re－import）指输往国外的商品未经加工又输入本国，也称再输入。产生复进口的原因，或者是商品质量不合格，或者是商品销售不对路，或者是国内本身供不应求。从经济效益考虑，一国应该尽量避免出现复进口的情况。

三、国际贸易分析

（一）贸易规模

贸易额（Trade Value）又称贸易值，是以货币金额表示的反映贸易规模的经济指标。各国贸易额一般用本国货币表示，为了便于国际比较，许多国家常用美元计算。

贸易额通常分为对外贸易额和国际贸易额。对外贸易额（Value of Foreign Trade）是指一国在一定时期内的进口贸易额（CIF 价格）与出口贸易额（FOB 价格）的总和。国际贸易额（Value of International Trade）则是指全世界各国在一定时期内出口贸易额的总和。由于从世界范围来看，一国的出口就是另一国的进口，为了避免重复计算，一般用各国出口额的总和来表示国际贸易的规模大小。

贸易差额（Balance of Trade）是一国在一定时期内（如一年、半年、一季、一月）出口总值与进口总值之间的差额。当出口总值与进口总值相等时，称为“贸易平衡”。当出口总值大于进口总值时，出现贸易盈余，称“贸易顺差”或“出超”（Trade Surplus）。当进口总值大于出口总值时，出现贸易赤字，称“贸易逆差”或“入超”（Trade Deficit）。通常，贸易顺差以正数表示，贸易逆差以负数表示。一国的进出口贸易收支是其国际收支中经常项目的重要组成部分，是影响一个国家国际收支的重要因素。

贸易量（Trade Volume）是经价格调整后的对外贸易额，它剔除了价格变动的因素，是用进出口商品的计量单位表示的反映贸易规模的指标。但是，由于参加贸易的商品种类繁多，计量单位的标准各不相同，价值有大有小，差别很大，无法统一衡量，用计量单位来统计对外贸易或国际贸易的规模是不现实的。因此，为了反映贸易实际规模的发展变化，只能剔除价格变动的影响，以一定时期的不变价格来计算贸易量，以达到不同时期的可比较性。由此，得出贸易量的实际含义是：贸易量是指以固定年份为基期而确定的进出口价格指数去除报告期的进出口额而得出的按不变价格计算的贸易额，反映贸易实际规模的发展变化。其计算公式为：

$$\text{进(出)口贸易量} = \text{进(出)口额} \div \text{进(出)口价格指数} \qquad (1-1)$$

（二）商品结构

商品结构指进出口商品的组成情况。

国际贸易商品结构（Composition of International Trade）指一定时期内各大类商品或某种商品在整个国际贸易中的构成，即各大类商品或某种商品贸易额与整个世界出口贸易额之比，以比重表示。其可以反映出整个世界的经济发展水平、产业结构状况和科技发展水平。

对外贸易商品结构（Composition of Foreign Trade）指一定时期内一国进出口中各类商品的构成，或某类进出口商品占该国进出口总额的比重。一个国家对外贸易商品结构，主要是由该国的经济发展水平、产业结构状况、自然资源状况和贸易政策决定的。发达国家对外贸易商品结构以进口初级产品、出口工业制成品为主；发展中国家对外贸易商品结构则以出口初级产品、进口工业制成品为主。要了解国际上一个国家的经济实力、科学技术水平，通常都要查看该国的对外贸易出口商品结构。

（三）地理方向

国际贸易地理方向（International Trade by Region）亦称国际贸易地区分布，它是反映国际贸易地区分布和商品流向的指标，指各个国家（地区）在国际贸易中所处的地位，通常以它们的出口额（进口额）占世界出口额（进口额）的比重来表示。

对外贸易地理方向（Direction of Foreign Trade）又称对外贸易地区分布或国别结构，是指一定时期内各个国家或区域集团在一国对外贸易中所占的地位，通常以它们在该国进出口总额或进口总额、出口总额中的比重来表示。对外贸易地理方向指明一国出口商品的去向和进口商品的来源，从而反映一国与其他国家或区域集团之间经济贸易联系的程度。一国的对外贸易地理方向通常受经济互补性、国际分工的形式与贸易政策的影响。

（四）贸易条件

贸易条件（Terms of Trade）又称交换比价或贸易比价，即出口价格与进口价格之间的比率，就是说一个单位的出口商品可以换回多少进口商品。它是用出口价格指数与进口价格指数来计算的。计算的公式为：

$$\text{贸易条件系数} = \text{出口价格指数} \div \text{进口价格指数} \times 100\% \quad (1-2)$$

如大于100%表明贸易条件比基期有利；如小丁100%则表明贸易条件比基期不利，交换效益劣于基期。

（五）对外贸易依存度

对外贸易依存度（Foreign Trade Dependency）又称为对外贸易系数，是指一国的进出口总额占该国国民生产总值或国内生产总值的比重。其中，进口总额占GNP或GDP的比重称为进口依存度，出口总额占GNP或GDP的比重称为出口依存度。对外贸易依存度反映一国对国际市场的依赖程度，是衡量一国对外开放程度的重要指标。其计算公式为：

$$\text{对外贸易依存度} = \text{对外贸易额} \div \text{GNP(或 GDP)} \quad (1-3)$$

一般情况下，随着一国参与国际分工的程度加深，其对外贸易依存度将会提高。

（六）对外贸易政策

对外贸易政策（Foreign Trade Policy）是指一国政府根据本国的政治经济利益和发展目标而制定的在一定时期内的进出口贸易活动的准则。它集中体现为一国在一定时期内对进出口贸易所实行的法律、规章、条例及措施等。它既是一国总经济政策的一个重要组成部分，又是一国对外政策的一个重要组成部分。

对外贸易政策包括三个层次：

（1）对外贸易总政策，其中包括进口总政策和出口总政策。

这是根据本国国民经济的总体情况，本国在世界上所处的经济和政治地位，本国的经济发展战略和本国产品在世界市场上的竞争能力以及本国的资源、产业结构等情况，制定的在一个较长时期内实行的对外贸易基本政策。

（2）对外贸易国别（或地区）政策。

这是根据对外贸易总政策及世界经济政治形势，本国与不同国别（或地区）的经济政治关系，分别制定的适应特定国家（或地区）的对外贸易政策。

知识扩展：
英汉短语集萃

（3）对外贸易具体政策，又称进出口商品政策。

这是在对外贸易总政策的基础上，根据不同产业的发展需要，不同商品在国内外的需求和供应情况以及在世界市场上的竞争能力，分别制定的适用于不同产业或不同类别商品的对外贸易政策。

项目一
任务训练

参考答案

项目二　商品品名、品质、数量与包装

项目导语

由于进入国际市场的货物种类繁多，即使是同一种商品，其品种、花色、质量、产地、外观等也会有所不同。标的物及其品质的不同，不仅会影响商品的用途、运输方式，而且会造成价格上的差异。其次，合同的标的必须以一定的量来表示，数量的约定是一项有效的货物买卖合同所不可或缺的内容。此外，在国际贸易中，商品的包装也是一项不可忽视的重要内容，按照一些国家的法律，合同中有关包装的规定是商品说明的组成部分。包装不仅是保护商品在流通过程中的品质完好和数量完整的重要条件，而且还会对货物的运输和销售产生影响。这些交易条件都直接关系到当事人双方的权益，因此，均须在买卖合同中做出具体规定以明确责任。

总之，在国际贸易中，商品的名称、品质、数量和包装是交易的基础，贸易双方就此进行磋商并达成一致后，才能进一步考虑货物的价格、运输、保险和货款支付等其他交易条件。而且，许多国家的合同法和货物买卖法都把品质、数量、包装条款认定为贸易合同的主要条件或交易中必不可少的条件，所以，买卖双方磋商交易时，必须谈妥商品的名称、品质、数量与包装这些主要交易条件，并在合同中做出明确具体的规定。

知识目标：

- 了解合同中商品品名和品质条款的基本内容
- 正确理解商品品质的规定方式
- 了解合同中包装条款的基本内容
- 熟悉商品分类知识

能力目标：

- 掌握商品编码制度
- 学会订立商品品质的机动幅度条款
- 掌握包装知识；熟悉包装在国际商品销售中的重要作用

素质目标：

- 引导学生领会当代中国制造的魅力，激发学生对民族品牌的热爱

- 介绍我国改革开放以来取得的伟大成绩，培养学生的民族自豪感
- 明确坚持走中国特色社会主义道路是取得我国外贸事业成功的关键

案例（任务）导入1

案例（任务）描述：

我某出口公司与法国一家公司签订出口一批农产品的合同。其中品质规格为：水分最高10%，杂质不超过2%，交货品质以中国商检局品质检验为最后依据。但在成交前我方公司曾向对方寄送过样品，合同签订后又电告对方，确认成交货物与样品相似。货物装运前由中国商检局品质检验签发品质规格合格证书。货物运抵法国后，该外国公司提出：虽然有检验证书，但货物品质比样品差，卖方有责任交付与样品一致的货物，因此要求每吨减价8英镑。我公司以合同中并未规定凭样交货为由不同意减价。于是，法国公司请该国某检验公司检验，出具了所交货物平均品质比样品差5%的检验证明，并据此提出索赔要求。我方不服，提出该产品系农产品，不可能做到与样品完全相符，但不至于低5%。由于我方留存的样品遗失，无法证明，最终只好赔付一笔品质差价。

案例（任务）导入2

案例（任务）描述：

2020年11月，香港某商行向内地一企业按FOB条件订购6 000吨铸铁井盖，合同总金额为405万美元。货物由买方提供图样进行生产。该合同品质条款规定：铸件表面应光洁；铸件不得有裂纹、气孔、砂眼、缩孔、夹渣和其他铸造缺陷。

合同规定（1）：订约后15天内卖方须向买方预付约人民币50万元的“反保证金”，交第一批货物后5天内退还保证金。

合同规定（2）：货物装运前，卖方应通知买方前往产地抽样检验，并签署质量合格确认书；若质量不符合同要求，买方有权拒收货物；不经双方一致同意，任何一方不得单方面终止合同，否则由终止合同的一方承担全部经济损失。

在国际贸易中，买卖双方所交易的每一种具体商品都有自己的名称，并表现为一定的品质；每一笔交易，都离不开一定的数量。因此，商品的品名、品质和数量是买卖双方在交易中必须首先明确的问题。而正确地选择和确定商品的品质和数量，更是买卖双方在磋商和签订买卖合同过程中必须解决的重要问题之一。在国际贸易中，商

品的品名、品质和数量大多作为合同的“要件”，因此，在贸易中对商品的品名、品质和数量应予重视。

任务一 商品的名称

一、品名的意义

国际贸易同国内贸易有着很大差异。在国际贸易中，看货成交的情况较少，交易双方商订合同时，往往很少见到具体商品，一般只是凭借对买卖的商品作必要的描述来确定交易标的。因此，在合同中列明商品的名称就成为不可缺少的一项主要贸易条件。按照有关的法律和惯例，对交易标的物的描述，是构成商品描述（Description）的一个主要组成部分，也是买卖双方交接货物的一项基本依据，它关系到买卖双方的权利和义务。若卖方交付的货物不符合约定的品名或说明，买方有权提出损害赔偿要求，甚至可以拒收货物或撤销合同。由此可见，列明合同中的商品具体名称，具有重要的法律和实践意义。

二、品名条款内容

品名条款的规定，取决于成交商品的品种和特点，它并无统一格式，可由交易双方酌情商定。合同中的品名条款通常比较简单，一般只是在商品名称或品名（Name of Commodity）的标题下，列明交易双方成交商品的名称。有时为了省略起见，也可不加标题，只在合同的开头部分，列明交易双方同意买卖某种商品的文句。

品名条款的规定，还取决于成交商品的品种和特点。就一般商品来说，有时只要列明商品的名称即可。但有的商品，往往具有不同的品种、等级和型号。因此，为了明确起见，也有把有关具体品种、等级或型号的概括性描述包括进去，作进一步限定。此外，有的甚至把商品的品质规格也包括进去，在此情况下，它就不单是品名条款，而是品名条款与品质条款的合并。

三、品名条款注意事项

国际货物买卖合同中的品名条款，是合同中的主要条件。因此，在规定此项条款时，应注意下列事项：

（1）必须明确、具体表达品名条款时，应确切反映交易标的物的特点，避免空泛、笼统的规定，以利合同的履行。

（2）针对实际做出实事求是的规定，品名条款中规定的品名，必须是卖方能够供应买方所需要的商品，凡做不到或不必要的描述性词句，都不应列入，以免给履行带来困难。

(3) 尽量使用国际通用名称。有些商品的名称各地称法不一，为了避免误解，应尽可能使用国际上通用的称呼。若使用地方性的名称，交易双方应事先就其含义取得共识。对于某些新商品的定名及其译名，应力求准确、易懂，并符合国际上的习惯称呼。

(4) 注意选用合适的品名。某些商品具有不同的名称，在确定合同的品名时，应从降低关税、节省运费和方便进出口的角度出发，选用对我方有利的名称。

任务二 商品的品质

一、商品品质的重要意义

商品品质（Quality of Goods）就是商品的内在素质（包括物理的、化学的、生物的构造、成分和性能等）和外表形态（包括外形、色泽、款式和透明度等）的综合，是决定商品使用效能的重要因素。就国际贸易而言，它还包括包装和市场适应性等社会属性。商品品质的优劣，对商品价格高低起着重要作用。在磋商交易中，买卖双方都要针对一定的商品按质论价。值得注意的是，商品的品质与销路有着直接的关系，目前，世界各国日益将提高商品品质作为提高商品竞争能力的一种手段。随着市场竞争的加剧，品质问题在国际贸易中的地位也日趋重要。

商品品质的优劣，不仅关系到商品的价值和销路，更重要的是关系到国家的信誉，因此，提高出口商品品质具有重大的政治经济意义。为了扩大出口商品的销路，适应我国对外贸易发展的要求，必须根据国际市场的需求来安排生产，大力提高产品质量，切实把好出口商品质量关，以保证出口商品质量符合合同规定的要求，提高我国对外贸易信誉。

进口商品的质量也是很重要的。为了适应国内工农业生产、国防建设、科学研究以及调剂、补充国内市场和人民生活消费的需要，在扩大出口的同时，还要从国外引进技术设备和进口生产建设器材及人民生活所需的各种商品。进口商品质量的优劣，直接关系到国内生产、科学研究和消费。只有把好进口商品的质量关，才能保证国内社会主义建设的顺利进行，从而有利于现代化的早日实现。因此，在签订进口合同时，必须认真订好品质条款，使进口的商品符合我国的需要。同时，还要认真做好进口商品的质量验收工作，保证进口商品质量符合合同的规定，以维护我国人民的利益。

合同中的品质条款是构成商品说明的重要组成部分，是买卖双方交接货物的依据。英国的货物买卖法把品质条件作为合同的要件（Condition）。《联合国国际货物销售合同公约》规定，卖方交付货物，必须符合约定的质量。如卖方交货不符合约定的品质条件，买方有权要求损害赔偿，也可要求修理或交付替代货物，甚至拒收货物和撤销合同，这就进一步说明了品质的重要性。

二、对商品品质的要求

为了使我国进出口商品的品质适应国内社会主义建设和国际市场的需要，保证顺利完成我国对外贸易所担负的任务，我国进出口商品应符合下列要求：

1. 在出口商品品质方面

（1）要保持商品品质的稳定，并不断加以改进和提高。

保持出口商品品质的稳定，是保持商品信誉和巩固国外市场的重要条件。对质量没有过关的商品，不宜轻易出口。只有等商品品质稳定后，才能向国外推销。同时，由于国外市场的需求不断变化，所以对已经外销的出口商品的品质、规格、花色、式样等也必须不断加以改进和提高。只有这样，才能有效地巩固和扩大国外市场。

（2）要适应国外市场的消费习惯和消费水平。

由于世界各国经济发展很不平衡，各国人民的生活水平悬殊，各民族的爱好和生活习惯也不尽相同，因此，我国出口商品的品质、规格、花色、式样等应适应国外各有关市场的消费习惯和消费水平。为了有效地适应国外市场的需要，应及时了解国外市场情况和消费倾向，认真贯彻以销定产、产销结合的原则，使出口商品适销对路。

（3）要适应国外市场的消费习惯和消费水平。

出口商品要销往世界许多国家和地区，而每个国家和地区的贸易管制办法和进口税收的规定各不相同。为了使我国出口商品能够顺利出口并卖得适当的价格，必须加强调查研究，使商品的品质、规格尽量适应有关进口国家和地区的政府法令的要求。

（4）要适应国外自然条件和季节变化。

由于各国自然条件不同，季节变化不一，因而对商品品质、规格的要求各异。同时，有些出口商品在运输、装卸和储存过程中，也往往会由于气候和各种自然条件的作用而发生物理变化或化学反应，从而使商品品质受到影响。因此，应当了解各个不同地区与国家的自然条件和季节变化情况及其对商品品质的影响，切实掌握商品品质在流通过程中的变化规律，并采取相应的预防措施以保证我国出口商品的到货质量。

2. 在进口商品品质方面

我国进口商品也应符合国际市场和自然条件以及法律的要求，必须真正符合社会主义建设、科学研究、调剂人民生活和保证人民健康的需要。凡品质不符合这些要求的商品，不应进口。对于确需进口的商品，其品质、规格不应低于国内的实际需要，以免影响国内的生产、消费与使用。但也不应超出国内的实际需要，任意提高对进口商品品质的要求，以免造成不应有的浪费。同时，对于主要项目指标的规定，应力求具体详细，必要时订明商品的用途与制造所使用的原料。

三、表示商品品质的方法

鉴于品质对商品的效用、市场价格和销路有重大影响，买卖双方为了保证交易商品符合一定的质量要求，都要在协商一致的基础上，在买卖合同中订立品质条款，就商品的品质及双方当事人在这方面的权利和义务做出具体规定，作为卖方交货和买方验收的依据。由于国际贸易大多是大宗的期货交易，买卖双方又地处两国，在洽谈交易时往往不会看到全部商品，因此，需要有某种说明品质的方法，作为洽谈和履行合同的依据。当前，进入国际贸易的商品种类繁多，特点各异，用以说明品质的方法也就不可能一致。概括起来，国际贸易中常用来表示商品品质的方法基本上有两大类：

1. 用实物表示方法

（1）看货成交。

看货成交即由卖方在货物存放地点向买方展示准备出售的货物，经买方现场检视满意后达成交易。以这种方式达成的交易，货物的品质以检视时的状态为准。卖方只要交付经检视的货物，买方就不得对其品质提出任何异议。一般而言，看货成交是在卖方掌握现货，并且货物数量不太大，买方能够亲临现场的条件下进行的。所以，通常只适用于一些首饰或工艺品等贵重货物以及其他现货交易。

（2）凭样品买卖。

样品（Sample）通常是从一批商品中抽取出来的或由生产、使用部门加工、设计出来的足以反映该批商品平均质量的少量实物。凭样品买卖（Sales by Sample）是指买卖双方约定凭样品作为交货的品质依据的交易。而用来作为衡量交货品质的样品，则称为标准样品（Standard Sample）。在凭样品进行交易时，一般要在合同中明确规定："该样品应视为本合同不可分割的部分，所交货物的品质不得低于样品"（Said Sample shall be treated as an integral part of this contract. The quality of the goods delivered shall not be lower than the sample.）。

凭样品买卖有两项基本要求：一是以样品作为交货品质的唯一依据；二是卖方所交货物必须与样品完全一致。标准样品一般多由卖方提供，但有时也可以由买方提供。前者称为"质量以卖方样品为准"（Quality as per Seller's samples），后者称为"质量以买方样品为准"（Quality as per Buyer's samples），不论样品由谁提出，一旦达成交易，卖方所交货物的品质均须与样品相符，这是必须遵守的一项基本原则，也是卖方的一项主要义务。如两者不符，除合同另有规定外，买方可以提出索赔，甚至可以拒收货物或撤销合同。因此，在凭样品买卖时，必须注意以下几点：

①凡属凭卖方样品的买卖，在出口对外寄送样品时，必须注意选择有代表性的样品（Representative Sample），又称原样（Origin Sample）。样品的质量既不能偏高，也不能偏低。偏高，会给日后交货造成困难；偏低，会使卖方在价格上吃亏。在我国外贸业务中，为选好样品，各出口公司应与有关生产、商检部门共同研究后再选送国外。

同时在寄送样品时应留存复样（Duplicate Sample），以便作为日后交货或处理品质争议时的依据。在凭对方样品进口成交时，应在合同中规定我方对整批到货有复验权的条款，否则，如实际到货的品质低于样品，我方无复验权就会影响对外索赔的权利。

②凡属凭买方样品的买卖，即“来样成交”，如由我方出口，则在接到国外买方的来样时，必须慎重处理。首先，应考虑对方来样是否符合我国社会主义对外贸易的原则。一般地说，只要不是反动的、黄色的、丑恶的，均可接受。其次，要考虑我国的原料和生产、加工能力等各方面的条件，如可以做到的，应予接受；如对方来样的要求超过我国目前的生产、加工条件，就暂不宜接受。在凭买方样品成交时，则卖方所交货物的质量，必须以买方样品为准。当买方寄给卖方样品要求按样成交时，卖方也可以根据买方样品进行复制或提出与之相似的样品作为“回样”（Return Sample）或“对等样品”（Counter Sample），寄交对方确认，作为交货时的品质依据，以免在交货时引起争端。如果买方接受了卖方提出的“对等样品”，则交易的性质即由凭买方样品的买卖变为凭卖方样品的买卖，这样，卖方就能主动控制交货的品质。我国出口服装和某些纺织品时，常常采用这种做法。

③由于凭样品买卖的商品多属品质难以规格化、标准化的商品，要求其交货品质与样品完全相符，有时是难以办到的。因此，在出口业务中如采用凭样品买卖的做法时，一般应争取以我方提出的样品成交，并在合同中作相应的规定：“交货品质与样品大体相符（Quality to be considered as being about equal to the sample）”，或规定其他类似条款。

④在凭样品销售交易中，为防止履行合同时发生不必要的纠纷，必要时可使用封样（Sealed Sample），即由公证机构（例如商品检验局）在一批商品中抽取同样品质的样品若干份，在每份样品上烫上火漆或铅封，供交易当事人使用。封样也可由发样人自封或由买卖双方会同加封。此外，凭对方样品成交，一般还应声明如发生涉及国外工业产权等第三者权利问题概由对方负责，必要时还应要求对方书面确认。总之，在采取凭样品买卖时，往往容易引起纠纷。因此，在当前国际贸易中，除了一些不宜用科学方法表示品质的商品（如工艺美术品、服装、某些土特产品、少数轻工产品和个别矿产品）外，一般较少采用这种方式。此外，日常业务中，买卖双方为了建立和发展贸易关系，增进对彼此经营商品的了解，促进交易，互相寄送样品的情况是十分普遍的。如果寄送样品的国家只是为了介绍商品的一般品质状态，在成交时将另订规格作为品质依据，那么这种样品就不具备标准样品的作用，而只是促成交易的媒介。用这种方式达成的交易，就不是凭样品交易。也就是说，卖方交货时，并不受样品的约束。但为了明确起见，在寄送这种样品时，最好是明确标明该样品是仅供参考（For Reference Only）或直截了当地写明“参考样品”（Sample for Reference），以免与标准样品混淆。

2. 用说明（Description）表示的方法

在国际贸易中，除了用样品外，凡是运用文字或图样表示商品品质的方法，均属凭说明表示品质方法，具体又分为下列几种：

（1）凭规格、等级或标准的买卖（Sales by Specification，Grade or Standard）。

在国际贸易中，有很大一部分商品是按一定的规格、等级或标准进行买卖的。商品不同，表示商品品质的指标和方法也不同。

商品的规格（Specification）是指用来反映商品品质的一些主要技术指标，如成分、含量、纯度。由于商品特性不同，规格的内容也不同。凭规格买卖比较方便、准确，所以应用较广。

商品的等级（Grade）是指同一类商品，按其规格上的差异，用文字、数码或符号将品质分为各不相同的若干等级，如大、中、小，重、轻，甲、乙、丙，一级、二级、三级……凭等级买卖时，如果对方已熟悉每个级别的具体规格，就可以只列明等级，无须赘述其具体内容。

商品的标准（Standard）是将商品的规格和等级予以标准化。在我国，商品的标准是由国家或有关政府部门规定的。在资本主义国家，商品的标准有的由国家规定；有的由同业公会、交易所或国际性的工商业组织规定。这些标准，有的有约束性，即不符合标准规定的品质的商品，不准出口或进口；有的没有约束性，由买卖双方根据需要决定采用或另订规格。

凡我国已规定有标准的商品，在磋商交易和签订合同时，为了方便生产、节约原材料、降低成本，一般应以我国有关部门公布的标准为依据。但有时为了把生意做活，只要在政治上无不良的影响，国外所规定的品质标准和检验方法合理可行，也可根据需要和可能，采用国外规定的品质标准。但是，应当注意的是：由于各国制订的标准经常进行修改和变动，同一种商品的标准可能有不同年份的版本。版本不同，品质标准往往也各异。因此，在援引国外标准时，必须注明所援引标准的年份和版本，以免引起争议。例如，在凭药典确定品质时，须明确规定以哪国的药典为依据，并同时注明该药典的出版年份。

在国际贸易中，除了部分商品能以科学方法确定其品质规格外，还有一些农副产品，由于其品质变化较大，难以规定统一的标准。因此，有时采用（F. A. Q.）表示品质的方法：“良好平均品质”（Fair Average Quality，缩写为F. A. Q.）按照一些国家的解释，所谓“良好平均品质”是指装运地在某一时期运销的货物的平均品质水平，一般就是指合同约定的生产年份的中等货，俗称“大路货”。我国在出口农副产品时，有时也采用F. A. Q. 来表示商品的品质。由于F. A. Q. 的含义非常笼统，我国在采用F. A. Q. 时一般都同时在合同中规定具体的规格要求。例如，“花生，大路货，规格：水分不超过13%，不完善粒最高5%，含油量最低44%”，则交货时以合同规定的具体规格作为品质的依据。

在凭规格、等级、标准进行买卖时，卖方所交货物必须与合同规定的规格、等级或标准相符，否则，买方有权要求降价，甚至可以拒收货物，并要求赔偿损失。

（2）凭牌号或商标的买卖。

在国际贸易中，对于某些品质稳定并树立了良好信誉的商品，交易时仅凭牌号（Brand）或商标（Trade Mark）即可说明其品质的，可凭牌号或商标买卖。这种表示商品品质的方法已被各国广泛使用。

凭牌号或商标的买卖，主要包括以下两种情况：

①凭商品的牌号或商标进行买卖，如红双喜牌乒乓球、凤凰牌自行车或美加净牙膏等。

②凭商品的产地名称进行买卖，如天津红小豆、祁门红茶、嘉定蒜头等。对某些农副产品，除规定产地外，还要订明具体的规格或等级要求。凭牌号或商标的买卖，从表面上看，卖方只要在商品上贴上合同规定的商标就可以履行交货义务，似乎很容易做到，但实际上并不那样简单，因为这类商品所使用的商标，一般都是经过卖方长期努力在国际市场上打开了销路的名牌，商标或牌号本身就代表着一定的质量水平。如果把质量不好的商品，贴上名牌的商标出售，有名无实，就会使消费者失去信心，归根到底对卖方不利。因此，在出口贸易中，对于采用牌号、商标或产地名称成交的商品，一定要保证按传统的质量交货。凡不够条件或质量不稳定的商品，一般不要卖牌号货或产地货。为了使牌号货或产地货的质量有保证，除保持和不断提高名牌商品的质量外，最好能制订统一的规格或标准作为内部掌握，严格把好质量关，凡不合标准的，一律不予出口，以免影响出口商品的声誉。

（3）凭说明书和图样的买卖。

有些商品，如机械、电器、仪表产品等，由于其结构和性能十分复杂，无法用几个简单的具体指标来反映其品质的全貌，因此，必须凭详细的说明书（Descriptions）以及图样（Illustrations）来具体说明其构造、用材、性能及使用方法等，必要时甚至还须辅以设计、照片、分析表等。按这种办法进行的买卖，称为凭说明书的买卖。有些凭说明书买卖的机、电、仪产品，除在合同中订有品质检验条款外，还订有品质保证条款和技术服务条款。明确规定卖方须在一定期限内保证其所出售的商品质量符合说明书上所规定的指标，如在保证期限内发现品质低于规定的指标，或部件的工艺质量不良，或材料内部有隐患而产生缺陷时，买方有权提出索赔，卖方有义务消除缺陷或更换有缺陷的商品或材料，并承担由此引起的各项费用。

（4）凭产地名称买卖。

在国际货物买卖中，有些产品，因产区的自然条件、传统加工工艺等因素的影响，在品质方面具有其他产区的产品所不具有的独特风格和特色。对于这类产品，一般也可用产地名称（Name of Origin）来表示其品质，如龙口粉丝、四川榨菜、天津红小豆等。上述国际贸易中一些常见的表示商品品质的方法，根据商品的特点和市场或交易习惯，可以单独运用，也可以酌情将几种方式结合运用。

四、商订商品品质条款

在国际贸易中，商品种类繁多，品质千差万别，因此，合同中的品质条款也有繁有简，须根据具体商品的特性和不同用途而定，不可能千篇一律，一成不变。一般地说，在商订品质条款时，主要应注意以下几点：

1. 要贯彻“平等互利”和“重合同、守信用，重质先于重量”的原则

在商订商品的品质条款时，应体现平等互利的精神，防止订立只对单方面有利的片面条款。如某些农副产品的实际交货品质和合同规定难免会出现一些差异，为了照顾买卖双方的利益，可允许卖方所交货物的品质在一定幅度内高于或低于合同规定的品质要求。同时根据实交货物的品质状况，按规定比例给予增价或减价。有的合同除规定增减价幅度外，还进一步规定，如果实交货物的品质低于合同允许的幅度，买方即有权拒收货物。这对于保证进口商品的质量、维护买方的正当权益，都是必要的。增减价条款一般只应用于对价格有重要影响，且允许有一定机动幅度的主要指标。对于次要指标或不允许有机动幅度的指标，就不适用。

在工业品的合同中，有时对一些品质指标，也规定有“品质公差”（Tolerance）。由于这类商品在生产过程中，受科技水平或生产水平所限，往往会有一些误差。这些误差有的是国际上所公认的，有的是经买卖双方所同意的。国际贸易中，卖方交货的品质只要在公差范围内，则免负品质责任。商品品质的公差是不计算增价或减价的。

通常，规定商品的品质规格时，还可使用品质机动幅度（Quality Latitude）的办法。即对某些初级产品，由于卖方所交货物品质难以完全与合同规定的品质相符，为便于交货，往往在规定的品质指标外，加订一定的允许幅度。只要在允许的幅度内，买方无权拒收，但可根据合同规定调整价格。

（1）规定范围。

规定范围即对某项商品的品质指标规定允许有一定的差异范围。例如：湿度（Moisture）5%～10%。

（2）规定极限。

规定极限即对有些商品的品质规格规定上下极限。规定极限的表示方法，常用的有：最大、最高、最多（Maximum 或 Max）和最小、最低、最少（Minimum 或 Min）。例如：羊毛最少98%（Wool 98% minimum）。

（3）规定上下差异。

例如：羽绒含绒量16%上下1%（1% more or less）。

2. 要有生产观点，从实际出发

在确定出口商品的品质条件时，既要照顾国外市场的消费习惯和水平，又要符合

我国的生产实际，并有利于生产的发展，避免脱离实际。对于一些实际做不到的条款，不应接受。要注意的是，有时当市场发生对买方不利的变化时，也会造成市场索赔（Market Claim）。对于一些国外对品质要求较高的商品，应与生产部门协商，并取得同意后，才能接受。对于一些可以做到或可以进一步提高品质的商品，则不应把规格订得低于实际商品，以免给出口商品信誉造成不良后果，影响成交或价格，造成不应有的损失。但也不应单纯追求高价，盲目提高品质，以致浪费原材料，给生产部门带来困难，甚至影响交货，造成损失。对于进口商品的品质，也应从我国工农业生产建设和科研的实际需要出发。订高了，影响价格，未必符合需要；订低了，或是漏列一些主要项目，将影响到货品质或影响使用，招致外汇损失，带来不利影响。

3. 要有科学性和灵活性

在规定商品的品质条件时，应注意用词明确、具体，便于检验及分清责任，不宜采用诸如“大约”“左右”“合理误差”等笼统含糊字眼。避免由于用词不当，引起不必要的纠纷和扯皮。但也不要把品质要求订得过死，以免由于实际上做不到而造成交货上的困难。对某些商品，在规定其品质条件时要有一定的灵活性。对一些项目的要求可规定“最高限度”或“最低要求”，或规定合理的品质机动幅度，以利于合同的执行。但精密度要求很高的商品，如精密仪器等，则属例外。对于品质规格的项目，也不宜订得过多，过于烦琐，应该集中力量订好影响品质的重要指标。对于次要指标可以不订或少订，以免交货时由于某些次要指标不合格而使合同的执行受到影响。对于一些与品质无关的条件，则避免订入。

品质项目是从各个不同的角度来说明商品品质的，所以在规定时要注意到各个项目之间的相互关系，注意它们之间的一致性，以免由于某一项目规定不合理而影响其他项目，造成不应有的损失。

4. 要根据不同商品的特性，正确运用各种表示商品品质的方法

在确定表示商品品质的方法时，应考虑商品的特性。有些商品宜于凭样品进行买卖，有些商品则宜于凭规格、等级、标准、商标、牌号或说明书进行买卖，不能随意滥用。各种表示品质的方法都有其特定的含义，买卖双方也须按此承担相应的义务。因此，凡是能够用一种方法表示品质的，一般就不要采用两种或两种以上的方法来表示；如必须采用两种以上的方法来表示时，则须在合同中对以何种为主做出具体明确的规定，以免引起争议。特别应当指出的是，凭样品与凭规格两种确定商品品质的方法，不宜混合使用。因为根据某些国家法律的解释，凡是既凭样品又凭规格达成的交易，则所交的货物，必须既与样品一致又须符合规格的要求，否则，买方有权拒收货物并可提出赔偿要求。由于商品的品质关系到用户的切身利益，因此，在国际市场上，用户不仅要对商品的品质，而且还要对生产企业的质量体系进行评价，这已成为国际贸易中的通常做法。国际标准化组织制定的 ISO9000 系列标准，为国际市场商品的生

产企业的质量体系评定提供了统一的标准，具有国际通行证的作用。当前，许多国家都把质量体系认证作为参加国际市场竞争的手段。采用ISO9000系列标准，不仅有利于出口商品生产企业提高自身技术和管理素质，而且也有利于提高出口商品的品质。为了便于我国出口商品生产企业按照ISO9000系列标准进行质量体系评审，我国制定了《出口商品生产企业质量体系评审管理办法》，并于1992年3月1日起试行。凡买卖合同约定和外国政府要求或我国规定应提供质量体系合格证书的生产企业的出口商品，商检局均凭该合格证书接受出口检验，这就有助于全面加强对出口商品的质量管理，并有利于保证我国出口商品符合国际市场的要求。

总之，商品的品质在交易中是个非常敏感的因素，许多争议都由它引起，它直接关系着国家的信誉和商品的声誉。商品的品质不仅关系着交易的成败，还关系着交易双方的经济得失，与双方的利害关系甚为密切。因此，我们一定要贯彻“重质先于重量”的原则，高度重视商品品质。出口商品检验不合格的坚决不出口；进口商品经检验不合格的，要及时索赔或退货。

任务三　商品的数量

一、商品数量的重要意义

在国际贸易中，买卖双方必须以约定的货物数量作为履行合同的依据，商品数量是买卖合同中不可缺少的主要条件之一。按照《联合国国际货物销售合同公约》规定，卖方所交货物的数量必须与合同规定相符。如卖方所交货物的数量小于合同规定的数量，卖方应在规定的交货期届满前补交，但不得使买方遭受不合理的不便或承担不合理的开支。即使如此，买方也有保留要求损害赔偿的权利。反之，卖方所交货物的数量如大于合同规定的数量，买方除了可以拒收超额部分外，也可以收取多交部分中的一部分或全部，但应按合同价格付款。

在我国对外贸易业务中，正确掌握进出口商品的数量，合理商定合同中的数量条件，不仅有利于多快好省地完成对外贸易任务，而且有利于体现经营意图和贯彻对外政策。

二、计算数量的单位

货物的数量，是指以一定的度量衡单位表示的货物重量、个数、长度、面积、容积等。货物数量的多少既关系到一笔交易规模的大小，也会影响消费者的使用和市场的变化。在国际贸易中，由于商品的种类、特性不同以及各国度量衡制度的不同，所以计算数量的单位也不相同。

国际贸易中通常使用的计量单位有以下几类：

1. 重量（Weight）

如吨（公吨、长吨、短吨）、克、公斤、磅等。一般天然产品及其制品，如矿产品、钢铁、盐、农副产品等，均按重量买卖。

2. 个数（Number）

如只、件、双、套、打、罗、令、台、架等。一般杂货及工业制品，均按个数买卖。

3. 长度（Length）

如米（公尺）、英尺、码等。一般多用于绳索、纺织品等货物。

4. 面积（Area）

如平方米（平方公尺）、平方码、平方英尺等。多用于玻璃和纺织品等货物。上述长度和面积单位，主要应用于纺织品及金属绳索等细长物的计算。

5. 容积（Capacity）

如公升、加仑、蒲式耳等。粮食及部分液体商品按容积计算。

6. 体积（Volume）

如立方米（立方公尺）、立方英尺、立方码等。按体积单位成交的商品不多，仅应用于木材及化学气体等少数商品。由于各国度量衡制度不同，所使用的单位各异，所以了解与熟悉相互之间的换算方法是很重要的。目前国际贸易中常用的度量衡制度，有国际单位制（国际单位制代号为“SI”，即 International System of Units）、公制（The Metric System）、英制（The British System）和美制（Thc US System）。

我国的法定计量单位为国际单位制，但为了适应国外市场习惯，在对外成交时，也有采用对方习惯的计量单位的。因此，在洽谈交易和签订合同时，必须明确规定使用哪一种度量衡制度，以免造成误会和纠纷。同时，还要掌握各国度量衡制度之间的换算方法。

三、计算重量的方法

国际贸易中的许多商品是按重量买卖的。按照一般商业习惯，计算重量的方法有以下几种：

1. 毛重（Gross Weight）

毛重即商品本身的重量加包装的重量，一般适用于低值的商品。

2. 净重（Net Weight）

净重指商品本身的重量，即除去包装后的商品实际重量。在国际贸易中，大部分以重量计量的商品，都以净重计价。但是一些价值较低的农副产品，如粮谷、饲料等有时也以毛重计价。这种以毛重计价的办法称之为“以毛作净”（Gross for Net）。例如，中国东北大豆，100 公吨，单层麻袋包装，每袋 100 公斤，以毛作净。

货物按净重计算时，必须由毛重扣除皮重，计算皮重的方法有四种：

（1）实际皮重（Actual Tare 或 Real Tare）。

实际皮重即商品包装实际重量，是将整批货物包装材料逐一过秤求得的重量之和。

（2）平均皮重（Average Tare）。

在皮重相差不大的情况下，从全体商品中抽出若干件包装材料，秤出皮重，然后求出其平均重量，即为平均皮重。

（3）习惯皮重（Customary Tare）。

有些比较标准化、规格化的包装，其重量已为市场所公认，因此不必逐件重复过秤，而以习惯上公认的包装重量计算，称为习惯皮重。

（4）约定皮重（Computed Tare）。

约定皮重即指买卖双方事先协商约定的皮重，不必过秤，逐一衡量。计算皮重究竟采取哪一种方法，在磋商交易和签订合同时，也应明确加以规定，以免事后引起争议。如在合同中未明确规定用何种方法计算重量和价格的，按惯例应以净重计。

3. 公量（Conditioned Weight）

公量即用科学方法除去商品中所含的实际水分，再另加标准水分，所求得的重量。这种方法经常用于水分含量不稳定、易受空气湿度影响的商品，如羊毛、生丝、棉花等。

4. 理论重量（Theoretical Weight）

对于有固定规格和固定尺寸的商品，可根据其数量推算重量。如马口铁、钢板规格一致，其重量大致相等，可以从张数推算其实际重量。

四、数量条款的规定

合同中的数量条款（Quantity Clause）是买卖双方交接货物和处理争议的根据，因此，买卖双方签订合同时，必须对数量条款做出明确合理的规定。在买卖合同的数量条款中，一般须订明数量和计算单位。以重量计量的，还须明确计量的办法，如“中国蚕豆五百公吨，麻袋装，净重”。但有时在某些合同中也规定交货数量的机动幅度和作价办法。为了订好数量条款，在磋商交易和签订合同时，应当注意以下几点：

1. 必须正确掌握进出口商品的数量

在进出口商品数量掌握上，必须体现政策和符合计划的要求。此外，还应在调查研究的基础上，根据需要与可能来确定成交的数量。具体地说，在出口商品数量的掌握上，既要考虑国外市场的需求量、市场趋势、季节因素，保证及时和合理供应，以便巩固和扩大销售市场，使我国出口商品卖得适当的价格；又要考虑货源情况和适应国内的生产能力，以免造成交货困难。同时，还要根据国外商人的资信情况及其经营能力来确定成交的数量，以防发生货款落空的风险。在进口商品数量的掌握上，主要应服从国内建设和调剂市场的需要，同时应考虑外汇支付能力与运输能力。此外，还应根据当时市场行情的变化情况，决定购买的数量。

2. 合理地规定溢短装条款

在农副产品和工矿产品的交易中，往往由于商品的特性、生产能力、船舶舱位、装载技术和包装等原因，比较难以准确地按合同规定的数量交货。因此，买卖双方在商订交货数量时应订有一定的机动幅度，即应在合同中明确规定溢短装条款（More or Less Clause）。按照这一规定，卖方在交货时可以溢交或短交合同数量的百分之几。例如，中国大米 10 万公吨，卖方可溢交或短交 2%（China Rice，100,000 metric tons with 2% more or less at Sellers option）。按照国际商会《跟单信用证统一惯例》规定，如凭信用证付款方式进行的买卖，除非 L/C 所列的货物数量不得增减，在支取金额不超过 L/C 金额的条件下，即使不准分批装运，卖方交货数量的伸缩幅度为 5%，但货物数量按包装单位或个体计算时，此项伸缩则不适用。

合同数量的溢短装，一般由卖方决定，也有由买方决定（At Buyer's Option）的。在合同数量大、商品价格波动激烈的情况下，为了防止卖方或买方利用溢短装条款，故意多装或少装，因此有的合同在规定溢短装条款时，还规定只有在为了适应船舱的需要时，才能适用。在国际贸易中，粮食、化肥、矿砂、食糖等大宗商品，一般都用整船装运。由于船舶结构、积载因素和装载技术上的差异，所以在实际装船时，往往会出现多装或少装的情况。按照国际航运惯例，船舶的实际装载量应由船长根据实际情况决定。船长决定的实际装载量与卖方提出的交货量往往会有差异，这就有必要对每批装船的数量规定一个机动的幅度。在大宗交易的情况下，对合同全部数量如需订立溢短装条款，则对每批装船数量的溢短装，最好也应同时加以规定，这样就做到了责任明确，不易引起争议。

鉴于某些国家法律规定，如卖方所交货物的数量大于或小于合同规定的数量，买方都有权拒收全部货物。因此，对于某些难以准确地按合同规定数量交货的出口商品，一般都应在合同中订立溢短装条款，以免买方利用卖方在交货数量上的某些难免的差异，挑起争端。合同中对数量的机动幅度的计价，一般有两种不同的计价办法。一种是短交或溢交的数量均按合同价值计算。但有的合同为了防止买方或卖方在市场价格变动时，利用溢短装条款钻空子，对溢交或短交部分，规定按装船时或按到货时的市价计算。在合同中没有规定溢短装部分的计价办法时，通常按合同价格计算。

3. 应注意用词明确、具体，避免使用笼统含糊字眼

在规定商品数量条款时，应尽可能使用明确、具体的字眼，以免在合同执行时引起不必要的纠纷。有时在合同数量条款中只规定“约量”（About or Approximate or Circa），即在合同规定的数量前加上“约”字，意思是卖方交货的数量可以有一定范围的灵活性。由于“约量”的字眼笼统含糊，国际上对其含义有各种不同的解释，有的解释为 2%，有的解释为 5%，也有的解释为 10%。为了明确责任和便于合同的执行，最好在合同数量条款中不采用“约量”，而规定明确的溢短装幅度。按《跟单信用证统一惯

例》规定，这种约数，可解释为交货数量有不超过10%的增减幅度。如确需采用时，当事人双方也应就“约量”的含义做出明确的规定。

任务四　商品包装

一、商品包装的重要意义

商品包装是保护商品在流通过程中品质完好和数量完整的重要措施。由于国际贸易商品一般需要经过长距离辗转运输，因此，国际贸易商品的包装比国内销售商品的包装更为重要。在国际贸易中，经过适当包装的商品，有利于储存、保管、运输、装卸、计数、销售和防止盗窃等工作的进行，有利于消费者的挑选和携带。包装良好的商品，还有利于吸引顾客，扩大销路，增加售价，多创外汇。此外，商品的包装还在一定程度上反映出一个国家的生产水平、科学技术和文化艺术水平。

在当前市场竞争空前激烈的情况下，各国出口商更是千方百计地变换包装方式，不断翻新包装花样，以利保持和扩大其商品的销路，排挤和打击竞争对手。因此，包装的作用不仅限于保护商品的品质和数量，而且已发展成为增强商品竞争能力、扩大销路、增加外汇收入的重要手段之一。

为了促进我国对外贸易的发展，我们必须重视出口商品包装工作。因为，出口商品包装的好坏，不仅影响商品的售价和销路，而且关系到国家的声誉。在我国，出口商品的包装是对外贸易工作的一个重要组成部分，做好这项工作，有着重要的政治经济意义。同时由于出口商品要同世界各国广大消费者见面，而且大部分消费品在国外是通过综合性的或专业的百货商店和“超级市场”出售的，这就对包装条件提出了更高的要求。把出口包装工作搞好了，就可使我国的商品直接进入国外大百货商店和超级市场，供当地广大消费者观赏和选购，从而提高出口商品的声誉和售价，增加外汇收入。

二、商品包装的基本要求及种类

为了适应我国对外贸易发展的需要，使我国出口商品的包装达到科学、经济、牢固、美观、适销和多收外汇的要求，应做到以下几点：

（一）商品包装基本要求

（1）包装的用料和设计必须科学、牢固，既符合商品的特性，又适应对外贸易长途运输，适应各种不同的运输方式和沿途气候条件变化的要求，以保护商品的品质安全和数量完整。例如：易碎商品的包装必须能防止商品由于挤压或震动而发生的损失；液体商品应该装在具有良好防渗透性能的容器中；对于海洋运输，尤其是中途需要转船和多次搬运的商品，坚固的包装特别重要；空运商品则要求包装轻巧牢固；经过赤道地区的商品包装，就要具备防热、防潮的性能等。

（2）包装的用料和设计，必须在坚持社会主义原则的前提下，力求适应国外市场的销售习惯和消费习惯，适应进口国家对于包装、装潢方面的合理规定，以利于扩大我出口商品的销路，增加售价，提高我国的对外贸易信誉。各种商品不同，对包装的要求也不同。原料商品和直接进入零售市场的制成品，对包装装潢的要求，就有很大差别。直接进入零售市场的商品，如食品、轻工产品、小五金、手工艺品、土特产品、药品、纺织品、服装等，都要求既便于批发和零售，又适用于消费者的使用、消费、购买力水平和携带。

有些国家，对包装物料或商品说明，都有一定的要求和限制。如有的国家为防止虫害、霉变，禁止采用稻草、米糠等作为包装垫衬材料；有的国家为保证消费者身体健康，要求对食品提供成分说明等。商品的包装、说明如不符合规定，即不能进口。

（3）包装的用料和设计，要符合节约的原则，做到既能保护商品，又可以贯彻增产节约的精神。因此，在选用材料与改进包装等方面，都要从节约物料、降低成本及节省运费的角度考虑。选用材料方面，要在保证质量的前提下，贯彻自力更生的精神，尽可能地使用国产包装材料，这不但可以为国家节省外汇，也可以促进国内生产的发展。

（4）良好的包装装潢对于扩大我国商品的影响，完成出口任务，维护和提高我国对外贸易信誉有很大作用。因此，在我国出口商品的包装装潢设计方面，一定要反映我国社会主义包装装潢的特点，科学地向国外介绍我国的产品，使购买者了解我们的产品。

包装装潢的设计，应考虑艺术性，力求外形美观，以吸引顾客。因此，在我国出口商品包装装潢设计方面，要积极创新，不断提高包装装潢的艺术水平。新颖、美观的包装装潢，对扩大销路和提高售价有很大影响。实践说明，包装装潢美观，可以使低档货卖得较高的价格；反之，包装装潢不好，高档货也只能当低档货卖。

（5）努力实现出口商品包装机械化和标准化。为了适应我国对外贸易发展和国际市场的需要，我们必须积极创造条件，加速实现出口商品包装机械化和标准化，这是一项具有重要经济意义的工作。实现包装机械化，以机械包装代替手工包装，可以更有效地提高劳动生产率，节约劳动力，改善劳动条件，降低劳动强度，节约包装用料和运输装卸费用，提高包装质量，从而有助于发展出口贸易。实现包装标准化，主要是指对出口商品的包装要求统一材料、统一规格、统一容量、统一标记和统一封装方法。实现出口商品包装标准化，可以简化包装容器规格，易于识别，易于计量，便于统一对外，同时还能节约包装用料，合理压缩体积，节省运费，并便于装卸运输，为集合包装和成组运输创造有利的条件。

（二）包装的种类

进入国际贸易的商品，可以分为三类，即裸装货（Nuked Cargo）、散装货（Bulk Cargo）和包装货（Packed Cargo）。

裸装适用于一些品质比较稳定、自成件数、难于包装或不需要包装的商品，如钢材、铝锭、木材、橡胶等。裸装一般没有任何包装，但有时也略加包扎，如钢材有时也用铁丝捆扎成堆。烟胶片用烟胶片本身包扎，也属裸装。

散装适用于一些数量较大、颗粒成堆或液态的商品。这些商品多系不易碰坏的货物，如矿砂、煤、粮食、石油等。许多散装的商品也可以包装。散装货需要具备一定的装卸条件和运输设备。近年来，随着码头装卸、仓储和散装运输设备的发展，各国商人大量地采用散装方式进行交易。因为，散装运输可以加快装卸速度，节省包装费用、仓容和运费。不过，在采用散装运输时要考虑码头装卸设备和仓库条件，否则，会造成装卸、运输、储存上的困难和品质、数量方面的损失。

国际贸易中的商品包装，按其在流通过程中作用的不同，可以分为运输包装和销售包装两种。

1. 运输包装

运输包装又称大包装或外包装（Outer Packing），它的作用主要在于保护商品的品质和数量，便于运输、储存、检验、计数、分拨，有利于节省运输成本。运输包装的方式主要有两种：单件运输包装和集合运输包装。单件运输包装是根据商品的形态或特性将一件或数件商品装入一个较小容器内的包装方式。单件运输包装应坚固结实，具备保护商品品质安全和数量完整的良好性能。如能防潮、防震、防漏、防锈蚀、防碰撞、防盗和通风等。单件运输包装还应适于运输装卸、储存并符合节省运输费用的要求。单件运输包装所用的材料有木制品、金属制品、纺织纤维制品、陶土制品、纸制品和塑料制品等。制作单件运输包装时，要注意选用适当的材料，并要求结构造型科学合理，同时还应考虑不同国家和地区的气温、湿度、港口设施和不同商品的性能、特点和形状等因素。

（1）单件运输包装。

单件运输包装的种类很多：a. 按照包装外形来分，习惯上常用的有包、箱、桶、袋等。b. 按照包装的质地来分，有软性包装、半硬性包装和硬性包装。软性包装较易变形，有利于节约仓容；半硬性包装不易变形，同时经堆储后可略有压缩；硬性包装不能压缩，包装本身硬实。c. 按照制作包装所采用的材料来分，一般常用的有纸制包装、金属包装、木制包装、塑料包装、棉麻制品包装、玻璃制品包装、陶瓷包装，还有竹、柳、草制品包装等。

（2）集合运输包装。

随着科学技术的发展，运输包装方面使用集合包装的方式日益增多。集合包装是将一定数量的单件商品组合成一件大的包装或装入一个大的包装容器内。集合包装可以提高港口装卸速度，便利货运，减轻装卸搬运的劳动强度，降低运输成本和节省运杂费用，更好地保护商品的质量和数量，并促进包装的标准化。

①集装箱（Container）。

集装箱一般由钢板、铝板等金属制成，多为长方形，可以反复使用周转，它既是货物的运输包装，又是运输工具的组成部分。根据不同商品的要求，有的箱内还设有空气调节设备、冷藏设备，并备有装入漏出的孔道或管道。使用集装箱，需要有专用的船舶、码头，并配备一定的机械和设施。目前国际上最常用的海运集装箱规格为8×8×20英尺和8×8×40英尺两种。

②集装包、袋（Flexible Container）。

集装包是用合成纤维或复合材料编织成抽口式的包，适于装载已经包装好的桶装和袋装的多件商品。每包一般可容纳：1~1.5吨重的货物。集装袋是用合成纤维或复合材料编织成圆形的大口袋，适于集合包装商品，每袋一般可容纳1~4吨重的货物。

③托盘（Pallet）。

托盘是在一件或一组货物下面附加一块垫板，板下有三条“脚”，形成两个“口”字形扁孔，统称为插口，供铲车的两条铲叉伸入，将托盘连同所载的货物一起铲起，进行堆放、装卸和运送。为防止货物散落，需要用厚箱板纸、收缩薄膜、拉伸薄膜等将货物牢固包扎在托盘上，组合成一件“托盘包装”。每一托盘的装载量一般为1~1.5吨。此外还有一种两面插入式托盘。这种托盘不管怎样堆放，铲车都可操作，从而有利于加快装卸速度。现在，有些国家为了提高货物装卸速度和码头使用效率，常常在信用证上规定进口货物必须使用集合运输包装，有的港口甚至规定进口货物如果不使用集合运输包装，不能卸货。

2. 销售包装

销售包装又称小包装或内包装（Inner Packing）。它是指直接接触商品，随着商品进入零售环节和消费者直接见面的包装，实际上是零售包装。因此，销售包装除了要求具备保护商品的条件外，更重要的是要美化商品、宣传商品，从而便于销售和使用。销售包装的造型结构、装潢画面和文字说明等都有较高的要求。近年来，对销售包装质量和数量的要求越来越高。不断研究改进销售包装的式样，提高销售包装的质量，扩大带销售包装的商品出口，是包装工作中的重要任务之一。

在销售包装上，除附有装满画面和文字说明外，有的还印有条形码的标志。由于当前许多国家的超级市场都使用条形码技术进行自动扫描结算，如商品包装上没有条形码，即使是名优产品，也不能进入超级市场。有的国家甚至规定某些商品包装上无条形码标志，即不予进口。为了适应国际市场的需要和扩大出口，1991年4月我国正式加入了国际物品编码协会，该会分配给我国的国别号为“690”，凡标有“690”条形码的商品，即表示为中国产品。由于前缀码“690”容量已趋饱和，又分配给我国一个新的前缀码“691”。销售包装的造型结构、装潢画面和文字说明应根据不同商品、不同包装材料、不同销售地区和销售对象等因素来决定。为了适应国际市场的需要，保护商品安全，降低商品流通费用和促进出口商品的销售，销售包装应做到：

（1）要便于运输、储存。

销售包装一般都要排列组合成中包装和运输包装，才能适应运输、储存的需要。因此，销售包装的造型结构，应同运输包装的要求相吻合，以便于运输和储存。在保护商品的前提下，应尽可能缩小销售包装的体积，以利节省包装材料和运输、储存费用。

（2）要便于陈列展销。

国外商品在零售前，一般都陈列在“超级市场”或百货商店的货架上，成千上万种的商品，通过堆叠、悬挂、堆放等方式，构成一个琳琅满目浩瀚的“商品海洋”。因此，销售包装的造型结构，要便于消费者识别和选购，如采用透明包装和“开窗”包装等。

（3）要便于消费者使用。

为了方便顾客以及满足消费者的不同需要，销售包装的内容和形式应当多种多样。如包装的大小要适当，以便顾客携带和使用。又如有些商品在保证包装封口严密的前提下，要求容易打开。为适应消费者的不同需要，可以采用单件包装、多件包装和配套（系列）包装。所谓配套（系列）包装即指把商品搭配成套出售的包装，可以将同类商品搭配成套，也可以用有密切联系的不同类型商品进行搭配。配套（系列）包装多采用透明包装，它一般与单件包装配合销售。在销售包装中还有一部分礼品包装，即专门作为送礼用的包装。可以采用礼品包装的商品很多，如日用品、食品、纺织品、工艺品、玩具、土特产品等。礼品包装要求外形新颖、大方、美观并具有较强的艺术性，以增强商品和包装的名贵感。此外，有些销售包装除了用作商品的包装以外，还可供消费者作其他用途，比如可以作为日用品和玩具等，这种具有再使用价值的销售包装，称作复用包装。

（4）要有艺术吸引力。

销售包装的造型和装潢，除了上述要求外，还应对顾客具有艺术的吸引力。销售包装画面的色彩，应通过画面的图案、彩色照片、透明包装和“开窗”窗口所显示的商品实物、绘画和文字说明等形式表现出来。造型考究和装潢美观的销售包装，可以更有效地吸引顾客，提高售价和扩大销路，特别是某些精巧美观的复用包装，不仅能提高商品的身价，具有宣传商品的作用，而且包装本身也可作为装饰品，供室内陈设和观赏。因此，应当尽可能根据不同商品的属性及其档次，采用既实用又美观的销售包装，以扩大商品的对外推销，并充分反映我国文化艺术和包装科技的新成就。

（5）要搞好文字说明。

出口商品销售包装的文字说明，是一项严肃而细致的工作，我们应根据国家政策和有关规定，并参照国际市场销售习惯及有关国家政策法令的具体规定，分别不同商品，正确撰写中外文字说明，以求切实有效地向消费者介绍和宣传商品。

在出口商品销售包装上，通常都要有关于商品名称、数量、规格、成分、产地、用途、使用方法等文字说明。在撰写文字说明时，要求做到准确、统一、清晰、协调，文字布局应适合展销的要求。文字说明的内容，既要严谨，又要简明扼要，同时还应根据各种商品的特性和销售习惯，各有所侧重。

三、包装的标志

为了便于识别货物，便于运输、检验、仓储和海关等有关部门工作的进行，以及便于收货人收货，在商品运输包装上需要按合同规定刷写一定的包装标志（Packing Mark）。包装标志是指在商品外包装上刷制的简单图形和文字。刷写包装标志是出口发运前一项细致而重要的工作，做好了这项工作，有助于出口商品及时交接和安全储运，避免错发错运以及其他事故的发生。

（一）运输标志

运输标志，习惯上称为“唛头”（Shipping Mark），它通常由一个简单的几何图形和一些字母、数字及简单的文字组成，其作用主要是便于识别货物，便于收货人收货，也有利于运输、仓储、检验和海关等有关部门顺利地进行工作。运输标志的主要内容有：

（1）收、发货人的代号。用文字、字母及图形说明收货人或发货人，有的还加列合同号码。

（2）目的地的名称或代号。

（3）件号、批号（如箱号、包号、桶号、件号、批号等）。此外，有时根据需要还列有原产国名称、重量（毛重和净重）以及尺码（长、宽、高）。另外，还根据国外进口商要求在外包装上刷制信用证号码或进口许可证号码。鉴于运输标志的内容差异较大，有的过于繁杂，不适应货运量日益增大、运输方式迅速变革和电子计算机在运输与单据流转方面应用的需要，因此，联合国欧洲经济委员会简化国际贸易程序工作组，在国际标准化组织和国际货物装卸协调协会的支持下，制定了一项运输标志向各国推荐使用。该标准运输标志包括：a. 收货人或买方名称的英文缩写字母或简称。b. 参考号，如运单号、订单号或发票号。c. 目的地。d. 件号。至于根据某种需要而须在运输包装上刷写的其他内容，如许可证号等，则不作为运输标志必要的组成部分。

（二）指示性标志

根据商品的性能和特点，用简单醒目的图形或文字对一些容易破碎、残损、变质的商品，提出某些在装卸搬运操作和存放保管条件方面的要求和注意事项，这些图形或文字称为指示性标志（Indicative Mark）。例如：“此端向上”“防湿”“防热”“防冻”“小心轻放”“由此吊起”“由此开启”“重心点”“勿用手钩”“勿近锅炉”“易碎”等。

（三）警告性标志

警告性标志（Warning Mark）是针对危险货物，为了在运输、保管和装卸过程中，使有关人员加强防护措施，以保护物资和人身安全而加在外包装上的危险货物标志。凡对包装内装有爆炸品、易燃物品、自燃物品、遇水燃烧物品、有毒品、腐蚀性物品、氧化剂和放射性物品等危险品的货物，应在运输包装上刷写清楚明显的危险品警告标志，以示警告。

（四）制作运输包装标志

制作运输包装标志，应当注意如下事项：

1. 必须按照有关规定办理

我国对运输包装标志的要求，以及使用的文字、符号和图形，已在我国颁布的《包装储运指示标志》和《危险货物包装标志》中做了具体规定，应当按照国家标准执行。此外，联合国海事协商组织规定，在出口危险品的外包装上要刷写“国际海运危险品标记”，目前已有许多国家照此执行。为了防止我出口货物到国外港口产生不准靠卸和增加移泊或改港绕航等问题，出口危险品时，应同时在外包装上分别刷写我国和国际海运危险品规章规定的两套危险品标志。

2. 包装标志要简明清晰

包装标志选用文字要少，图案要清楚，标志的文字、字母及数字号码的大小要适当，使人看了一目了然。除了必要的标志之外，不要加上任何广告性质的宣传文字或图案，以免同标志混杂起来，难以辨认。

3. 涂刷标志的部位要适当

所有包装标志都应涂刷在装卸搬运时容易看得见的部位。如箱形包装，应将标志刷在箱的四周，不宜刷在底、盖部位；桶形包装，标志应刷在桶盖或桶身上；袋、捆包装，其标志应位于明显的一面，或拴以吊牌。凡制作标志的颜料，都应具有耐温、耐晒、耐摩擦的性能，以免标志发生褪色和脱落等现象。

四、中性包装和定牌

（一）中性包装

中性包装（Neutral Packing）是指在商品上和内外包装上不注明生产国别、地名和生产厂名，也不注明原有商标和牌号，甚至没有任何文字。中性包装包括无牌中性包装和定牌中性包装。前者是指包装上既无生产地名和厂商名称，又无商标、牌号；后者是指包装上仅有买方指定的商标或牌号，但无生产地名和出口厂商的名称。在国际贸易中，使用中性包装的目的主要是打破某些进口国家和地区实行的关税壁垒、配额限制和其他一些限制进口的歧视性措施。所以它是推销出口商品的一个手段。目前，某些出口商品使用中性包装已成为国际贸易中的一种习惯做法。

（二）定牌

定牌是指在商品包装上卖方采用买方指定的商标或牌号。一般对于国外大量的、长期的、稳定的定货，可以接受买方指定的商标。在我国出口业务中，我方同意使用定牌，是为了利用买主的经营能力和他们的企业商誉或名牌声誉，以提高商品售价和扩大销售数量。接受买方的定牌下面，可以标明也可以不标明“中国制造”或“中华人民共和国制造”字样。

五、包装条款

买卖双方签订合同时，对商品的包装方式、运输标志及包装费的负担等，一般都要作出具体规定。如果对货物的包装没有特殊规定，一般地说，卖方应使用本国用于出口货物的包装发货，这种包装应适应货物在运输过程中进行正常装卸搬运的要求，并应照顾到可能的转船和较长运输时间及所采用的运输方式。如果货物的包装与合同的规定或行业惯例不符，买方可以拒收货物。按照某些国家的法律规定，货物的包装通常是构成货物说明的组成部分。

例如，如果买方订购的是1磅或2磅的瓶装果酱，那么卖方供应5磅或10磅装的果酱就算违约，买方就有权拒收货物。如合同要求货物按规定的方式包装，却与其他货物混杂在一起，买方可以拒收整批货物，也可以只拒收违反规定包装的那一部分。

确定货物包装时，还要考虑有关国家和地区的现行法律。比如：有些地方禁止或限制使用某种包装物料；有些国家对包装运输标志和标记作了严格的规定；有些国家对不同商品的每件包装重量，订有不同的税率，或规定装卸时采用不同的操作办法。

合同中的包装条款（Packing Clause）的内容，应根据商品的性能、特点及所采用的运输方式而定，不同的运输方式和不同的商品，其包装条款的规定也不相同。在签订合同时，一般都有包装条款，如出口水泥合同条款中规定，用5层水泥纸袋包装，每包50公斤。但有些简单的包装条款，也可以和数量条款合并，如“中国东北大豆2 000公吨，单层麻袋包装”。

包装条款的条文，要求明确具体，一般应包括包装的用料、尺寸（大小）、每件的重量（数量）、填充物料和加固设备等。按照国际贸易惯例，运输标志一般可以由卖方提供，如买方没有特殊要求，可以不列入合同，或只订明“卖方标志”，由卖方自行设计，然后通知买方。为了便于我国出口商品包装的不断改进，而不致受合同条款的束缚，对某些包装条款也不宜订得过于具体。但对已有标准出口的包装商品，在签订包装条款时，不仅应订得具体，而且应力争对方接受这一条款。

此外，在国际贸易中，有些合同对包装条款只作原则性规定，如使用“海运包装”（Sea-worthy Packing）和“习惯包装”（Customary Packing）的术语，此种术语由于内容不明确，各国理解不同，容易引起争议，所以在合同中，一般应尽量避免使用，如需使用时，应具体订明使用何种包装材料，以免引起纠纷。

包装物料和费用一般包括在货价之内，不另计价。但如果在买方对于包装材料和包装方式提出特殊要求的情况下，卖方也可要求另收包装费。如由买方提供包装或包装材料，则应在合同中具体规定，并订明买方包装送交卖方的时间以及由于包装不能及时运到而影响货物出运时对方所应负担的责任。如包装费用由买方负担，在合同中也应明确加以规定。

进口合同中，对包装技术要求较强的货物，通常要在货物单价条款后注明“包括包装费用”（Packing Charge Included），以防日后发生争议，引起纠纷。为了贯彻“重合同、守信用”的原则，在规定包装条款时，应当审慎从事，使条款内容规定得明确、合理并切实可行。同时，包装条款一经规定后，就要严格按照合同规定行事，以维护我国对外贸易的信誉。

知识扩展：英汉短语集萃

项目二任务训练

参考答案

实训一：商品品质、数量和包装相关案例分析

项目三　国际贸易术语

项目导语

在国际贸易中，买卖双方通过磋商、签订买卖合同来确定各自应承担的责任和义务。由于从事国际贸易的双方相距甚远，通常情况下不能当面进行货物的交接，这就需要双方在订立合同条约时通过一定方式，明确货物交接地点和方式，以及在交接过程中责任和风险的划分。在实务中这些称作交货条件。交易双方在谈判和签约时一般通过使用贸易术语来确定交货条件。

知识目标：

- 理解国际贸易术语的概念和作用
- 了解有关贸易术语的国际贸易惯例
- 掌握6种主要贸易术语买卖双方风险、责任和费用的划分

能力目标：

- 能正确选用恰当的贸易术语
- 能在不同贸易术语间进行价格转换

素质目标：

- 由新冠疫情的爆发和快速蔓延对国际贸易局势的影响，强化诚信意识和契约精神
- 在WTO“公平竞争”基本原则下，引出在我国“十九大”报告“完善社会主义市场经济体制改革”中提出的“完善产权制度和要素市场化配置，全面实施市场准入负面清单制度”
- 培养服务意识、创新意识、团队合作意识

案例（任务）导入

案例（任务）描述：

我国黑龙江建明进出口公司以FOB条件签订了一批大豆买卖合同，装船前检验时货物品质良好，符合合同规定。但是货到目的港之后，买方提货检验时发现部分大豆已发芽甚至有些已发霉。经调查确定原因为包装不良导致大豆受潮，买方遂向卖方提出索赔。但卖方认为货物在装船前品质是合格的，发霉是运输过程中发生的，因此卖方没有责任，运输公司应当对此负责。

问题1：买方的要求是否合理？

问题2：卖方是否应当承担责任？

任务一　国际贸易术语概述

在国际贸易中，买卖双方通过磋商、订立合同来确定各自应承担的责任和义务。作为卖方，最基本的义务是按时、按质交货；而作为买方，则应按约定支付货款。但是由于从事国际贸易的买卖双方距离较远，一般不能当面交接货物，而需要经过长时间、长距离的运输，这就需要买卖双方在达成交易之前，通过一定的方式，确定与交货相关的风险、责任和费用的划分。交易双方在磋商谈判时，往往通过使用不同的贸易术语来确定这些交货条件。

一、国际贸易术语的概念

国际贸易术语（Trade Terms），又称贸易条件、价格术语，是用一个简短的概念或三个字母的英文缩写来表示价格的构成、说明买卖双方在货物交接过程中的有关手续、费用、风险和责任划分等问题的专门术语。

在进出口贸易中，交易双方处于不同的国家或地区，交易的货物需要经过长途运输，货物从出口地到进口地还要经过多道关卡，需要办理进出口许可证、报关、检验检疫、保险、运输工具、装卸货物等手续，同时还需要支付运费、保险费、装运费、关税和其他费用。在运输过程中，货物还可能遭受自然灾害、战争等不可预测的风险。这些责任、费用由哪一方来承担，必须在订立合同时就加以明确。

国际贸易术语正是为了明确这些问题，在长期的贸易实践中发展起来的。一般来说，贸易术语包括了以下三方面的内容：第一，货物交接责任划分问题。这包括买卖双方在什么地方以什么方式进行货物交接，需要交接哪些具体单据，买卖双方哪一方负责租用运输工具、办理货物运输保险以及进出口通关手续；第二，费用负担问题，上述各事项引起的相关费用由哪一方负担；第三，风险划分问题，货物在交接过程中损失或灭失的风险在什么时候转移。

每一种国际贸易术语都有其特定的含义，不同的贸易术语表明双方承担的责任、费用和风险不同。一般来说，卖方承担的责任、费用和风险小，商品的价格就低，相反，售价就相对较高。价格术语虽然不能代替合同，却能以简单的形式和丰富的内涵准确反映买卖双方之间的权利与义务，因此，一旦交易双方以某种贸易术语进行交易，就要求合同的其余条款与之相适应。

二、国际贸易术语的表达

在国际贸易合同中，贸易术语在货物的单价中得以表达。货物的单价包括计价货币、计量单位、单位价格和贸易术语。按照惯例，在贸易术语的缩写字母后面还要注上合同规定的装运港（地）或目的港（地）的名称。

例如，每公吨 5 000 美元 FOB 上海，这里的上海就是指装运港。

每公吨 3 000 美元 CIP 巴黎戴高乐机场，巴黎戴高乐机场就是空运的目的地。

三、国际贸易术语的作用

1. 有利于贸易合同的达成，促进国际贸易的发展

由于每种贸易术语都有特定的含义，而且一些国际组织也对各种贸易术语做出了统一的解释。因此，交易双方只需要商定按何种贸易术语成交，即可明确彼此在货物交接方面所应承担的责任、费用和风险，而不需要逐一协商。贸易术语的使用简化了交易手续，缩短了谈判时间，有利于交易的尽快达成。

2. 有利于买卖双方核算价格和成本

贸易术语反映了商品价格的构成因素，明确了买卖双方各自负担的费用，双方在确定成交价格时，必然要考虑采用的贸易术语包含了哪些费用，有利于买卖双方进行比价和成本核算。

3. 有利于解决贸易争议

买卖双方商定合同时，如果出现因对合同条款考虑不详尽，使某些事项规定不明确或不完备，致使履约过程中产生的争议不能根据合同规定解决的情况，可以援引有关贸易术语的一般解释来处理。国际贸易术语的一般解释，是由一些国际组织做出的，并被国际贸易界从业人员和法律界人士所认可和接受，它已成为国际贸易惯例，作为一种类似行为规范的准则为大家所遵循。

四、有关贸易术语的国际贸易惯例

国际贸易术语是在国际贸易实践中逐渐形成的，在过去相当长的时间内，国际上

没有对贸易术语统一的解释。由于各个国家的法律制度、贸易习惯不同，各国对贸易术语的理解存在差异，若合同当事人对对方国家的习惯解释不甚了解，就很容易引起当事人之间的争议。为解决这一问题，国际商会、国际法协会等国际组织，以及美国的一些著名商业团体，经过长期的努力，分别制定了解释国际贸易术语的规则，这些规则在国际上被广泛采用，因而形成了国际贸易惯例。

目前，国际上有关贸易术语的国际惯例有五种。

（1）《1932 年华沙 – 牛津规则》（Warsaw – Oxford Rules 1932）是由国际法协会专门为解释 CIF 合同制定的，该规则于 1928 年在波兰华沙制定，1932 年在牛津会议进行修改，并一直沿用至今。《1932 年华沙 – 牛津规则》共 21 条，对 CIF 合同的性质、特点以及买卖双方的权利和义务做了具体的规定。该规则的使用前提是必须在买卖合同中明确表示采用此规则，目前，国际上对此规则的采用较少。

（2）《1941 年美国对外贸易定义修订本》（Revised American Foreign Trade Definitions 1941）由美国 9 大商业团体制定。该定义对 EXW（产地交货价）、FOB（运输工具上交货价）、FAS（装运港船边交货价）、CFR（成本加运费）、DEQ（目的港码头交货价）5 种贸易术语进行了解释。该惯例在美洲国家的影响力较大。外贸企业在与采用该惯例的国家进行国际贸易时，要特别注意与其他惯例的差别，双方在合同中必须明确规定贸易术语所依据的惯例。

（3）《2000 年国际贸易术语解释通则》。

《2000 年国际贸易术语解释通则》（International Rules for the Interpretation of Trade Terms，以下简称《2000 年通则》）是国际商会为了统一各种贸易术语的解释，组织各国专家在研究和归纳各国贸易惯例的基础上产生的，是目前得到世界上绝大多数国家认可的、使用最广泛的一种惯例。

国际商会于 1936 年在巴黎制定了《1936 年国际贸易术语解释通则》，并经过多次修改和补充，于 1999 年 9 月正式公布了《2000 年国际贸易术语解释通则》，并于 2000 年 1 月 1 日开始正式生效。

①《2000 年通则》的适用范围。《2000 年通则》仅限于销售合同当事人的权利、义务中与交货有关的事项。其货物是指“有形的”货物，不包括无形货物，如电脑软件等。《2000 年通则》只涉及与交货有关的事项，包括货物的进出口清关、货物的包装、买方受领货物的义务以及提供履行各项义务的凭证等，不涉及货物所有权和其他产权的转移和违约行为的后果以及某些情况下的免责等。有关违约的后果或免责事项，可通过买卖合同中其他条款和使用的法律来解决。

②《2000 年通则》的主要内容。

国际商会的《2000 年通则》将全部的贸易术语归纳为 13 种，并将这 13 种术语按不同类别分成了 E、F、C 和 D 四组，见表 3 – 1。

表 3－1 国际贸易术语的分类

组别	术语缩写	术语英文名称	术语中文名称	适用的运输方式
E 组启运	EXW	Ex Works	工厂交货	各种运输方式
F 组 主要运费未付	FCA	Free Carrier	货交承运人	各种运输方式
	FAS	Free Alongside Ship	装运港船边交货	海运及内河运输
	FOB	Free on Board	装运港船边交货	海运及内河运输
C 组 主要运费已付	CFR	Cost and Freight	成本加运费	海运及内河运输
	CIF	Cost，Insurance and Freight	成本加保险费 加运费	海运及内河运输
	CPT	Carriage Paid to	运费付至	各种运输方式
	CIP	Carriage and Insurance Paid to	运费、保险费付至	各种运输方式
D 组 到达	DAF	Delivered at Frontier	边境交货	各种运输方式
	DES	Delivered Ex Ship	目的港船上交货	海运及内河运输
	DEQ	Delivered Ex Quay	目的港码头交货	海运及内河运输
	DDU	Delivered Duty Unpaid	未完税交货	各种运输方式
	DDP	Delivered Duty Paid	完税交货	各种运输方式

上述 13 种贸易术语，每一种所表示的价格构成、责任和风险的承担各不相同，例如，选择 EXW 术语，卖方承担的责任和风险小，但 EXW 价格也最低；而采用 DDP 术语，卖方的责任要到目的地交货才算终结，所承担的责任和风险都是最大的，相应这个术语下的价格也最高。《2000 年通则》中对买卖双方各自承担的义务进行了标准化规定，分别用 10 个项目列出（表 3－2），这样极大地方便了买卖双方当事人的理解和使用。

表 3－2 《2000 年通则》买卖双方的基本义务

卖方义务	买方义务
A1. 提供符合合同规定的货物	B1. 支付货款
A2. 许可证、批准文件及海关手续	B2. 许可证、批准文件及海关手续
A3. 运输合同与保险合同	B3. 运输合同与保险合同
A4. 交货	B4. 受领货物
A5. 风险转移	B5. 风险转移
A6. 费用划分	B6. 费用划分
A7. 通知买方	B7. 通知卖方

续表

卖方义务	买方义务
A8. 交货凭证、运输单证或选定的电子单证	B8. 交货凭证、运输单证或选定的电子单证
A9. 核查、包装及标记	B9. 货物检验
A10. 其他义务	B10. 其他义务

在这13个贸易术语中，最常用的贸易术语有FOB、CFR、CIF。随着集装箱和国际多式联运业务的发展，对FCA、CPT和CIP贸易术语的采用也日渐增多。

（4）《2010年国际贸易术语解释通则》。

《2010年国际贸易术语解释通则》（International Rules for the Interpretation of Trade Terms 2010）（以下简称《2010年通则》），是国际商会根据现代国际贸易的发展，对《2000年通则》的修订，《2010年通则》于2010年9月27日公布，已于2011年1月1日开始实施。

①《2010年通则》将《2000年通则》的E、F、C、D四组分类变为两类：适用于各种运输方式和海运；将原来的13种贸易术语变为11种（表3-3）。

表3-3 《2010年通则》中贸易术语的划分

组别	术语缩写	术语英文名称	术语中文名称
适用于各种运输方式	CIP	Carriage and Insurance Paid to	运费、保险费付至
	CPT	Carriage Paid To	运费付至
	DAP	Delivered at Place	指定目的地交货
	DAT	Delivered at Terminal	指定目的地或目的港的集散站交货
	DDP	Delivered Duty Paid	完税交货
	EXW	Ex Works	工厂交货
	FCA	Free Carrier	货交承运人
海运	CFR	Cost and Freight	成本加运费
	CIF	Cost, Insurance and Freight	成本加保险费加运费
	FAS	Free Alongside Ship	装运港船边交货
	FOB	Free on Board	装运港船边交货

《2010年通则》删去了《2000年通则》里的4个术语：DDU（未完税交货），DAF（边境交货），DES（目的港船上交货），DEQ（目的港码头交货），同时新增加了两个贸易术语DAT（Delivered at Terminal 指定目的地或目的港的集散站交货）与DAP

（Delivered at Place 指定目的地交货），以取代被删去的术语。

②《2010 年通则》中买卖双方的基本义务。

《2010 年通则》对买卖双方基本义务的划分，在《2000 年通则》的基础上有所增加（表 3 –4）。

表 3 –4 《2010 年通则》买卖双方的基本义务

卖方义务	买方义务
A1. 卖方的一般义务（General obligations of the Seller）	B1. 买方的一般义务（General obligations of the Buyer）
A2. 许可证、其他许可、安全清关和其他手续（Licences，authorizations，security clearances and other formalities）	B2. 许可证、其他许可、安全清关和其他手续（Licences，authorizations，security clearances and other formalities）
A3. 运输与保险合同（Contracts of carriage and insurance）	B3. 运输与保险合同（Contracts of carriage and insurance）
A4. 交货（Delivery）	B4. 收货（Taking delivery）
A5. 风险转移（Transfer of risks）	B5. 风险转移（Transfer of risks）
A6. 费用分摊（Allocation of costs）	B6. 费用分摊（Allocation of costs）
A7. 通知买方（Notice to the buyer）	B7. 通知卖方（Notice to the seller）
A8. 交付单据（Delivery document）	B8. 交货证明（Delivery proof of delivery）
A9. 核对 – 包装 – 标记（Checking – packaging – marking）	B9. 货物检验（Inspection of goods）
A10. 信息协助和相关费用（Assistance with information and related costs）	B10. 信息协助和相关费用（Assistance with information and related costs）

（5）《2020 年国际贸易术语解释通则》。

最新版本《2020 年国际贸易术语解释通则》于 2020 年 1 月 1 日正式实施，将给世界商品进出口贸易带来重大影响。与 2010 年版本相比，2020 年版本对贸易术语的解释更加清晰，对交易双方承担的费用和责任更加明确具体，增加了安保分配规则，对某些贸易术语的具体内容及实施进行调整。

2020 年这次修订，术语数量没有变化，只是种类发生了变化。贸易术语多次修改都说明其调整的范围和适用的领域不断扩大，从只针对海洋运输方面，扩展到陆上运输，航空运输。同时也扩大了卖方的责任范围——需要多承担一个保险费用；海运提单也附加到了 FCA 术语上。

表 3－5 Incoterms 2010 和 Incoterms 2020 中贸易术语种类、数量和名称对比

<table>
<tr><td colspan="3">国际贸易术语惯例名称及版本</td></tr>
<tr><td>贸易术语英文缩写，全称及中文释义
适合的运输方式</td><td>Incoterms 2010
《2010 年国际贸易术语解释通则》</td><td>Incoterms 2020
《 2020 年国际贸易术语解释通则》</td></tr>
<tr><td rowspan="4">水上运输</td><td>FAS(Free Alongside Ship)装运港船边交货</td><td rowspan="4">同左</td></tr>
<tr><td>FOB(Free On Board)装运港船上交货</td></tr>
<tr><td>CFR(Cost and Freight)成本加运费</td></tr>
<tr><td>CIF(Cost Insurance and Freight)成本保险费加运费</td></tr>
<tr><td rowspan="7">一切运输方式</td><td>EXW(Ex Works)工厂交货</td><td rowspan="7">DAT(Delivered at Terminal)目的地或目的港的集散站交货更名为 DPU (Delivered at Place Unloaded)目的地卸货后交货,其余不变</td></tr>
<tr><td>FCA(Free Carrier)货交承运人</td></tr>
<tr><td>CPT(Carriage Paid To)运费付至</td></tr>
<tr><td>CIP(Crriage Insurance Paid To)运费保险费付至</td></tr>
<tr><td>DAT(Delivered at Terminal)
目的地或目的港的集散站交货</td></tr>
<tr><td>DAP(Delivered at Place)目的地交货</td></tr>
<tr><td>DDP(Delivered Duty Paid)完税后交货</td></tr>
</table>

注：表 3－5 资料根据《2010 年国际贸易术语解释通则》和《2020 年国际贸易术语解释通则》条文内容整理。

五、使用国际贸易惯例时应注意的问题

（1）国际惯例本身不是法律，没有强制性。在国际贸易中，买卖双方有权选择采用哪种惯例，或者不采用国际惯例。如果合同当事人在签订合同时，希望援引《2000 年通则》，应在合同中注明，这样该惯例将确定双方各自的责任和义务，以避免引起不必要的纠纷。

（2）如果合同中明确了采用某种惯例，但合同中又规定了与采用的惯例相抵触的条款，只要这些条款与本国法律不矛盾，则合同条款的效力高于惯例的规定。

（3）注意提单和电子商务问题。《2000 年通则》中规定涉及卖方提供交货凭证义务的条款，在当事方同意使用电子方式通信时，允许用电子数据交换信息替代纸面单据。

（4）虽然《2010 年通则》已正式生效，但是《2010 年通则》实施之后并非《2000 年通则》就自动作废。因为国际贸易惯例本身不是法律，对国际贸易当事人不产生必

然的强制性约束力。国际贸易惯例在适用的时间效力上并不存在“新法取代旧法”的说法，即2010实施之后并非2000就自动废止，当事人在订立贸易合同时仍然可以选择适用《2000年通则》。

任务二 常用的国际贸易术语

在有关贸易术语的国际贸易惯例中，FOB、CFR、CIF、FCA、CPT和CIP这六种贸易术语是在国际贸易中使用最频繁的。因此，理解和掌握这六种贸易术语的含义、买卖双方的基本义务以及在使用过程中应注意的问题是非常重要的。

一、FOB

（一）FOB贸易术语的含义

FOB是Free On Board（... named port of shipment）的英文缩写，即装运港船上交货（……指定装运港）。其指由买方负责派船接货；卖方应在合同规定的装运港和装运期内，将合同规定的货物装上指定的船只，并及时通知买方。货物的风险均以装运港的船舷为界。

例如：“... FOB Shanghai”（……上海装运港船上交货）、“... FOB Tianjin”（……天津装运港船上交货）等。

（二）买卖双方的风险、责任和费用的划分

根据《2010年通则》对FOB术语的解释，买卖双方的风险、责任和费用划分等具体如下：

1. 风险的转移

卖方承担货物在装运港越过船舷以前的风险，买方承担货物在装运港越过船舷以后的风险。

2. 责任的承担

（1）卖方责任。在合同规定的时间和装运港，将符合合同规定的货物装上买方指派的船只，并及时向买方发出已装船通知；负责取得出口许可证或其他官方批准文件，办理出口报关手续；向买方提供商业发票、交货凭证或具有同等效力的电子单证。

（2）买方责任。负责租船订舱，并将船名、航次、船舶预计到港时间通知卖方；负责取得进口许可证或其他官方批准文件，办理进口报关手续；自理保险事宜；收取卖方按合同规定交付的货物，接受交货单据并支付货款。

3. 费用的划分

卖方承担在装运港装船以前的一切费用和出口报关的税费。买方承担货物装船后的各项费用，包括从装运港到目的港的运费、保险费以及进口报关的税费等。

（三）使用 FOB 贸易术语的注意事项

1. 风险转移界限的正确理解

卖方必须在合同规定的期限内，在指定的装运港将符合合同规定的货物“交至船上”（Deliver on Board）或“装上船”（Load on Board），这是卖方交货的义务。同时规定，当货物在装运港越过船舷（Passed the Ship’s Rail）时，货物灭失或损坏的风险就从卖方转移至买方，这是买卖双方的风险划分点。这两者在表面上是存在矛盾的，但从国际贸易的实践来看，尽管越过船舷为风险转移点，但是交付义务的完成是将货物装上船。如果没有将货物装上船，就没有完成交付，因而越过船舷的风险转移也就没有实际意义，因为没有交付也就不存在越过船舷。并且在实际业务中，买方一般要求卖方提交“已装船清洁提单”（Clean On Board B/L），这就是说，卖方必须负责在装运港将货物安全地装上船，并要负担货物装上船为止的一切灭失或损坏的风险。

2. 船货衔接问题

在 FOB 合同中，买方必须负责租船或订舱，并将船名和装船时间及时通知卖方，而卖方必须负责在合同规定的装船日期和装运港，将货物装上买方指定的船只。在这里有个船货衔接的问题。买方在合同规定的期限内安排船只到合同指定的装运港接受装货，如果船只按时到达装运港，因卖方货未备妥而不能及时装运，则卖方应承担由此而造成的空舱费或滞期费。反之，如果买方延迟派船，使卖方不能在合同规定的装运期内将货物装船，则由此引起的卖方仓储、保险等费用由买方负责。

卖方在装船后应及时地给予买方充分的通知。因为在 FOB 条件下，货物的运输保险是由买方办理的，而货物越过装运港船舷之后的风险由卖方转移至买方，因此，如果卖方装运后不及时通知买方，可能使得买方投保过迟，以至于不能及时对货物进行保险，并且，卖方及时发出装运通知，也便于买方及时安排收取货物以及货物的入库等事项。

因此，在 FOB 合同情况下，买卖双方应在合同中明确 3 个通知的期限：卖方货物备妥通知的期限、买方派船通知的期限、卖方装船通知的期限。在订约后，双方还应加强联系，密切配合，防止衔接不当。

另外，在实际业务中，FOB 的卖方并非一律不能替买方承办租船订舱手续。一般来说，在整船运输和大批货物运输中，采用的是租船方式，买方往往自行租船，不会要求卖方协助办理。而在班轮运输中，由于运费率固定，所以由卖方办理租船订舱的工作与由买方自己办理无甚差别，而且在装运港办理此类手续，卖方往往比买方更为方便。因此，在买方的要求下，卖方可以在由买方承担风险和费用的条件下，协助办理此类事项。但应注意的是，卖方并没有义务这样做，它只是基于良好的交易关系才这样做的，因此，卖方拒绝协助并不构成违约。

（四）装货费用划分引起的术语变形

《2000年通则》规定买卖双方的费用划分点以船舷为界，但货物的装船过程是一个连续的作业，这给实际费用的划分造成了困难。如，买方使用班轮装运货物，由于班轮运费包括了装船费用和在目的港的卸货费用，班轮运费既然由买方支付，那么装船费用实际上也是由买方负担的。但在大宗货物需要使用租船装运时，多数情况下，船运公司一般是不负担装卸费用的。FOB合同的买卖双方应对装船费用由何方负担进行洽商，并在合同中用文字形式做出具体规定，也可采用在FOB术语后加列字句或缩写，即所谓FOB术语的变形来表示。实际业务中，常见的FOB变形有以下几种。

（1）FOB班轮条件（FOB Liner Terms），指装船费用如同班轮运输那样，由支付运费的买方负担。

（2）FOB吊钩下交货（FOB Under Tackle），指卖方将货物置于轮船吊钩可及之处，从货物起吊开始的装船费用由买方负担。

（3）FOB包括理舱（FOB Stowed，FOBS），指卖方负担将货物装入船舱并支付包括理舱费在内的装船费用。

（4）FOB包括平舱（FOB Trimmed，FOBT），指卖方负担将货物装入船舱并支付包括平舱费在内的装船费用。

在许多标准合同中，为表明由卖方承担包括理舱费和平舱费在内的各项装船费用，常采用FOBST（FOB Stowed and Trimmed）方式。

使用FOB术语的变形时应特别注意的问题是：一般来讲，FOB术语的变形只解决装船费用的负担问题见表3－6。贸易术语的变形不改变交货地点和风险划分的界限，尤其适用于程租船运输的情况下。但对以上贸易术语的变形国际上并无统一的权威性解释。为避免产生不必要的麻烦，在使用贸易术语变形时，应在合同中明确规定卖方所需承担的额外义务，即此类费用划分点的延伸是否同时也意味着风险转移点的延伸，以防止由于双方理解不一致而引起纠纷。

表3－6 FOB贸易术语的变形和费用负担

变形种类	装货费	卸货费	装运港有可能发生的驳船费
FOB Liner Terms	船方或买方	买方	船方或买方
FOB Under Tackle	买方	买方	卖方
FOB Stowed	卖方	买方	卖方
FOB Trimmed	卖方	买方	卖方
FOB Stowed and Trimmed	卖方	买方	卖方

二、CFR

（一）CFR 贸易术语的含义

CFR 全称是 Cost and Freight（... named port of destination），即成本加运费（……指定目的港）。其指卖方负责租船订舱、支付装船费以及货物运到指定目的港的运杂费；货物装上轮船以后，及时通知买方，货物的风险仍以装运港的船舷为界。

例如："... CFR Jeddah"（"……成本加运费，运至吉达"）、"... CFR Port Said"（"……成本加运费，运至塞得港"）等。

（二）买卖双方的风险、责任和费用的划分

1. 风险的转移

卖方承担货物在指定装运港有效越过船舷之前的风险；买方承担货物在指定装运港有效越过船舷之后的风险。

2. 责任的承担

（1）卖方责任。

提供合同规定的货物，负责租船订舱和支付运费，按时在装运港装船，并于装船后及时向买方发出已装船的充分通知；办理出口结关手续，并承担货物在装运港到达船舷为止的一切风险和在装运港将货物交至船上的费用；按合同规定提供有关单证或相等的电子信息。

（2）买方责任。

负责取得进口许可证或其他官方批准文件，办理进口报关手续；自理保险事宜；收取卖方按合同规定交付的货物，接受交货单据并支付货款。

3. 费用的划分

卖方承担在装运港交货前的一切费用和出口报关的税费，并承担从装运港到目的港的运费。买方承担交货后的各项费用，包括保险费以及进口报关的税费。

（三）使用 CFR 贸易术语的注意事项

卖方在装船后应及时向买方发出已装船通知。按 CFR 术语订立合同，卖方必须给予买方关于货物已按规定交付至船上的充分通知，这项通知甚至比在 FOB 下的装运通知显得更为重要。因为在 CFR 术语下，由卖方办理租船订舱和在装运港将货物装上船的手续，而装运后的风险又是由买方承担的，对这一切买方可能会毫无所知。因此，卖方必须及时地向买方发出货物已按规定交付至船上的充分通知，以使买方及时在目的港办理货运保险，以就货物装上船后可能遭受灭失或损坏的风险取得保障。如同以前的版本一样，《2000 年通则》对卖方未能给予买方该项充分通知的后果也没有做具体的规定，但是根据货物买卖合同的适用法律，卖方将承担违约责任，需承担损害赔偿责任。

所以，卖方及时给买方以充分的通知，是 CFR 合同中一个至关重要的问题。所谓

“充分的通知”是指该装船通知在时间上是“毫不迟延的”，在内容上是“详尽”的，可满足买方为在目的港收取货物采取必要措施（包括办理保险）的需要。为此，在实际业务中，卖方应根据约定或习惯做法及时采取适当的方式，如，用传真或电子邮件向买方发出装船通知。

（四）卸货费用划分引起的术语变形

CFR 卸货费用划分的原因类似于 FOB 装船费用划分的原因。若采用班轮运输，装卸费用包括在运费之中，CFR 条件下由卖方承担装卸费。程租船运输方式下，装船费用由卖方支付，目的港的卸货费由哪方支付应在合同中订明。可以采用文章表述的方法订明，也可以采用 CFR 变形来明确。其主要变形有：

（1）CFR Liner Terms（即 CFR 班轮条件），这是指卸货费按班轮办法处理，即买方不负担卸货费。

（2）CFR Landed（即 CFR 卸到岸上），这是指由卖方负担卸货费，其中包括驳运费在内。

（3）CFR Ex Tackle（即 CFR 吊钩下交货），这是指由卖方负责将货物从船舱吊起卸到船舶吊钩所及之处（码头上或驳船上）的费用，在船舶吊起卸到船舶不能靠岸的情况下，租用驳船的费用和货物从驳船卸到岸上的费用，概由买方负担。

（4）CFR Ex Ship's Hold（CFR 舱底交货），这是指货物运到目的港后，由买方自行启舱，并负担货物从舱底到码头的费用。

应当指出，在上述 CFR 后面另列附加条件，只是为了进一步明确卸货费由何方负担的问题，尽管 CFR 同现变形，但交货地点和风险划分的界线，并无任何改变。

三、CIF

（一）CIF 贸易术语的含义

CIF 的全称是 Cost Insurance and Freight（... named port of destination），即成本加保险费、运费（……指定目的港）。卖方负责租船订舱，支付货物运到目的港的运杂费；办理货运保险、支付保险费；货运风险仍以装运港的船舷为界。

例如，“... CIF Dalian”（CIF 运至大连）

（二）买卖双方的风险、责任和费用的划分

1. 风险的转移

卖方承担货物在指定装运港越过船舷之前的风险，买方承担货物在指定装运港越过船舷之后的风险。

2. 责任的承担

（1）卖方责任。

卖方的主要责任，具体表现在以下 3 个方面。

①在合同规定的日期或期限内，按港口习惯的方式在指定装运港将货物装上船，

并向买方发出装船通知。

②提交有关装运单据，或同等的电子信息。

③自担风险和费用，取得任何出口许可证或其他官方许可，并在需要办理海关手续时，办理出口货物所需的一切海关手续。

（2）买方责任。

买方的主要责任，具体表现在以下 2 个方面。

①按照销售合同规定支付价款、受领货物。

②自担风险和费用取得任何进口许可证或其他官方许可，并在需要办理海关手续时，办理货物进口和在必要时从他国过境的一切海关手续。

3. 费用的划分

卖方承担在装运港交货前的一切费用和出口报关的税费，承担从装运港到目的港的运费和保险费。买方承担交货后的各项费用，包括进口报关税费等。

（三）使用 CIF 贸易术语的注意事项

1. CIF 合同属于"装运合同"

在 CIF 术语下，卖方在装运港将货物装上船，即完成了交货义务。因此，采用 CIF 术语订立的合同属于"装运合同"。但是，由于在 CIF 术语后所注明的是目的港（如"CIF 伦敦"）以及在我国曾将 CIF 术语译作"到岸价"，所以 CIF 合同的法律性质常被误解为"到货合同"。为此，必须明确指出，CIF 以及其他 C 组术语与 F 组术语一样，卖方在装运港完成交货义务，此类合同的卖方在按合同规定的装运地将货物交付装运后，对货物可能发生的任何风险就不再承担责任。因此，采用这些术语订立的买卖合同均属"装运合同"。需注意的是，在任何情况下使用 CIF 贸易术语时，都不应规定抵达目的港的交货时间，而只应就货物的装运时间做出规定。如果买方希望货物能在具体时间实际抵达目的地，则应采用 D 组术语。

2. 卖方办理保险的责任

在 CIF 术语下，越过船舷后的风险将由买方承担，而运输途中的保险又是由卖方办理的。因此，卖方是为了买方的利益代办的保险。《2000 年通则》中对卖方保险责任做了如下规定：如无相反的明示协议，卖方只按协会货物保险条款或其他类似的保险条款中最低责任的保险险别投保。如买方有要求，并由买方负担费用，卖方应在可能的情况下，投保战争险或罢工、暴动和民变险。最低保险金额应当为合同规定的价款加 10%（即价款的 110%），并应当以合同货币的币种投保。该 10% 是用以保障买方期望从货物销售中得到的平均利润。至于保险期限，则必须与货物运输相符合，并必须自买方需要负担货物灭失或损坏的风险时（即自货物在装运港越过船舷时）起对买方的保障生效，至货物到达约定的目的港为止。在实际业务中，为了明确责任，在采用 CIF 术语的合同中，买卖双方一般就保险金额、保险险别和适用的保险条款等应作出规定。目前，中国保险条款和国际上使用较多的伦敦协会货物保险条款，均列有保险公司的保险责任的起讫期限。

3. 象征性交货

从交货方式来看，可以分为实际交货和象征性交货两种。实际交货是指卖方要在规定的时间和地点，将符合合同规定的货物提交给买方或其指定人，而不能以交单代替交货。而象征性交货是指卖方只要按期在约定地点完成装运，并向买方提交合同规定的包括物权凭证在内的有关单证就算完成了交货义务，而无须保证到货。因此，象征性交货是指卖方凭单交货，买方凭单付款，单据代表着货物，是一种单据买卖。只要卖方能如期提交齐全、正确的单据，即使货物在运输途中损坏或灭失，买方也必须承担付款义务。反之，如果卖方提交的单据不符合要求，即使货物是符合合同要求的，并且货物完好无损地抵达目的地，买方仍有权拒付货款。如前所述，CIF 合同属于装运合同，卖方按合同规定在装运港将货物装上船就算完成交货任务，并且货物的风险也从卖方转移至买方，即使在卖方提交单据时，货物已经灭失或损坏的情况下，买方仍必须凭单据付款，但买方可凭提单向船方或凭保险单向保险公司要求赔偿。所以，装运单据在 CIF 交易中具有特别重要的意义。

（四）卸货费用划分引起的 CIF 贸易术语变形

CIF 的变形，主要有以下几种：

（1）CIF Liner Terms（CIF 班轮条件）。这一变形是指卸货费用按照班轮的做法来办，即买方不负担卸货费，而由卖方或船方负担。

（2）CIF Landed（CIF 卸至码头）。这一变形是指由卖方承担将货物卸至码头上的各项有关费用，包括驳船费和码头费。

（3）CIF Ex Tackle（CIF 吊钩下交接）。这一变形是指卖方负责将货物从船舱吊起卸到船舶吊钩所及之处（码头上或驳船上）的费用。在船舶不能到岸的情况下，租用驳船的费用和货物从驳船卸至岸上的费用，概由买方负担。

（4）CIF Ex Ship's Hold（CIF 舱底交接）。按此条件成交，货物运达目的港在船上办理交接后，自船舱底起吊直至卸到码头的卸货费用，均由买方担负。

四、FCA

（一）FCA 贸易术语的含义

FCA 的全称是 Free Carrier（... named Place），即货交承运人（……指定地点）。此术语是指卖方在规定的时间和地点把货物交给买方指定的承运人或其代理人，并办理了出口手续后，就算完成了交货义务。

例如："... FCA Zhengzhou"（……在郑州货交承运人）。

（二）买卖双方的风险、责任和费用的划分

1. 风险的转移

卖方承担将货物交给承运人监管之前的风险，买方承担货交承运人监管之后的风险。

2. 责任的承担

（1）卖方责任。

卖方责任主要体现在以下 3 个方面。

①在合同规定的时间、地点，将合同规定的货物置于买方指定的承运人控制下，并及时通知买方。

②取得出口许可证或其他官方批准证件，并办理货物出口所需的一切海关手续。

③提交商业发票或具有同等作用的电子信息，并自费提供通常的交货凭证。

（2）买方责任。

买方责任主要体现在以下 3 个方面。

①签订从指定地点承运货物的合同，支付有关的运费，并将承运人的名称及有关情况及时通知卖方。

②根据买卖合同的规定受领货物并支付货款。

③取得进口许可证或其他官方的证件，并且办理货物进口所需的海关手续。

3. 费用的划分

卖方承担将货物交给承运人控制之前的一切费用和出口报关的税费。买方承担货交承运人之后所发生的各项费用，包括从装运地到目的地的运费、保险费以及进口报关的税费。

（三）使用 FCA 术语注意事项

1. 交货地点的选择

不同的交货地点对于在该地点的装货和卸货的义务会产生影响。若卖方在其所在地交货，则卖方应负责装货；若卖方在其他地点交货，则卖方不负责装货，即使货物在卖方的运输工具上尚未卸货，卖方也只要将货物交给买方指定的承运人处置时，交货即算完成。

2. 关于买方安排运输问题

《2000 年通则》下的 FCA 合同的买方，必须自付费用订立自指定地点运输货物的合同，并将承运人名称及有关情况及时通知卖方，卖方并无订立运输合同的义务。但《2000 年通则》又规定，如果买方提出请求，或如果按照商业惯例，在与承运人订立运输合同时（如铁路或航空运输的情况下）需要卖方提供协助的话，卖方可代为安排运输，但有关费用和风险应由买方负担。当然，卖方也可以拒绝订立运输合同，如若拒绝，则应立即通知买方，以便买方另做安排。相反，如果买方有可能取得比卖方较低的运价，或按其本国政府规定必须由买方自行订立运输合同的话，则买方应在订立买卖合同时明确告知卖方，以免双方重复订立运输合同而引起问题和发生额外费用。

3. 货物集合化的费用负担

FCA 的卖方负担货交承运人之前所发生的一切费用，而货交承运人之后所发生的费用则由买方负担。鉴于在采用 FCA 术语时，货物大都做了集合化或成组化处理，如装上集装箱或装上托盘。因此，卖方应考虑将货物集合化所需的费用，也计算在价格之内。

4. 关于承运人

买方安排的承运人，可以是拥有运输工具的实际承运人，也可以是运输代理人或其他人。

5. 关于风险转移

如果买方在订立运输契约后，没有及时向卖方发出通知，使卖方无法按时完成交货义务，只要货物已被特定化，风险就可以提前转移。即在规定的交付货物的约定日期或期限届满之日起风险转移，而不是货交承运人时转移。

五、CPT

（一）CPT 贸易术语的含义

CPT 的全称为 Carriage Paid To（... named place of destination），即运费付至（……指定目的地）。在 CPT 贸易术语后面要注明双方约定的目的地的名称，它可以是两国的边境，也可以是进口国的港口，还可以是进口国的内陆地点。但在 CPT 的条件下，卖方交货的地点都要在出口国的内陆或边境地区的港口、车站等。

例如：“... CPT Budapest”（运费付至布达佩斯）。

（二）买卖双方的风险、责任和费用的划分

1. 风险的转移

卖方承担货物交给承运人之前的一切风险，买方承担货物交给承运人之后的一切风险。

2. 责任的划分

（1）卖方责任。

卖方的主要责任，具体表现在以下 4 个方面。

①在合同规定的时间和地点，将合同规定的货物置于承运人的控制之下，并及时通知买方。

②提交有关装运单据，或相等的电子信息。

③自担风险和费用，取得任何出口许可证或其他官方许可，并在需要办理海关手续时，办理出口货物所需的一切海关手续。

④自付费用订立从指定的装运港运输货物的合同。

（2）买方责任。

买方的主要责任，具体表现在以下 3 个方面。

①按照销售合同规定支付价款、受领货物。

②自负费用办理运输保险合同并交纳保险费。

③自担风险和费用取得任何进口许可证或其他官方许可，并在需要办理海关手续

时，办理货物进口和在必要时从他国过境的一切海关手续。

3. 费用的划分

卖方承担货交承运人之前的一切费用和出口报关的税费，承担从装运地到目的地的运费。买方承担货交承运人之后的各项费用，包括保险费以及进口报关的税费等。

（三）使用CPT术语注意事项

1. 风险划分界限问题

按照CPT术语成交，虽然卖方要负责订立从起运地到指定目的地的运输契约，并支付运费，但是卖方承担的风险并没有延伸至目的地。按照《2000年通则》的解释，货物自交货地点至目的地的运输途中的风险由买方而不是卖方承担，卖方只承担货物交给承运人控制之前的风险。在多式联运情况下，卖方承担的风险自货物交给第一承运人控制时即转移给买方。

2. 装运通知问题

在CPT贸易术语下，卖方负责安排运输，风险由货物交给承运人之时起开始转移给买方。为了买方能及时办理货运保险，避免两者脱节，造成货物装运后失去对货物必要的保险保障，卖方在交付货物后应及时向买方发出装运通知，否则卖方要承担违约损害赔偿的责任。关于这个问题的解释与前述CFR的解释相同。

六、CIP

（一）CIP贸易术语的含义

CIP的全称是Carriage and Insurance Paid To（... named place of destination），即运费、保险付至（……指定目的地）。在CIP术语后面仍要注明双方约定的目的地的名称，它可以是两国的边境，也可以是进口国的港口，还可以是进口国的内陆地点。但在CIP的条件下，卖方交货的地点都要在出口国的内陆或边境地区的港口、车站等。

例如：“... CIP Moscow”（……运费、保险付至莫斯科）。

（二）买卖双方的风险、责任和费用的划分

1. 风险的转移

卖方承担货物交给承运人监管之前的一切风险，买方承担货物交给承运人监管之后的一切风险。

2. 责任的划分

（1）卖方责任。

卖方的主要责任，具体表现在以下4个方面。

①在合同规定的时间和地点，将合同规定的货物置于承运人的控制之下，并通知买方。

②提交有关装运单据，或相等的电子信息。

③自担风险和费用，取得任何出口许可证或其他官方许可，并在需要办理海关手

续时，办理出口货物所需的一切海关手续。

④自付费用订立从指定的装运港运输货物的合同和办理运输保险合同。

（2）买方责任。

买方的主要责任，具体表现在以下 2 个方面。

①按照销售合同规定支付价款、受领货物。

②自担风险和费用取得任何进口许可证或其他官方许可，并在需要办理海关手续时，办理货物进口和在必要时从他国过境的一切海关手续。

3. 费用的划分

卖方承担货交承运人之前的一切费用和出口报关的税费，承担从装运地到目的地的运费。买方承担货交承运人之后的各项费用，包括保险费以及进口报关的税费等。

（三）使用 CIP 术语注意事项

1. 正确理解风险和保险问题

按 CIP 术语成交的合同，卖方要负责办理货运保险，并支付保险费，但货物从交货地运往目的地的运输途中的风险由买方承担。所以，卖方的投保仍属于代办性质。根据《2000 年通则》的解释，一般情况下，卖方要按双方协商确定的险别投保，而如果双方未在合同中规定应投保的险别，则由卖方按惯例投保最低的险别，保险金额一般是在合同价格的基础上加 10%。

2. 合理确定价格

与 FCA 相比，CIP 条件下卖方要承担较多的责任和费用。它要负责办理从交货地至目的地的运输，承担相关的运费；办理货运保险，并支付保险费。这些都反映在货价之中。所以，卖方对外报价时，要认真核算成本和价格。在核算时，应考虑运输距离、保险险别、各种运输方式和各类保险的收费情况，并要预计运价和保险费的变动趋势等。从买方来讲，也要对卖方的报价进行认真分析，做好比价工作，以免接受不合理的报价。

3. 了解 CIP 与 CIF 的区别

CIP 与 CIF 有相似之处，它们的价格构成中都包括了通常的运费和保险费，而且这两种术语都是装运合同。但 CIP 与 CIF 又有很多的不同，这在交货地点、风险划分界限以及卖方承担的责任和费用等方面都有所表现。产生这些不同的主要原因是，两者适用的运输方式不同。

任务三 其他贸易术语

一、EXW

EXW 是 Ex Works（... named place）的缩写，即工厂交货（……指定地点）。其是

指卖方在其所在处所（如工场、工厂或仓库等）将货物置于买方处置之下时，即履行了交货义务。按此贸易术语成交，卖方不承担将货物装上买方备妥的运输车辆，也不负责办理货物出口结关手续，除另有约定外，买方应承担从卖方的所在地将货物运至预期目的地的全部费用和风险，因此，工厂交货是卖方承担最少责任和费用的贸易术语。

工厂交货，本属按国内贸易的办法进行交货，但也可用于国际贸易，特别是陆地接壤国家之间，应用得比较普遍。工厂交货的适用范围很广，它适用于任何运输方式，其中包括多式联运。

交易双方按工厂交货条件成交，办理货物出口结关手续，不是由卖方负责，而是由买方承担，在此情况下，买方须了解出口国家的政府当局是否接受一个不住在该国的当事人或其代表在该国办理出口结关手续，以免蒙受不必要的损失，如果在买方不能直接或间接地办理货物出口手续的情况下，就不应使用这一术语，而应选用 FCA 术语。

二、FAS

FAS 是 Free Alongside Ship（... named port of shipment）的缩写，即装运港船边交货（……指定装运港）。卖方在装运港将货物放置码头或驳船边，即完成了交货。买方自那时起，负担一切费用和货物灭失或损坏的风险。

FAS 术语要求卖方办理货物出口清关。本术语只适用于海运或内河运输方式。

按装运港船边交货条件成交，买卖双方费用和风险的划分，以船边为界，货物交至船边前的一切费用和风险（其中可能包括驳运费用和驳运过程中发生的货物风险损失），概由卖方负担，当货物有效地交到船边后，费用风险即由卖方转移给买方。

三、DAF

DAF 是 Delivered at Frontier（... named place）的缩写，即边境交货（……指定地），是指卖方将货物运至边境指定的具体地点，办妥货物出口清关手续但不办理货物进口清关手续，在毗邻国家海关边境，将已运达的运输工具上尚未卸下的货物置于买方支配之下时即完成交付。“边境”一词可用于任何边境，可以是出口国边境，也可是途中经过的第三国边境。因而，采用本术语时，指明具体的地点以准确定义边境是至关重要的。假如在边境上被指定的交货地的具体地点未约定或习惯上未确定的话，则卖方可在指定交货地选择最适合其要求的具体地点。

DAF 属于到达合同，卖方承担货物运抵指定边境交货地点前的所有风险和费用。

本术语可适用于各种运输方式，但主要用于铁路或公路运输。

四、DES

DES 是 Delivered Ex Ship（... named port of destination）的缩写，即目的港船上交货（……指定目的港），是指卖方将货物运至指定目的港，但不办理货物进口清关手续，在船上将货物置于买方支配时完成交付。卖方应承担货物运至目的港卸货前的一切风险和费用，买方则承担船上货物交由其处置时起的一切费用和风险，其中包括卸货费和办理货物进口的清关手续。所以 DES 才是真正的到岸价。

DES 术语与 CIF 术语存在原则差别，具体表现在下列几个方面。

（1）交货地点不同，即 CIF 是装运港船上交货，而 DES 是目的港船上交货。

（2）风险划分不同，即 CIF 条件下，运输途中的风险由买方负担，而 DES 条件下，运输途中的风险由卖方负担。

（3）交货方式不同，即 CIF 是象征性交货，而 DES 属于实际交货。

（4）费用负担不同，即 CIF 条件下，卖方只负担正常的运费和约定的保险费，而 DES 条件下，卖方则须负担货物运抵目的港交货前的一切费用。

DES 术语适用于海运或内河运输或多式联运在目的港码头交付货物的运输方式。

五、DEQ

DEQ 是 Delivered Ex Quay（... named port of destination）的缩写，即目的港码头交货（……指定目的港），是指卖方在指定目的港的码头，将未经进口清关的货物置于买方支配之下时，即完成交货。卖方承担货物运至指定目的港的一切风险和费用，并承担码头卸货费。在《2000 年通则》中，DEQ 术语要求买方办理货物进口的清关手续，以及支付进口时的一切海关手续费、关税、捐税和其他费用。但如果买方要求卖方负担货物进口时支付某些费用的义务，则应在合同中订明。

本术语适用于海运或内河运输或多式联运在目的港码头交付货物的运输方式。

六、DDU

DDU 是 Delivered Duty Unpaid（... named place of destination）的缩写，即未完税交货（……指定目的地），是指卖方在指定目的地将货物交付给买方，并承担货物运至指定目的地的费用和风险。但卖方不负责任何运输方式下的卸货义务，不负责办理进口清关手续，也不支付在目的地进口可能产生的任何“税费”，这些全部由买方负责。DDU 术语是一种比较特殊的术语，它要求卖方在进口国内指定地点将货物实际交给买方掌控之下，但又不负责进口清关手续和税费，这对于一些自由贸易区内的国家之间的贸易是非常适宜的。但如果进口国是清关比较困难的国家，买方有时可能不能及时地完成清关手续，这会导致卖方履行出口合同发生困难。因此，作为卖方，在采用

DDU 术语之前，务必要了解进口国海关的管理情况，如果预计清关困难，则不宜采用此术语。

本术语可适用于各种运输方式，但货物交付地如果是在目的港船上或码头上时，应使用 DES 或 DEQ 术语。

七、DDP

DDP 是 Delivered Duty Paid（... named place of destination）的缩写，即完税后交货（……指定目的地），是指卖方在指定的目的地将货物交付给买方，并负责办理货物进口清关手续，但不负责任何运输方式下的卸货义务。卖方必须承担货物运至该处的一切风险和费用，包括支付目的地进口的任何“税费”。

《2000 年通则》还规定，办理进口清关手续时，卖方可要求买方予以协助，但费用和风险仍由卖方负担。买方应给予卖方一切协助，取得进口所需的进口许可证或其他官方证件。如买卖双方当事人希望将进口时所要支付的一些费用（如增值税 VAT），从卖方的义务中扣除，则应在合同中订明。如果当事方希望买方承担货物进口的风险和费用，则应使用 DDU 术语。

DDP 术语是卖方承担最大义务的术语。本术语可适用于各种运输方式，但如果货物交付地是在目的港船上或码头上时，则应使用 DES 或 DEQ 术语。

现对《2000 年通则》中的 13 种贸易术语进行总结，见表 3－7。

表 3－7　13 种贸易术语的对比

贸易术语	交货地点	风险转移界限	运输及运费	保险及保费	出口报关责任及费用	进口报关责任及费用	运输方式
EXW	商品产地	货交买方处置时	买方	买方	买方	买方	任何方式
FCA	出口国内地、港口	货交承运人处置时	买方	买方	卖方	买方	任何方式
FAS	装运港船边	货交船边后	买方	买方	卖方	买方	水上运输
FOB	装运港船上	货物越过船舷	买方	买方	卖方	买方	水上运输
CFR	装运港船上	货物越过船舷	卖方	买方	卖方	买方	水上运输
CIF	装运港船上	货物越过船舷	卖方	卖方	卖方	买方	水上运输
CPT	出口国内地、港口	货交承运人处置时	卖方	买方	卖方	买方	任何方式
CIP	出口国内地、港口	货交承运人处置时	卖方	卖方	卖方	买方	任何方式

续表

贸易术语	交货地点	风险转移界限	运输及运费	保险及保费	出口报关责任及费用	进口报关责任及费用	运输方式
DAF	边境指定地点	货交买方处置时	卖方	卖方	卖方	买方	任何方式
DES	目的港船上	货交买方处置时	卖方	卖方	卖方	买方	水运和多式联运
DEQ	目的港码头	货交买方处置时	卖方	卖方	卖方	买方	水运和多式联运
DDU	进口国指定地点	货交买方处置时	卖方	卖方	卖方	买方	任何方式
DDP	进口国指定地点	货交买方处置时	卖方	卖方	卖方	卖方	任何方式

任务四 《2010 年通则》的主要变化

随着国际贸易的发展，目前世界上的免税区不断增加，电子通信普遍使用，货物运输的安全性也不断提高，国际商会为适应国际贸易的发展趋势，推出了《2010年通则》。新的《2010 年通则》将原来的 13 种贸易术语更改为 11 种，并将术语的适用范围从国际贸易扩大到国内贸易中，赋予了电子单据与书面单据同样的效力，增加了对出口国安检的义务分配，要求双方明确交货位置，将承运人定义为缔约承运人，这些都很大程度地反映了国际贸易实践的要求。新的国际贸易术语解释通则将进一步促进国际货物贸易的发展，并将更加有助于解决国际货物贸易中的纠纷。

《2010 年通则》相对于《2000 年通则》变动不是特别大，本节介绍相对于《2000年通则》，《2010 年通则》主要的变化。

一、《2010 年通则》对术语的分类

1. 《2010 年通则》将术语分为两类：适用于各种运输方式和水运。其中，适合各种运输方式的贸易术语包括：CIP、CPT、DAP、DAT、DDP、EXW、FCA；适合海运和内水运输的贸易术语包括：CFR、CIF、FAS、FOB

2. DAP（Delivered at Place）目的地交货

DAP 类似于取代了的 DAF、DES 和 DDU 三个术语，指卖方在指定的目的地交货，

卖方只需做好卸货准备而无须卸货即完成交货。卖方应承担将货物运至指定的目的地的一切风险和费用（除进口费用外）。本术语适用于任何运输方式、多式联运方式及海运。

3. DAT（Delivered at Terminal）目的地或目的港的集散站交货

DAT类似于取代了的DEQ术语，指卖方在指定的目的地或目的港的集散站卸货后将货物交给买方处置即完成交货。卖方应承担将货物运至指定的目的地或目的港的集散站的一切风险和费用（除进口费用外）。本术语适用于任何运输方式或多式联运。

二、《2010年通则》对贸易术语的解释

《2010年通则》对贸易术语的解释与《2000年通则》基本相同，只有部分变化。

（1）《2010年通则》在风险划分界限上取消了“船舷”的概念，对于FOB、CFR、CIF术语，卖方承担将货物装上船为止的一切风险。因为货物的装船过程是一个连续的过程，在《2000年通则》中规定以“船舷”作为风险的划分点，理论上可行，但实践中难以实施。新规则取消“船舷”规定“装上船”作为风险转移的界限，更有利于实践中风险、责任的划分。

（2）货物的卖方、买方和运输承包商有义务为各方提供相关资讯，知悉涉及货物在运输过程中能否满足安检要求。这个规定将有助于船舶管理公司了解船舶运载货物是否有触及危险品条例，防止在未能提供相关安全文件下，船舶货柜中藏有违禁品的情况。

任务五 《2020年国际贸易术语解释通则》的主要变化

《2020通则》的修订，既有结构上的调整，也有内容上的变化，但总体上沿袭了2010年通则的传统（2类、4组、11个术语），同时更加接近当前贸易实践。该通则已于2020年1月1日生效施行。主要变化有以下方面：

一、将DAT改为DPU

2010年通则中DAT（Delivered at Terminal）由卖方或目的地运输终端（如火车站、航站楼、码头）将货物卸下完成交货；2020年通则中DPU（Delivered at Place Unloaded）由卖方将货物交付至买方所在地可以卸货的任何地方，而不是在运输终端，但要负责卸货，承担卸货费。

二、CIP 和 CIF 关于保险的规定方面

2020 年通则对 CIF 和 CIP 中的保险条款分别进行了规定，CIF 术语下，卖方只需要承担运输最低险（平安险），但是买卖双方可以规定较高的保额；而 CIP 术语下，如果没有特别约定，卖方需要承担最高险（一切险减除外责任），相应的保费也会更高。也就是说，在 2020 通则中，使用 CIP 术语，卖方承担的保险义务变大，而买方的利益会得到更多保障。

三、FCA 术语下附加已装船提单

在 FCA 术语下，买卖双方可以约定，买方可指示其承运人在货物装运后向卖方签发已装船提单，然后卖方有义务向买方提交该提单。

四、在运输方面

2010 通则中 FCA、DAP、DPU 和 DDP 贸易术语都是假定在从卖方运往买方的过程中货物是由第三方承运人负责的；2020 年通则，卖方或买方既可以委托第三方承运，也可以自运。

五、安保费用

在运输义务和费用中列入与安全有关的要求即将安保费用纳入到运输费用，谁承担运输费用，谁承担运输中的安保费用。

国际贸易和全球经济的发展还会不断推进国际贸易惯例的修订。国际贸易惯例必将与时俱进，不断扩展到新的领域和范围。

任务六 贸易术语的选用

一、选用贸易术语需要考虑的因素

买卖双方洽商交易时，为了采用适当的贸易术语，需要考虑的因素很多，其中主要有下列几点：

1. 考虑运输条件

每种贸易术语适用于何种运输方式，都分别有具体的规定，因此，买卖双方采用何种贸易术语，首先应考虑采用何种运输方式，此外，双方还应考虑本身的运输力量以及安排运输有无困难。在本身有足够运输能力或安排运输无困难的情况下，可争取

按由本企业安排运输的条件成交（如按 FCA、FAS 或 FOB 进口，按 CIP、CIF 或 CFR 出口）否则，则应酌情争取按由对方安排运输的条件成交（如按 FCA、FAS 或 FOB 出口，按 CIP、CIF 或 CFR 进口）。

2. 考虑运费因素

运费是货物价格构成因素之一，在选取用贸易术语时，应考虑货物经由路线的运费收取情况和运价变动趋势。一般来说，当运价看涨时，为了避免承担运价上涨的风险，可以选取由对方安排运输的贸易术语成交，如按 C 组中的某种术语进口，按 F 组中的某种术语出口，在运价看涨的情况下，如因某种原因不得不采用由自身安排运输条件成交，则应将运价上涨的风险考虑到货价中去以免承担运价变动的风险损失。

3. 考虑运输途中的风险

在国际贸易中，交易的商品一般需要通过长途运输，货物在运输过程中可能遇到各种自然灾害、意外事故等风险，特别是当遇到战争或正常的国际贸易遭到人为障碍与破坏的时期和地区，运输途中的风险更大，因此，买卖双方洽商交易时，必须根据不同时期、不同地区、不同运输路线和运输方式的风险情况，结合购销意图来选用适当的贸易术语。

4. 考虑办理进出口货物结关手续有无困难

在国际贸易中，关于进出口货物的结关手续，有些国家规定只能由结关所在国的当事人安排或代为办理，有些国家则无此项限制。因此，买卖双方为了避免承担办理进出口结关手续有困难的风险，在洽商交易之前，必须了解有关政府当局关于办理进出口货物的具体规定，以便酌情选用适当的贸易术语，例如，当某出口国政府当局规定，买方不能直接或间接办理出口结关手续，则不宜按 EXW 条件成交，而应选 FCA 成交。

二、FOB、CFR、CIF 三种贸易术语的换算

1. FOB 价换算为其他价

$$\text{CFR 价} = \text{FOB 价} + \text{国外运费}$$

$$\text{CIF 价} = \text{FOB 价} + \text{国外运费} + \text{保险}$$

$$= \frac{\text{FOB 价} + \text{国外运费}}{1 - (1 + \text{投保加成率}) \times \text{保险率费}}$$

2. CFR 价换算为其他价

$$\text{FOB 价} = \text{CFR 价} - \text{国外运费}$$

$$\text{CIF 价} = \frac{\text{CFR 价}}{1 - (1 + \text{投保加成率}) \times \text{保险率费}}$$

3. CIF 价换算为其他价

$$\text{FOB 价} = \text{CIF 价}\ (1 - (1 + \text{投保加成率}) \times \text{保险费率}) - \text{国外运费}$$

CFR价 = CIF价（1 –（1 + 投保加成率）× 保险费率）

[**例3–1**] 我国对外报价为每公吨1 000美元CIF吉隆坡，而外商还盘为902美元FOB中国口岸。经查询该货物由我国港口至吉隆坡的运费为每公吨88美元，保险费合计为0.95%，请问，我方可否接受该项还盘？

知识扩展：英汉短语集萃

将我方报价CIF吉隆坡改成FOB中国口岸价格，其结果是：

FOB中国口岸价 = 1 000 – 88 – 1 000 × 110% × 0.95% = 901.55美元

外方报价为FOB中国口岸902美元，相差无几，因此可以接受对方还盘。

项目三任务训练

参考答案

实训二：国际贸易惯例和贸易术语相关案例分析

项目四　商品的价格与盈亏核算

项目导语

国际贸易术语是我们在国际贸易中确定商品价格的条件，但是价格的确定还涉及商品作价的方法，以及商品的成本、费用与利润的核算，同时还与佣金、折扣有关。本项目重点讲授如何正确掌握进出口商品价格的核算方法，以及如何合理运用各种作价办法和怎样订好买卖合同中的价格条款。

在交易磋商中，价格自始至终都是买卖双方最为关心的问题，价格条件当然是买卖合同中最主要的一项交易条件。价格不仅关系到贸易利益在买卖双方之间的分配，价格还与其他交易条件有着密切的关系。在贸易实践中，合理运用价格制定方法，选用有利的计价货币，采用与价格有关的佣金和折扣，正确制定进出口商品价格和订立合同中的价格条款，对做好进出口贸易、提高经济效益，具有十分重要的意义。

知识目标：

- 掌握进出口商品的价格条款
- 了解制定价格时需要考虑的重要因素
- 掌握商品的作价方法
- 了解计价货币的选择
- 掌握佣金与折扣的运用

能力目标：

- 能正确核算货物的成本并对外报价
- 能正确选用有利的计价货币
- 能正确制定合同中的价格条款

素质目标：

- 在国际贸易实际业务中形成正确的贸易观
- 合理运用贸易术语养成重合同守信用的职业精神

案例（任务）导入

案例（任务）描述：

2010年10月，我国龙峰出口公司按CFR价格条件和信用证付款的方式向阿联酋C企业出口一批女鞋。该公司寄出的结算单据遭开户行拒付，其理由是，商业发票上所列价格条款仅标明目的港名称，前面没有“CFR”字样。经公司与议付行洽商并由议付行向开证行交涉，说明提单上注明了“运费已付”，就单据而言，是符合CFR条件的。但开证行仍坚持拒付，并将不符点通知开证人。开证人以女鞋市况不佳为由，要求卖方降价30%才肯接受。

任务一　国际贸易商品的价格条款

价格条款是合同中的核心条款，我国进出口商品的作价原则：在贯彻平等互利的原则下，根据国际市场价格水平、国别（地区）政策和我方经营意图确定适当的价格。在国际贸易中，商品的价格是交易双方磋商的焦点，是双方最为关注的问题。因而，价格条款就成了买卖合同的核心条款。

一、价格条款的内容

合同中的价格条款，一般包括商品的单价和总值两项基本内容。

（一）国际贸易合同中价格条款的内容

1. 单价

商品的单价通常由四个部分组成，即包括计量单位、单价金额、计价货币和贸易术语。例如，在价格条款中可规定：“每公吨200美元，CIF伦敦”（USD200 per M/T CIF London）。即每公吨M/T（计量单位）、200美元（单价金额）、美元USD（计价货币）、CIF伦敦（贸易术语）。

（1）计量单位。由于各国度量衡制度不同，合同中的计量单位必须明确规定并清楚载明。单价条款中的计量单位应与数量条款中的计量单位一致。

（2）单价金额。单价金额是指一单位商品的价格。根据双方协定的价格，单价金额应正确地写进书面合同。如果在合同中出现金额错误，而对方将错就错不愿意修改，则可能出现我方遭受损失的情况。因为按照国际贸易法律，合同中的单价金额或书面合同的条款如果写错，而又经当事人双方签署确认，那么，可以因此而否定或改变磋商时谈定的条件。因此，在书写单价金额时必须小心谨慎。

（3）计价货币。计价货币有英镑、美元、欧元等，要正确写明计价货币的名称。

对于同一金额，计价货币不同，价值千差万别。而世界上有很多国家货币名称相同，但币值差别很大，因此必须写明采用的是哪一国货币。如，“元”有美元、欧元、日元、人民币元之分，而这些货币之间差别很大。在简写时应采用习惯标法或国际货币标准名称，还需要特别注意合同、单据、信用证方面的一致性。

（4）贸易术语。在国际贸易中，不同贸易术语代表不同的风险划分、责任承担以及费用的支付。因此，在制定价格条款时，贸易术语的选用对双方都很重要。

以上四项内容，既表明了商品的价格，又划分了买卖双方的责任，这些内容是相互关联的，当其中的一项发生了变化，为了保证双方的利益不变，其他的内容也必须相应的发生变化。因此在磋商过程中，双方对每部分内容都应慎重、仔细地考虑。

除此之外，如果买卖双方在交易中还涉及佣金或折扣的规定，在规定价格条款时，也应作出相应的规定。

2. 总值

总值是指单价同成交商品数量的乘积，即一笔交易的货款总金额。总价使用的货币应与单价使用的货币一致。

（二）价格条款示例

[例 4-1] 净价条款举例

单价：每箱 0.70 美元 FOB 天津

总值：14 850 美元

Unit Price：at USD0.70 per box FOB Tianjin

Total Value：USD14,850（Say US dollars fourteen thousand eight hundred and fifty only）

[例 4-2] 含佣价条款举例

单价：每公吨 200 美元 CIFC2% 伦敦

总值：100 000 美元

Unit Price：at USD200 per metric ton CIFC2% London

Total Value：USD100,000（Say US dollars one hundred thousand only）

[例 4-3] 含折扣价条款举例

单价：每件 45 英镑 CIF 汉堡折扣 2%

总值：44 100 英镑

Unit Price：at GBP45 per piece CIF Hamburg less 2% discount

Total Value：GBP44,100（Say pounds sterling forty - four thousand one hundred only）

二、规定价格条款的注意事项

为了使价格条款的规定明确合理，必须注意下列事项：

（1）商品的单价，防止偏高或偏低。订价过高就会丧失竞争力，不利于达成交易，过低就会丧失利润。

（2）根据经营意图和实际情况，在权衡利弊的基础上选用适当的贸易术语。在实际过程中，普遍是由客户决定采用什么贸易术语，当然作为卖方也可建议对双方有利的贸易术语。

（3）争取选择有利的计价货币，以免遭受币值变动带来的风险。如采用了对我方不利的计价货币，应争取订立外汇保值条款。对于出口定价，卖方应争取硬币计价，对进口定价，买方应争取软币计价。另外可以与银行签订远期外汇合约。

（4）灵活运用各种不同的作价办法，以避免价格变动的风险。在固定价格、非固定价格、价格调整条款之间选择最合适的方法。

（5）参照国际贸易的习惯做法，注意佣金和折扣的运用。在当今竞争日益加剧的情况下，佣金和折扣常用于促进贸易的成交上。在实践的过程中，还出现当外贸公司利润不足时，直接将客户介绍给工厂，再从工厂抽佣的情况。

（6）如果货物品质和数量约定有一定的机动幅度，则对机动部分的作价也一并规定。这样有利于明确合同，便于合同的履行。

（7）如果包装材料和包装费用另行计算，对其计价方法也应一并规定。这样有利于成本的核算与合同的履行。

（8）单价中涉及的计价数量单位、计价货币、装卸地名称等必须书写正确、清楚，以利于合同的履行。这些属于合同的要件，为了避免日后的争议，必须在合同中明确规定。

任务二 商品的作价方法及原则

一、定价原则

在确定进出口商品价格时，必须遵循下列三项原则：

（一）按照国际市场价格水平作价

国际市场价格是以商品的国际价值为基础并在国际市场竞争中形成的，它是交易双方都能接受的价格，是我们确定进出口商品价格的客观依据。

（二）要结合国别、地区政策作价

为了使外贸配合外交，在参照国际市场价格水平的同时，也可适当考虑国别、地区政策。

（三）要结合购销意图作价

进出口商品价格在国际市场价格水平的基础上，可根据购销意图来确定，即可略高或略低于国际市场价格。

二、定价因素

（一）考虑商品的质量和档次

在国际市场上，一般都贯彻按质论价的原则，即好货好价、次货次价。品质的优劣，档次的高低，包装装潢的好坏，式样的新旧，商标、品牌的知名度等，都会影响商品的价格。在贸易中，质量是吸引客户的首要因素，一个公司可以提供什么产品，所提供的产品在国际市场竞争中处于什么样的档次是贸易竞争中最直接的竞争力，也是报价首要考虑的问题，质量是最为直观的比对。

比如说目前福建的包袋市场是属于世界包袋加工市场中等偏上的水平，这时包袋这种产品在福建出口产品中就处于利润较高的产品之一，在报价时就可以将利润率报得比别的产品更高一些。

（二）考虑运输距离

国际货物买卖，一般都要经过长途运输。运输距离的远近，影响运费和保险费的开支，从而影响商品的价格。因此，确定商品价格时，必须认真核算运输成本，做好比价工作，以体现地区差价。从不同的启运地到不同的目的地的运费差异很大，比如说一个40尺柜，到一些欧洲主要港口（EMP）只需USD1200/柜，而到美洲一些港口就高达2 000多美元，这在成本上有很大的差异。另外在当前国际石油价格不稳定的情况下，运费成本变得不太稳定，因而也会影响相应的报价水平。

（三）考虑交货地点和交货条件

在国际贸易中，由于交货地点和交货条件不同，买卖双方承担的责任、费用和风险有别，在确定进出口商品价格时，必须考虑这些因素。例如，同一运输距离内成交的同一商品，按CIF条件成交与按DES条件成交，其价格应当不同。如果客户要求的交货地点是一些偏港或内陆地区，或要求做到门到门的多式联运，或使用较难执行的贸易术语如D组术语，此时就要认真考虑到我方需要付出的相应成本和操作的难易程度，相应的也应在报价中表现出来。

（四）考虑季节性需求的变化

在国际市场上，某些节令性商品，如赶在节令前到货，抢行应市，即能卖上好价。过了节令的商品，往往售价很低，甚至以低于成本的“跳楼价”出售。因此，我们应充分利用季节性需求的变化，掌握好季节性差价，争取按对我方有利的价格成交。有些产品有淡旺季之分，旺季时工厂的工人彻夜通宵，有的工厂甚至将一些订单外包，所以此时的报价可以报高些，但到淡季时，可能工厂的许多生产线都会出现停工的现象，无论是外贸公司还是工厂甚至愿意在保本的情况下接单，所以此时订单的报价可以适当降低。

（五）考虑成交数量

按国际贸易的习惯做法，成交量的大小影响价格。即成交量大时，在价格上应给予适当优惠，如采用数量折扣的办法；反之，如成交量过少，甚至低于起订量时，则可以适当提高售价。不论成交多少，都是一个价格的做法是不恰当的，我们应当掌握好数量方面的差价。对于供应商来说，数量的多少意味着成本的高低，因为无论是原材料的采购还是流水线工作（流水工作的顺利及工人工资方面）都非常重要，所以特别对于初次接触的客人都需要他们报出每款每个配色最低的数量，以利于工厂进行最基本的成本核算。

（六）要考虑支付条件和汇率变动的风险

支付条件是否有利和汇率变动风险的大小都影响商品的价格。例如，同一商品在其他交易条件相同的情况下，采取预付货款和凭信用证付款方式下，其价格应当有所区别。同时，确定商品价格时，一般应争取采用对自身有利的货币成交，如采用对自身不利的货币成交时，应当把汇率变动的风险考虑到货价中去，即适当抬高出售价格或压低购买价格。货款安全的收取对于供应商来说是至关重要的一步，无论看起来是多大的、利润多丰厚的订单，如果没有安全收汇，一切都是水中花、镜中月。所以供应商对于收款，特别是对于初次接触的客人，付款条件都要求是安全的，主要采用的是即期信用证或预付一部分的货款。另外汇率是否稳定也是很重要的因素，特别是在当前人民币日益升值、供应商面临较大汇率风险的情况下，供应商常常需要采用一些保值措施，比如与银行签订远期外汇合约，以实现一些远期的外汇收入或支出不因汇率的变动而造成巨大的损失。

此外，交货期的远近、市场销售习惯和消费者的爱好等因素对确定价格也有不同程度的影响，我们必须通盘考虑和正确掌握。

三、商品价格的构成

在进出口货物贸易中，价格的构成是制定进出口商品价格的基础。除了要考虑商品在生产过程中所产生的一切费用，还必须要考虑到进出口货物在转移过程中可能会发生的各项费用。

（一）出口商品价格的构成

出口商品的价格构成一般包括商品成本、出口费用和预期利润三部分。

1. 商品成本（Cost）

商品成本通常称为原价或基价，一般是制造工厂交货或仓库交货价，或是专业出口商向供货商采购商品的价格。商品成本是出口价格中所占比重最大的一部分。由于现在很多国家对某些商品实行出口退税政策，所以出口价格中所指的成本往往是指实际成本，即用进口成本扣除出口退税额后形成的成本。

2. 出口费用（Expenses/Charges）

出口费用是指从启运地到交付买方之前应该由卖方支付的一切费用。

3. 预期利润（Expected Profit）

预期利润是指出口商的收入，如果出口商是生产厂商，则利润已经包含在商品成本中；如果出口商为专业出口商，那么，在计算出口价格时需要加上自己的预期利润。预期利润是出口商的经营状况的主要指标。

在上述三项中，商品的成本和预期利润相对固定，而出口费用会随着商品转移过程的变化而变化。商品在从生产者转移至国外进口商的过程中，通常要发生以下费用：

1. 包装费（Packing Charges）

对于国际贸易的商品来讲，由于商品需要经过长途运输，有的商品可能还需要在运输过程中更换运输工具，所以，商品除了要有一般的销售包装，卖方还需要根据商品的特性和运输方式，提供出口包装，这项费用包含在基本价格之内。散装商品送到出口商仓库后，分选打包所需要的人工费、装箱费也应计算在包装费之内。此外，买方如果提出特殊的要求，由此产生的费用也应由买方承担。

2. 内陆运费（Inland Transport Charges）

内陆运费一般是指货物由生产商的仓库直接运到码头仓库或承运人仓库，也有可能由生产商的仓库运到出口商仓库分选打包后，再运到码头仓库或承运人仓库之间的卡车或火车的费用。

3. 检验费（Inspection Charges）

按照国家出口商品检验检疫规定必须进行出口检验的商品，必须进行检验并缴纳检验费。

4. 仓储费（Warehousing Charges）

仓储费一般包括因货物等船而存储于码头仓库的仓储保管费以及出入库的搬运费用。

5. 从码头仓库到船边的费用（Port Charges）

此费用是指货物从码头仓库到船边或船公司指定的集货场所需支付的卡车运费等。

6. 驳船费

当承运船只不能靠岸时，需要用驳船将货物运至承运船边，为此需要支付驳船费用。

7. 装船费

装船费是指商品装运上船可能发生的费用。如果是班轮运输，则此费用已经包含在运费中了。此外，与此相关的平舱费、理舱费视合同规定而定。

8. 报关费或税捐（Duties and Taxes）

出口商品在报关时，应按国家规定缴纳出口关税和各项税费、手续费。如果需要专业报关行代理报关，还需要支付代理费。

9. 海运费（Freight Charges）

海运费即远洋轮船运费，以外币列记。

10. 保险费（Insurance Premium）

海上保险费的计算，以 CIF 合同金额为基础，一般加 10% 的买方利润为投保金额，再乘以保险费率即为保险费金额。

11. 垫款利息（Interest）

出口商买进卖出期间垫付资金支付的利息。

12. 佣金（Commission）

出口商向中间商支付的报酬。

13. 业务费用（Operation Charges）

出口商经营过程中发生的有关费用，也称经营管理费，如通信费、交通费、交际费等。出口商可根据商品、经营、市场等情况确定一个费用率，这个比率为 5%～15% 不等，一般是在进货成本基础上计算费用定额率。

定额费用 = 进货价 × 费用定额率

14. 银行费用（Banking Charges）

出口商委托银行向国外客户收取货款、咨询调查等所需支付的手续费。

此外，还有一些固定费用，如邮电费、杂费等营业费用也应包含在内。

（二）进口价格构成

商品进口价格一般由原价、进口费用和预期利润构成，以下介绍原价和进口费用。

1. 原价

原价一般指卖方的报价，即基价。进口价格根据选用的贸易术语不同，有多种形式。一般以 CIF 价格计算。FOB 和 CFR 要分别加上运费及保险费。

2. 进口费用

进口费用随着商品转移过程而变化。货物到达目的港后可能发生的费用包括：

（1）卸货费。卸货费即货物用吊装机械从承运船卸到岸上或驳船上的费用，班轮运输除外。

（2）上岸费用。如果出现需要驳船的情况，则买方需要支付用驳船将货物运往岸上或码头仓库的费用。

（3）报关费。进口货物在报关时需要支付进口关税、各种税费和手续费等。

（4）检验费。进口货物若按进口国规定需要进行检验检疫，则应支付检验费用。此外，还应包括利息费、邮电费和其他杂费。

四、商品的作价方法

在国际货物买卖中，可以根据不同情况，分别采取下列各种作价办法：

1. 固定价格

我国进出口合同，绝大部分都是在双方协商一致的基础上，明确地规定具体价格，这也是国际上常见的做法。按照各国法律的规定，合同价格一经确定，就必须严格执行。除非合同另有约定，或经双方当事人一致同意，任何一方都不得擅自更改。

[**例 4－4**] 每公吨 300 美元 CIF 纽约

USD300 per metric ton CIF New York

这种定价，即双方履约时必须遵守的价格，即使在订约后市价发生重大变化，任何一方也不得擅自变更原定价格。有的合同甚至对此做出明确规定，例如：每公吨 300 美元 CIF 纽约，合同成立后，不得提高（调整）价格。

在合同中规定固定价格是一种常规做法。它具有明确、具体、肯定和便于核算的特点。不过，由于市场行情瞬息万变，价格涨落不定，所以在国际货物买卖合同中规定固定价格，就意味着买卖双方要承担从订约到交货付款以至转售时价格变动的风险。如果行市变动过于剧烈，这种做法甚至还可能影响合同的顺利执行。一些不守信用的商人很可能为逃避亏损，而寻找各种借口撕毁合同。为了减少价格风险，在采用固定价格时：首先，必须对影响商品供求的各种因素进行细致的研究，并在此基础上，对价格的前景作出判断，以此作为决定合同价格的依据；其次，必须对客户的资信进行了解和研究，慎重选择订约的对象。但是，国际商品市场的变化往往受各种临时性因素的影响，变化莫测。特别是在金融危机爆发时，由于各种货币汇价动荡不定，商品市场变动频繁，剧涨暴跌的现象时有发生。在此情况下，固定价格往往会给买卖双方带来巨大的风险，尤其是当价格前景捉摸不定时，更容易使客户裹足不前。因此，为了减少风险，促成交易，提高履约率，在合同价格的规定方面，也日益采取一些变通做法。

2. 非固定价格

非固定价格，即一般业务上所说的“活价”，可分为下述几种：

（1）具体价格待定。这种订价方法又可分为：

①在价格条款中明确规定定价时间和定价方法。例如：“在装船月份前 45 天，参照当地及国际市场价格水平，协商议定正式价格”；或“按提单日期的国际市场价格计算”。

②只规定作价时间。例如：“由双方在 ×××× 年 ×× 月 ×× 日协商确定价格”。这种方式由于未就作价方式作出规定，容易给合同带来较大的不稳定性，双方可能因缺乏明确的作价标准，而在商订价格时各执己见，相持不下，导致合同无法执行。因此，这种方式一般只适用于双方有长期交往并已形成比较固定的交易习惯的合同。

（2）暂定价格。

在合同中先订立一个初步价格，作为开立信用证和初步付款的依据，待双方确定最后价格后再进行最后清算，多退少补。

例如：“单价暂定 CIF 神户，每公吨 1 000 英镑，备注：以 ×× 交易所 3 个月期货，按装船月份月平均价加5英镑计算，买方按本合同规定的暂定价开立信用证”。

（3）部分固定价格，部分非固定价格。

为了照顾双方的利益，解决双方在采用固定价格或非固定价格方面的分歧，也可采用部分固定价格，部分非固定价格的做法，或是分批作价的办法，交货期近的价格在订约时固定下来，余者在交货前一定期限内作价。

非固定价格是一种变通做法，在行情变动剧烈或双方未能就价格取得一致意见时，采用这种做法有一定的好处。表现在：

（1）有助于暂时解决双方在价格方面的分歧，先就其他条款达成协议，早日签约。

（2）解除客户对价格风险的顾虑，使之敢于签订交货期长的合同。数量、交货期的早日确定，不但有利于巩固和扩大出口市场，也有利于生产、收购和出口计划的安排。

（3）对进出口双方，虽不能完全排除价格风险，但对出口人来说，可以不失时机地做成生意；对进口人来说，可以保证一定的转售利润。

非固定价格的做法，是先订约后做价，合同的关键条款价格是在订约之后由双方按一定的方式来确定的。这就不可避免地给合同带来较大的不稳定性，存在着双方在作价时不能取得一致意见，而使合同无法执行的可能；或由于合同作价条款规定不当，而使合同失去法律效力的危险。

3. 价格调整条款（滑动价格）

在国际货物买卖中，有的合同除规定具体价格外，还规定有各种不同的价格调整条款。例如：“如卖方对其他客户的成交价高于或低于合同价格5%，对本合同未执行的数量，双方协商调整价格。”这种做法的目的是把价格变动的风险规定在一定范围之内，以提高客户经营的信心。

值得注意的是，在国际上，随着某些国家通货膨胀的加剧，有些商品合同，特别是加工周期较长的机器设备合同，都普遍采用所谓“价格调整条款”（Price Adjustment（Revision）Clause），要求在订约时只规定初步价格（Initial Price），同时规定如果原料价格、工资发生变化，卖方保留调整价格的权利。

在价格调整条款中，通常使用式（4－1）来调整价格：

$$P = P_0 \times \left(A + B \times \frac{M}{M_0} + C \times \frac{W}{W_0}\right) \tag{4-1}$$

在式（4－1）中：

P代表商品交货时的最后价格；

P_0代表签订合同时约定的初步价格；

M代表计算最后价格时引用的有关原料的平均价格或指数；

M_0代表签订合同时引用的有关原料的价格或指数；

W代表计算最后价格时引用的有关工资的平均数或指数；

W_0 代表签订合同时引用的工资平均数或指数。

A 代表经营管理费用和利润在价格中所占的比重；

B 代表原料在价格中所占的比重；

C 代表工资在价格中所占的比重；

A、B、C 所分别代表的比例签合同时确定后固定不变。

如果买卖双方在合同中规定，按上述公式计算出来的最后价格与约定的初步价格相比，其差额不超过约定的范围（如百分之若干），初步价格可不予调整，合同原定的价格对双方当事人仍有约束力，双方必须严格执行。

上述“价格调整条款”的基本内容，是按原料价格和工资的变动来计算合同的最后价格。在通货膨胀的条件下，它实质上是出口厂商转嫁国内通货膨胀、确保利润的一种手段。但值得注意的是，这种做法已被联合国欧洲经济委员会纳入它所制订的一些“标准合同”中，而且其应用范围已从原来的机械设备交易扩展到一些初级产品交易，因而具有一定的普遍性。

由于这类条款以工资和原料价格的变动作为调整价格的依据，因此，在使用这类条款时，就必须注意工资指数和原料价格指数的选择，并在合同中予以明确。

此外，在国际贸易中，人们有时也应用物价指数作为调整价格的依据。如合同期间的物价指数发生的变动超出一定的范围，价格即作相应调整。

总之，在使用“价格调整条款”时，合同价格的调整是有条件的。用来调整价格的各个因素在合同期间所发生的变化，如约定必须超过一定的范围才予调整时，则未超过限度的，即不予调整。

任务三　计价货币的选择

一、计价货币

计价货币（Money of Account）是指合同中规定用来计算价格的货币。如合同中的价格是用一种双方当事人约定的货币（如美元）来表示的，在没有规定用其他货币支付时，则合同中规定的货币，既是计价货币，又是支付货币（Money of Payment）。如在计价货币之外，还规定了其他货币（如英镑）支付，则英镑就是支付货币。这些货币可以是出口国或进口国的货币，也可以是第三国货币。国际上通常使用的计价货币有英镑、美元、欧元等。世界上很多国家货币的单位名称相同，但价格差异却很大，所以，在合同中具体采用哪种货币，由双方协商决定，但是必须写明是哪一国的货币。货币在简写时应采用国际货币标准名称（表）或习惯用法。

常见的计价货币有以下几种（表4-1）：

表 4-1 常见计价货币

货币名称	货币符号	简写
英镑	£	GBP
美元	US $	USD
港币	HK $	HKD
瑞士法郎	SF	CHF
加拿大元	Can. $	CAD
澳大利亚元	$A	AUD
日元	¥	JPY
欧元	€	EURO

二、计价货币的选择

由于世界各国的货币价值并不是一成不变的，特别是在世界许多国家普遍实行浮动汇率的条件下，通常被用来计价的各种主要货币的币值更是严重不稳。国际货物买卖通常的交货期都比较长，从订约到履行合同，往往需要有一个过程。在此期间，计价货币的币值是要发生变化的，甚至会出现大幅度的起伏，其结果必然直接影响进出口双方的经济利益。因此，如何选择合同的计价货币就具有重大的经济意义，是买卖双方在确定价格时必须注意的问题。

除双方国家订有贸易协定和支付协定，而交易本身又属于上述协定的交易，必须按规定的货币进行清算外，一般进出口合同都是采用可兑换的、国际上通用的或双方同意的支付手段进行计价和支付。但是，目前这些货币的软硬程度并不相同，发展趋势也不一致。因此，具体到某一笔交易，都必须在深入调查研究的基础上尽可能争取把发展趋势对我方有利的货币作为计价货币。从理论上说，对于出口交易，采用硬币（Hard Currency）（即币值比较稳定且具有一定上浮趋势的货币）计价比较有利；而进口合同则用软币（Soft Currency）（即币值不够稳定且具有下浮趋势的货币）计价比较合算。但在实际业务中，以什么货币作为计价货币，还应视双方的交易习惯、经营意图以及价格而定。如果为达成交易而不得不采用对我方不利的货币，则可设法用下述两种办法补救：一是根据该种货币今后可能的变动幅度，相应调整对外报价；二是在可能条件下，争取订立保值条款，以避免计价货币汇率变动的风险。

在合同规定用一种货币计价，而用另一种货币支付的情况下，因两种货币在市场上的地位不同，其中有的坚挺（称硬币），有的疲软（称软币），这两种货币按什么时候的汇率进行结算，是关系到买卖双方利害得失的一个重要的问题。

按国际上的一般做法，如两种货币的汇率是按付款时的汇率计算，则不论计价和支付用的是什么货币，都可以按计价货币的量收回货款。对卖方来说，如果计价货币是硬币，支付货币是软币，基本上不会受损失，可起到保值的作用；但如果计价货币是软币，支付货币是硬币，所收入的硬币就会减少，这对卖方不利，而对买方有利。

如果计价货币和支付货币的汇率在订约时已经固定，那么，在计价货币是硬币、支付货币是软币的条件下，卖方在结算时收入的软币所代表的货值往往要少于按订约日的汇率应收入的软币所代表的货值，也就是说对买方有利，而对卖方不利。反之，如计价货币是软币，支付货币是硬币，则对卖方有利，对买方不利。

此外，也有在订合同时，即明确规定计价货币与另一种货币的汇率，到付款时，该汇率如有变动，则按比例调整合同价格。

三、货币汇率的换算

汇率是用一个国家的货币折算成另一个国家的货币的比率。汇率的折算有直接标价和间接标价两种方法，我国目前采用直接标价法，即用本国货币来表示外国货币的价格。例如，100 美元 =648.21 元人民币。

国家外汇管理总局对外公布的外汇牌价，一般列有买入价和卖出价两栏，买入价是国家买入外汇的价格，卖出价是银行卖出外汇的价格。出口结汇是银行用本国货币买入外汇的价格，应采用买入价；进口付汇是银行卖出外汇的价格，应采用卖出价。

1. 底价为人民币改报外币

以我国中国银行公布的人民币的买价进行折算，即式（4-2）：

$$外币价格 = \frac{人民币底价}{人民币对外币买价} \tag{4-2}$$

［例 4-5］ 某公司某种出口商品以人民币对外报价是：RMB 4,000 Per M/T CIF London，若改报美元应报多少？（人民币对美元外汇牌价为：USD100 = 人民币 661.48/664.14）

其计算方法为：$\frac{4\ 000}{661.48} \times 100 = 604.70(\text{USD})$

即改报美元价为 604.70 美元。需要说明的是，本币改报外币时，出口商要把收取的外汇卖给银行以换回所需的本币，对于银行来说是买入外币，故因采用买入价。

2. 底价为外币改报人民币

$$人民币价格 = \frac{外币价格 \times 汇率(卖出价)}{100} \tag{4-3}$$

［例 4-6］ 远大公司出口一批价值 5 000 英镑的货物，当时人民币对英镑的外汇牌价为：100 英镑 = 人民币 1 026.81/1 035.06

其计算方法为：$\frac{5\ 000 \times 1\ 035.06}{100} = 51\ 753(元)$

3. 由一种外汇改报另一种外汇

按照银行外汇牌价将两种外币都折算成人民币，然后间接地算出两种外币的兑换率。

[例4-7] 某公司某商品出口报价以英镑报出时为300 Per box CIF London，现改为美元报出，应报多少？

首先求出英镑与美元的汇率，然后折算出美元数。即用外汇牌价中英镑比美元牌价所得的值，然后用此值去乘以报价中的英镑数，即可得出应报美元数额。

其计算方法为： 1 026.81/661.48 = 1.55 (USD)

300 × 1.55 = 465 (USD)

即改报美元应报465美元。这里需要指出的是，在换算时，两种外币是采用外汇牌价中的买入价还是卖出价应一致，此例均用买入价。

任务四 佣金和折扣的运用

在合同价格条款中，有时会涉及佣金（Commission）和折扣（Discount）。价格条款中所规定的价格，可分为包含有佣金或折扣的价格和不包含这类因素的净价（Net Price）。包含有佣金的价格，在业务中通常称为“含佣价”。

一、佣金

（一）佣金的含义与表示方法

1. 佣金的含义

在国际贸易中，有些交易是通过中间代理商进行的。因中间商介绍生意或代买代卖而需收取一定的酬金，此项酬金叫佣金。凡在合同价格条款中，明确规定佣金的百分比，叫作“明佣”。如不标明佣金的百分比，甚至连“佣金”字样也不标示出来，有关佣金的问题由双方当事人另行约定，这种暗中约定佣金的做法，叫作“暗佣”。佣金直接关系到商品的价格，货价中是否包括佣金以及佣金比例的大小，都影响商品的价格。显然，含佣价比净价要高。正确运用佣金，有利于调动中间商的积极性和扩大交易。

2. 佣金的表示方法

在商品价格中包括佣金时，通常应以文字来说明。

(1) 规定佣金率。

[例4-8] 每公吨1 000美元CIF香港包括佣金3%.

USD 1,000 per metric ton CIF HongKong including 3% commission.

也可以在贸易术语后直接加注佣金的英文缩写“C”并注明百分比，如：

每公吨 1 000 美元 CIFC3% 香港

USD 1,000 per metric ton CIFC3% HongKong

（2）以绝对数表示佣金。如：每公吨支付佣金 30 美元。

在实践中，规定佣金率的做法比较常见。给予中间商佣金会提高其与我方成交的积极性，但也意味着出口方费用的增加，因此佣金率的高低影响着商品的成交价格，应该合理规定，一般掌握在 1%～5%。

（二）佣金的计算及支付方法

1. 计算

国际贸易中，计算佣金的方法不一，有的按成交金额约定的百分比计算，也有的按成交商品的数量来计算，即按每一单位数量收取若干佣金计算。在我国进出口业务中，计算方法也不一致，按成交金额和成交商品的数量计算的都有。在按成交金额计算时，有的以发票总金额作为计算佣金的基数，有的则以 FOB 总值为基数来计算佣金。如按 CIFC 成交，而以 FOB 值为基数计算佣金时，则应从 CIF 价中减去运费和保险费，求出 FOB 值，然后以 FOB 值乘佣金率，即可得出佣金额。

关于计算佣金的公式如下：

$$\text{单位货物佣金额} = \text{含佣价} \times \text{佣金率} \tag{4-4}$$

$$\text{净价} = \text{含佣价} - \text{单位货物佣金额} \tag{4-5}$$

上述公式也可写成：

$$\text{净价} = \text{含佣价} \times (1 - \text{佣金率}) \tag{4-6}$$

假如已知净价，则含佣价的计算公式应为：

$$\text{含佣价} = \frac{\text{净价}}{1 - \text{佣金率}} \tag{4-7}$$

［例 4－9］ 某公司向香港客户出口水果罐头 200 箱，我方报价为 1 000 美元，对方要求 3% 的佣金，在此情况下，求我方含佣价应为多少？

$$\text{含佣价} = \frac{\text{净价}}{1 - \text{佣金率}} = 1\,000\ (1 - 3\%)\ = 1\,030.9\ \text{（美元）}$$

2. 支付方法

出口企业收到全部货款后将佣金另行支付给中间商或代理商。这种做法有利于合同的圆满履行。因为中间商为了取得佣金，不仅会尽力促成交易，还会负责联系、督促实际买主履约，协助解决履约过程中可能发生的问题，使合同得以顺利履行。但为了避免中间商的误解，应在与其确立业务关系时就明确这种做法，并最好达成书面协议。

中间商在付款时直接从货价中扣除佣金。采用这种做法时，应注意防止重复付佣。有的中间商要求出口企业在交易达成后就支付佣金。这种做法不能保证交易的顺利履行，因而一般不能接受。实际业务中，常用的是第一种方法，可以在合同履行后逐笔支付，也可依协议按月、季、半年甚至一年汇总支付，为了发挥佣金的作用，充分调动外商的积极性，应按约支付佣金，防止错付、漏付。

二、折扣

（一）折扣的含义与表示方法

1. 折扣的含义

折扣是指卖方按原价给予买方一定百分比的减让，即在价格上给予适当的优惠。国际贸易中使用的折扣名目很多，除一般折扣外，还有为扩大销售而使用的数量折扣（Quantity Discount）、为实现某种特殊目的而给予的特别折扣（Special Discount）以及年终回扣（Turnover Bonus）等。凡在价格条款中明确规定折扣率的，叫作“明扣”；凡交易双方就折扣问题已达成协议，而在价格条款中却不明示折扣率的，叫作“暗扣”。折扣直接关系到商品的价格，货价中是否包括折扣和折扣率的高低，都影响商品价格，折扣率越高，则价格越低。折扣如同佣金一样，都是市场经济的必然产物，正确运用折扣，有利于调动采购商的积极性和扩大销路，在国际贸易中，它是加强对外竞销的一种手段。

2. 折扣的表示方法

在国际贸易中，折扣通常在合同价格条款中用文字明确表示出来。例如：“CIF 伦敦每公吨 200 美元，折扣 3%”（USD200 per metric ton CIF London including 3% discount）。此例也可这样表示：“CIF 伦敦每公吨 200 美元，减 3% 折扣”（US$200 per metric ton CIF 伦敦 less 3% discount）。此外，折扣也可以用绝对数来表示。例如：“每公吨折扣 6 美元”。

在实际业务中，也有用“CIFD”或“CIFR”来表示 CIF 价格中包含折扣。这里的“D”和“R”是“Discount”和“Rebate”的缩写。鉴于在贸易往来中加注的“D”或“R”含义不清，容易引起误解，故最好不使用此缩写语。

折扣一般在合同的价格条款中明确规定（明扣），也有双方私下就折扣问题达成协议而不在合同中表示出来的（暗扣或回扣）。交易双方采取暗扣的做法时，则在合同价格中不予规定，有关折扣的问题，按交易双方暗中达成的协议处理。这种做法属于不公平竞争，公职人员或企业雇佣人员拿“暗扣”应属贪污受贿行为。

（二）折扣的计算及支付方法

1. 计算

折扣通常是以成交额或发票金额为基础计算出来的。

[例 4－10] CIF 伦敦，每公吨 2 000 美元，折扣 2%，则卖方的实际净收入为每公吨 1 960 美元。其计算方法如下：

$$\text{单位货物折扣额} = \text{原价(或含折扣价)} \times \text{折扣率} \tag{4-8}$$

$$\text{卖方实际净收入} = \text{原价} - \text{单位货物折扣额} \tag{4-9}$$

2. 支付方法

折扣一般是在买方支付货款时预先予以扣除的。也有的折扣金额不直接从货价中扣除，而按暗中达成的协议另行支付给买方，这种做法通常在给“暗扣”或“回扣”时采用。

任务五　出口盈亏核算

国际贸易中，商品的盈亏核算对于企业十分重要，它是达成交易的关键问题，也是衡量一个企业经济效益的重要指标。盈亏核算的指标主要有以下几种。

一、出口换汇成本

出口换汇成本是指出口商品净收入-单位外汇所需的人民币成本。也就是指当出口净收入为1美元时，得用多少人民币才能换回1美元。出口商品换汇成本如高于银行的外汇牌价，则出口为亏损；反之，则说明出口有盈利。其公式为：

$$\text{出口商品换汇成本}=\frac{\text{出口总成本(人民币)}}{\text{出口销售外汇净收入(美元)}} \tag{4-10}$$

（1）出口总成本是指出口企业为出口商品所支付的国内总成本，包括进货成本和国内费用。

$$\text{出口总成本}=\text{出口商品进货成本}+\text{定额费用}-\text{出口退税额} \tag{4-11}$$

（2）进货成本即出口商品购进价，其中包含增值税。

$$\begin{aligned}\text{进货成本}&=\text{货价}+\text{增值税}\\&=\text{货价}\times(1+\text{增值税税率})\end{aligned} \tag{4-12}$$

（3）出口退税是指对某些已经报关离境的出口货物，将其在出口前生产和流通过程各环节缴纳的国内增值税或消费税等间接税的税款退还给出口企业的一种制度。在国际贸易竞争日趋激烈的形式下，出口退税成为增加出口企业竞争力的一种做法，出口退税率的高低决定了产品在国际市场上的竞争力的高低。

$$\begin{aligned}\text{出口退税额}&=\text{货价}\times\text{退税率}\\&=\frac{\text{进货成本}}{1+\text{增值税税率}}\times\text{退税率}\end{aligned} \tag{4-13}$$

（4）定额费用包括银行利息、工资支出、通信费用、交通费用、仓储费用、码头费用以及其他惯例费用等。

$$\text{定额费用}=\text{出口商品进价}\times\text{费用定额率} \tag{4-14}$$

（5）出口销售外汇净收入是指出口商品的外汇总收入中减去运费、保险费等外汇费用，即按FOB价销售商品时应得的外汇收入。

[例 4-11] 某公司出口电脑椅 1 000 只，每只 20.30 美元 CIF 纽约，总价为 20 300 美元，其中运费 2 160 美元，保险费 112 美元。总进价为人民币 117 000 元（含增值税 17%），费率定额为 10%，出口退税率为 9%，当时银行美元买入价为 6.83 元。求该笔业务的出口换汇成本。

出口总成本 = 进货成本 + 定额费用 - 退税额

= 117 000 + (117 000 × 10%) - 117 000/(1 + 17%) × 9%

= 119 700（元）

外汇净收入 = 20 300 - 2 160 - 112 = 18 028（美元）

换汇成本 = 119 700/18 028 = 6.63（人民币/美元）

由于换汇成本 6.63（人民币/美元）小于外汇牌价 6.83（人民币/美元），因此，该公司该笔业务是盈利的。

二、出口商品盈亏率

出口商品盈亏率是指出口商品盈亏额与出口总成本的比率。出口盈亏额是指出口销售人民币净收入与出口总成本的差额，前者大于后者为盈利；反之为亏损。其计算公式如下：

$$\text{出口商品盈亏额} = \text{出口销售人民币净收入} - \text{出口总成本} \qquad (4-15)$$

$$\text{出口商品盈亏率} = \frac{\text{出口盈亏额}}{\text{出口总成本}} \times 100\% \qquad (4-16)$$

[例 4-12] 我国天大外贸公司出售一批货物至伦敦，出口总价为 60 000 美元 CIFC5% 伦敦，其中我国口岸到伦敦的运费和保险费占 10%。这批货物的国内购进价为人民币 351 000 元（含增值税 17%），该外贸公司的费用定额率为 5%，退税率为 9%，结汇时银行外汇买入价为 1 美元，折合人民币 6.83 元。试计算这笔出口交易的盈亏率。

出口总成本 = 351 000 + 351 000 × 5% - 351 000/(1 + 17%) × 9% = 341 550(元)

外汇净收入 = 60 000 × (1 - 5%) × (1 - 10%) = 51 300(美元)

出口盈亏率 = (51 300 × 6.83 - 341 550)/341 550 × 100% = 2.58%

该笔业务中盈亏率为正值，说明该外贸企业从中获利。

三、出口创汇率

出口创汇率是指加工后成品出口的外汇净收入与原料外汇成本的比率。如原料为本国产品，其外汇成本可按原料的 FOB 出口价计算。如原料是进口的，则按该原料的 CIF 价计算。通过出口的外汇净收入和原料外汇成本的对比，则可看出成品出口的创汇情况，从而确定出口成品是否有利。特别是在进料加工的情况下，核算出口创汇率这项指标更有必要。其计算公式如下：

$$\text{出口创汇率}=\frac{\text{成品出口外汇净收入}-\text{原料外汇成本}}{\text{原料外汇成本}}\times 100\% \tag{4-17}$$

[**例 4-13**] 出口某商品 1 000 件，每件 17.30 美元 CIF 纽约，总价为 17 300 美元，其中运费 2 160 美元，保险费 112 美元。原料为进口，FOB 价为 USD8 000，进口运费为 USD1 000，求相应的出口创汇率为多少？

解：

$$\begin{aligned}\text{出口创汇率}&=\frac{\text{成品出口外汇净收入}-\text{原料外汇成本}}{\text{原料外汇成本}}\times 100\%\\&=\frac{(17\ 300-2\ 160-112)-(8\ 000+1\ 000)}{8\ 000+1\ 000}\times 100\%\\&=66.98\%\end{aligned}$$

此外，在出口商品价格的掌握上，还要防止盲目坚持高价或随意削价竞销的偏向。在这方面，我们是有教训的。出口商品价格过高，不仅会削弱我国出口商品的竞争能力，而且还会刺激其他国家发展生产，或增加代用品来同我国产品竞销，从而产生对我国不利的被动局面。反之，不计成本，削价竞销，盲目出口，不仅在外销价格方面会出现混乱，造成肥水外流，给国家带来经济损失，而且还会使一些国家借此对我国出口产品采取限制措施，致使反倾销案件增多。在当前形势下，主要应防止后一种偏向。

知识扩展：英汉短语集萃

项目四任务训练

参考答案

项目五　国际货物运输

项目导语

国际货物运输是指跨越国境的货物运输，包括国际贸易货物运输和国际非贸易物资（如展览品、援外物资、个人行李、办公用品等）运输。由于国际货物运输主要是国际贸易货物运输，非贸易物资运输在国际货物运输中只占极小部分，所以，国际货物运输通常又被称为国际贸易运输，简称外贸运输。

国际货物运输具有运距长、涉及面广、中间环节多、情况复杂等特点。不同运输方式下，货物的交接方式、运输的业务流程和所需运输单据各不相同。作为国际贸易的从业人员，只有掌握国际货物运输的基本知识，才能在交易磋商及签订合同时充分考虑有关情况，使合同的运输条款订立得更加明确、具体、合理，为合同的顺利履行奠定基础。

国际货物运输方式包括海洋运输、铁路运输、航空运输、公路运输、邮政运输、管道运输、大陆桥运输以及由各种运输方式组合而成的国际多式联运等。在实际业务中，应根据进出口货物的特点、货运量大小、距离远近、运费高低、风险程度、基础设施条件和自然条件等因素不同，选择合理的运输方式。

知识目标：

- 熟悉各种国际贸易货物运输方式和特点
- 掌握海洋运输中班轮运输的特点、运费的计收标准
- 了解铁路运输、航空运输、公路运输、邮政运输、管道运输
- 熟悉集装箱运输、国际多式联运和大陆桥运输
- 理解国际货物贸易合同中的装运条款的主要内容
- 了解国际货物贸易中涉及的各种运输单据，掌握海运提单的种类及作用

能力目标：

- 能够根据业务需要选择合适的货物运输方式，并能熟练计算相关运费
- 能够基本填写各种货运单据尤其是海运提单的主要内容

素质目标：

- 国际贸易货物运输全过程贯彻绿色发展路线

- 国际贸易货物运输全过程强化可持续发展意识及环境保护意识
- 培养良好的逻辑思维分析判断能力

案例（任务）导入

案例（任务）描述：

我某公司与南美商人按CIF条件达成一笔花生酥糖交易，我方在规定时间内将货物装上直驶目的港的班轮，由于货轮陈旧、船速太慢且沿途到处揽活，结果航行4个月才到达目的港。花生酥糖因受热时间过长，全部软化，难以销售。外商就此向我方提出索赔。

任务一 海洋运输

一、海洋运输方式

（一）概述

海洋运输（Ocean Transport）是利用海轮在国内外港口之间，通过一定的航区和航线进行货物运输的一种方式。目前，它是国际货物运输中最主要的运输方式。海洋运输之所以被广泛采用，是因为它与其他国际运输方式相比，主要具有以下优点：

（1）运量大。海洋运输船舶的运载能力，远远大于铁路和公路运输车辆。如一艘万吨级船舶的载重量一般相当于火车250～300个车皮的载重量。扩大船舶规模可降低单位运输成本，实现运输生产的规模经济效益。

（2）运费低。按照规模经济的观点，因为运量大、行程远，分摊于每单位货物的运输成本就少，所以运价相对低廉。

（3）通过能力强。海洋运输可以利用四通八达的天然航道，不像火车、汽车受轨道和道路的限制。

但海洋运输也存在速度较慢、自然风险较大、船期不准确等缺点。按照海洋运输经营方式不同，可分为班轮运输和租船运输。

（二）班轮运输

1. 班轮运输的含义和特点

班轮运输（Liner Transport）又称为定期船运输，是指船舶在固定的航线上和港口间，按事先公布的船期表从事运输业务，并按固定的运费率收取运费的一种运输方式。

班轮运输主要具有以下几个特点：

（1）“四固定”，即固定船期、固定航线、固定停靠港口和相对固定的运费率。

（2）“一负责”，即船方负责装卸，班轮运费中包括装卸费，班轮公司与托运人双方不计滞期费和速遣费。

（3）承运货物比较灵活，不论数量、品种，只要有舱位都可接受装运。尤其对国际贸易中的杂货、零星货的运输更为适宜。

（4）船方或其代理人签发的提单是承运人与托运人之间的运输契约，船主与货主的权利、义务和责任豁免以提单条款为依据。

2. 班轮运费计收

班轮运费（Liner Freight）包括基本运费和附加费两部分，其中基本运费的计算标准有以下几种：

（1）按货物的毛重计收，又称重量吨，在运价表（Freight Tariff）内用“W”表示。按重量计算是当今国际贸易运输中广为使用的一种，例如，许多农副产品、矿产品和工业制成品都按重量计量。按重量计量的单位有公吨、长吨、短吨、公斤、克、盎司等。

（2）按货物的体积（容积）计收，又称尺码吨，在运价表内用“M”表示。按体积计量的单位有立方米、立方英尺、立方码等，按容积计量的单位有公升、加仑、夸脱等。

（3）按货物的毛重或体积（容积）计收，即按货物的重量吨或尺码吨从高收费，在运价表中用“W/M”表示。

（4）按货物的价格计收，又称为从价运费，在运价表内用“A. V.”或“Ad. Val”表示，即以货物 FOB 的百分之几收费，一般不超过5%，适用于古玩、黄金、精密仪器等高价格物品。

（5）按货物的重量、体积或价值中较高的一种计收运费，在运价表中用“W/M or A. V.”表示。

（6）按货物的毛重或体积计价并从价计收，即按货物的毛重或体积两者中较高的一种计收后，另加一定百分比的从价运费，在运价表内用“W/M plusA. V.”表示。

（7）按货物的件数计收，在运价表内用“Per unit”表示。例如，卡车用“辆”计收，活牲畜按“头”计收。或者对于规则包装的货物按每箱、每件、每捆等特定的运费额计收。

（8）按船货双方临时议定的价格计收，在运价表内用“Open”表示。它适用于大宗、低值货物，如粮食、煤炭和矿石等。

【实例分析】

各国度量衡制度不同而导致计量单位上的差异

某出口公司在某次交易会上与外商当面谈妥出口大米 10 000 公吨，每公吨 USD275FOB 中国口岸。但我方在签约时，合同上笼统地写了 10 000 吨（Ton），我方当事人主观上认为合同上的吨就是公吨。后来，外商来证要求按长吨（Long Ton）供货，如我方照证办理则要多交大米 160. 5 公吨，折合为 44 137. 5 美元。

这里一字几万美元，你有何感想?

分析：

附加费名目繁多，随着客观情况变化而变化。附加费是对一些需要特殊处理的货物或由于客观情况的变化等使运输费用大幅度增加，班轮公司为弥补损失而额外加收的费用。常见的附加费有超重附加费、超长附加费、燃油附加费、港口附加费、港口拥挤附加费、货币贬值附加费、绕航附加费、转船附加费和直航附加费等。

【相关链接】

亚丁湾海盗猖獗　船公司加收紧急附加费

班轮运费的计算，可遵循下列程序和步骤：

（1）根据货物名称在货物分级表中查出有关货物的计费等级及其计算标准。

（2）从航线费率表中查出有关货物的基本费率以及各项需支付的附加费率。

（3）该货物的基本费率和附加费率之和即为每一运费吨的单位运价。

（4）该货物的计费重量吨或尺码吨乘以单位运价即得出总运费额。

【例 5 -1】 某 FOB 价值为 20 000 美元的货物由甲地运往乙地，基本费率为每运费吨 30 美元或从价费率 1.5%，体积为 6 立方米，毛重为 5.8 公吨，以 W/M or Ad. Val 选择法计费，以 1 立方米或 1 公吨为 1 运费吨，求运费。

解：（1）按“W”计算的运费为：30 美元 ×5. 8 =174（美元）

（2）按“M”计算的运费为：30 美元 ×6 =180（美元）

（3）按“Ad. Val”计算的运费为：20 000 ×1. 5% =300（美元）

（4）三者比较，按“Ad. Val”计算的运费最高，故实收运费为300美元。

【例5-2】 以CIF价格条件出口加拿大温哥华罐头一批，共计1 000箱。每箱毛重为40千克，体积0.045立方米，求该批货物的运价。

第一步：从货物分类表中查出罐头的运价等级是八级，计算标准是W/M，在重量法和体积法中选择。该批货物的单位尺码（0.045立方米）比单位重量（40/1 000 = 0.04吨）高，所以按尺码吨计算运费。

第二步：再查中国—加拿大等级费率表得八级货物基本费率为每吨210元。

第三步：查得燃油附加费12%。

第四步：计算

$$货物总运价 = 1\,000箱 \times 0.045运费吨/箱 \times 210元/运费吨 \times (1 + 12\%) = 10\,584（元）$$

（三）租船运输

租船运输（Charter Transport）也称为不定期船运输，是与定期船运输（即班轮运输）相对应的一种运输方式，是指租船人在租船市场上通过洽租、签约，向船东或二船东包租整船装运货物。船舶的所有权仍属于船东，租船人只取得船舶的使用权，租期届满时，租船人应按租船合约规定还船于船东。

1. 租船运输的特点

（1）无固定航线、固定港口、固定航期，而是根据货主的需要与船方商定，通过订立租船合同明确双方权利义务关系，属于不定期船。

（2）无固定运价。租船价格随租船市场的供求关系而变动，货多船少租价高，货少船多租价低。

（3）适合运输大宗的低价货，如粮食、饲料、矿砂、煤炭、石油等。

2. 租船方式

租船方式主要包括定程租船和定期租船以及光船租船。

（1）定程租船（Voyage Charter）

定程租船又称为程租船，是以航程为基础的租船方式。采用这种方式，船方必须按照租船合同规定的航程完成货物运输任务，并负责船舶的经营管理及其在航行中的各项费用开支。程租船的运费一般是按货物装运数量计算，也有按航次包租金额计算的，租船双方的权利和义务，由租船合同规定。在程租船方式中，合同应明确船方是否负担货物在港口的装卸费用。定程租船运输中装卸费的划分方式有以下4种：

①船方负担装费和卸费（Gross or Liner or Berth Terms）。

②船方管装不管卸（Free out，FO）。

③船方管卸不管装（Free in，FI）。

④船方不管装不管卸（Free in and out，FIO）。

通常船方不负担装卸费。采用定程租船要规定装卸期限和装卸率，用以计算滞期费和速遣费。

（2）定期租船（Time Charter）。

定期租船又称期租船，是按一定时间租用船舶运输的方式。船方应在合同规定的租赁期内提供适航的船舶，并负担为保持适航的有关费用。租船人在此期间尚可在规定航区内自行调度支配船舶，但应负责燃料费、港口费和装卸费等运营过程中的各项开支。

（3）光船租船（Barefoot Charter）。

光船租船是指船舶所有人将船舶出租给承租人使用一定时期，但是所提供的船舶没有配备船员并且由承租人自己负责船舶管理所需的一些费用，相当于一种财产租赁。这种租船方式复杂，在国际货物中很少使用。

（四）海运提单

1. 定义和性质

（1）提单的定义。

海运提单简称提单（Bill of Lading，简称 B/L），是国际结算中一种最重要的单据。《中华人民共和国海商法》规定："提单，是指用以证明海上货物运输合同和货物已经由承运人接受或装船，以及承运人保证据以交付货物的单证。提单中载明的向记名人交付货物，或者按照指示人的指示交付货物，或者向提单持有人交付货物的条款，构成承运人据以交付货物的保证。"

（2）提单的性质。

①货物收据。提单作为货物收据，记载了托运货物的名称、数量或重量、体积及货物表面状况。提单是承运人或其代理人签发给托运人的证明已按提单所列内容收到货物的收据。

②物权凭证。提单代表货物的所有权，谁拥有提单，谁就拥有物权。正本提单是卖方凭以议付、买方凭以提货、承运人凭以交货的依据。提单可用来抵押或转让。

③运输契约的证明。提单是托运人与承运人之间所订立的运输契约的证明。在班轮运输的条件下，它是处理承运人与托运人在运输中产生争议的依据；包租船运输的条件下，承运人或其代理人签发的提单也是运输契约的证明。这种运输的契约是租船合同，它是处理承运人（船东）与租船人在运输中的权利义务的依据。

2. 提单的分类

按不同的分类标准，提单可以划分为许多种类。

（1）根据货物是否装船划分。

①已装船提单（On Board B/L or Shipped B/L），指整票货物已经全部装进货仓或装在甲板（如集装箱）后，承运人或其授权的代理人签发的提单。已装船提单除满足

与其他提单相同的要求外，提单必须载明装货船名和装船日期。由于已装船提单对收货人按时收到货物较有保障，所以在实际业务中，大多数采用已装船提单，且在买卖合同中一般都规定卖方须向买方提供已装船提单，银行结汇一般也要求使用已装船提单。

②备运提单（Received for Shipment B/L），是指承运人收到托运的货物待装船期间，签发给托运人的提单。这种提单上面没有装船日期，也无载货的具体船名。在国际贸易中，一般都必须是已装船提单。《跟单信用统一惯例》（以下简称《UCP》）规定，在信用证无特殊规定的情况下，要求卖方必须提供已装船提单，银行一般不接受备运提单。

如在签发备运提单后，货物已经装载于船只上，托运人可凭备运提单换取已装船提单，或由承运人在备运提单的正面加注“已装船”字样和装船日期及船名并签字盖章，使之成为已装船提单。

【相关链接】

《跟单信用证统一惯例》—UCP

（2）根据货物有无不良批注划分。

①清洁提单（Clean B/L），是指货物装船时，表面状况良好，承运人在签发提单时未加任何货损、包装不良或其他有碍结汇批注的提单。在国际货物买卖中，一般都规定卖方必须提供已装船的清洁提单，银行审单时主要审核内容就是看提单是否为清洁提单。但清洁提单只说明承运人确认货物在装船时外表状况良好，无破损，并不能保证货物内在品质的完好，更不能排除货物具有无法直接观察到的内在瑕疵。

②不清洁提单（Unclean B/L or Foul B/L），是指承运人收到货物之后，在提单上加注了货物外表状况不良或货物存在缺陷和包装破损的提单。这种提单表明，货物是在表面状况不良的条件下装上船舶的，其目的是对抗收货人可能因在卸货时发现货物因批注事项而遭受损坏或灭失而提出的索赔，保障承运人的责任。由于清洁提单表明货物表面状况良好，承运人对有关货物的说明不存疑议，如果卸货时货物出现表面残损，就可以推定为承运人在运输途中未尽到自己管货的责任，承运人就可能要赔偿由此给货主造成的损失。如果在装船时发现货物或包装污染、潮湿、破包等表面残损或承运人对有关货物说明存在疑惑，承运人即在提单上批注，以免除自

身责任。

因为货物表面状况不良很可能对货方利益造成侵害，买方风险因此加大，所以银行一般不接受不清洁提单。但在实际业务中，有时托运人会向承运人出具保函以将不清洁提单换取清洁提单，方便银行结汇。但各国法律对保函效力的态度不一，有的一概不予承认，有的则认为只有善意的保函有效，而且法律也并没有对所谓善意保函给出一个明确的定义，所以承运人在具体事例中的法律地位仍然很难事先确定，其利益也无法得到保证，因此承运人不应轻易接受保函。

（3）根据收货人抬头划分。

①记名提单（Straight B/L），又称收货人抬头提单，它是指在提单的收货人栏内，具体写明了收货人的名称。由于这种提单只能由提单内指定的收货人提货，原则上不能转让，所以它虽然可以避免提单在流通过程中遗失、被盗或被冒名背书的风险，却失去了提单的流通性。由于流通受到限制，给贸易商带来很大不便，所以此提单在国际贸易中使用得并不多，一般只在运输展览品或贵重物品或特殊航线和特殊目的地时使用。

②不记名提单（Open B/L），又称空白提单，是指在提单收货人栏内不填明具体的收货人或指示人的名称而留空的提单。这种提单不需要任何背书手续即可转让或提取货物，极为简便。承运人应将货物交给提单持有人，谁持有提单，谁就可以提货，承运人交付货物只凭单不凭人。这种提单丢失或被窃的风险极大，若转入恶意的第三者手中时，极易引起纠纷，故国际上较少使用这种提单。另外，根据有些班轮公会的规定，凡使用不记名提单，在给大副的提单副本中必须注明卸货港通知人的名称和地址。

③指示提单（Order B/L），是指在收货人栏内，只填写“凭指示”（To order）或“凭某人指示”（To order of ××）字样的一种提单。指示提单是一种可转让的商业票据，提单持有人可以用背书方式将它转让给第三者。对承运人来讲只要提单真实、背书连续，指示提单持有人的身份符合提单上所记载的指示，就可交付货物，完成自己的交付义务。由此可见，指示提单既转让方便，有一定的流通性，又比不记名提单的安全性强，所以它是国际贸易中使用最为广泛的一种提单。

提示提单可以作不记名指示（不标明指示人），也可以作记名指示（标明指示人）。指示人可以是托运人、收货人或者银行。常见指示提单有四种抬头：

a. 凭银行指示。即提单收货人栏填写为“to the order of ×× Bank”。

b. 凭收货人指示。即提单收货人栏填写为“to the order of ×× Co.，Ltd.”。

c. 凭托运人指示。即提单收货人栏填写为“to the order of shipper”，并由托运人在提单背面空白背书，亦可根据信用证的规定做成记名背书。托运人也可不作背书，在这种情况下则只有托运人可以提货，即卖方保留货物所有权。

d. 不记名提示。即提单收货人栏填写为“to the order”，并由托运人在提单作空白背书，亦可根据信用证的规定而做成记名背书。

（4）根据运输方式划分。

①直达提单（Direct B/L），是指轮船装货后，中途不经过转船而直接驶往指定目的港，由承运人签发的提单。直达提单中关于运输记载的基本内容里，仅记载有起运港和卸货港，不能有“转船”或“在××港装船”之类字样的批语。因为各转运港情况不同，货物在装卸中很容易出现货损货差，而且转船会延长货物在途时间，给货方带来更大的风险，所以凡信用证规定不能转船的，结汇时必须使用直达提单。

②转船提单（Transshipment B/L），是指货物经由两程以上船舶运输至指定目的港，而由承运人在装运港签发的提单。转船提单内一般注明“在某港转船”的字样。转船提单一般由负责一程船（由起运港至第一个转运港的情况下）承运人签发并且在提单上加转船批注。因为转船往往增加费用、风险，而且货物在中转港停留的时间不易掌握，所以对收货人较为不利。但在实际业务中，特别是集装箱运输中，一程船常常会挂靠一些中转港，在中转港换船转运至日的港。国际货物运输中，转船运输方式并不少见。

③联运提单（Through B/L），是指通过海陆、海空、海河、海海等联运货物，由第一承运人收取全程运费后并负责代办下程运输手续，在装运港签发的全程提单。卖方可凭联运提单在当地银行结汇。

转船提单和联运提单虽然包括全程运输，但签发提单的承运人一般都在提单上载明只负责自己直接承运区段发生货损，只要货物卸离他的运输工具，其责任即告终止。

（5）根据提单内容的繁简划分。

①全式提单（Long Form B/L），是指详细列有承运人和托运人之间的权利、业务等条款的提单。全式提单既有正面记载的事项，背面又详细列有承运人、托运人权利义务条款，所以又称为繁式提单。全式提单是国际贸易业务中通常使用的提单。

②略式提单（Short From B/L），是指只有正面必要的记载项目而没有背面条款的提单。一般提单背面记载有承运人与托运人的责任、权利和义务的条款，但略式提单背面空白，在一定程度上影响了它的流通性，所以有些信用证明确规定不接受略式提单。但只要没有明确规定，银行可以接受略式提单。

（6）根据提单签发的时间划分。

①倒签提单（Ante Dated B/L），是指承运人应托运人的要求，签发提单的日期早于实际装船日期的提单，以符合信用证对装船日期的规定，便于在该信用证下结汇。实际业务中，有时由于种种原因货物未能在合同或信用证规定的装船期内装运，又来不及修改信用证，托运人为了使提单日期与信用证之规定相符以便结汇，便要求承运人按信用证规定日期倒签提单。但从法律上来说，无论出于什么原因，虚假的装船时间一方面是对运输合同的违反，承运人倒签提单的做法，掩盖了事实，是

隐瞒迟期交货的侵权行为，要承担相应的责任；另一方面，由于国际市场中一些货物价格变动较大，交货时间往往对买方至关重要，直接影响到货物的再出售，特别是出现市场上货价下跌或其他原因时，收货人可以“倒签提单”为由拒收货物，并向法院起诉。

实际业务中，托运人向承运人提出倒签提单请求，承运人便要求出具保函，并声明倒签提单出于托运人的请求，所造成的一切后果均由托运人承担，与船方无关，更有甚者，要求其出具高出货价一定比例的银行担保。但保函的法律地位在很多情况下是不确定的，况且隐瞒装船时间只能是出于托运人个人利益的考虑，可以被视为卖方和船方的共同欺诈，很难说是善意行为，所以一流的承运人在实际业务中应尽量避免出具倒签提单。

②预借提单（Advanced B/L），是指货物在装船前或装船完毕前，托运人要求承运人提单签发的已装船清洁提单。与倒签提单相类似，预借提单的出现也是因为信用证或买卖合同规定的装运期或信用证有效期已到，托运人因故未能及时备妥货物或者因为船期延误货物未能装船完毕，为及时结汇而采取的一种尚未装船或未装船完毕，货物能否安全装船、是否能全部装船、将在什么时间装船、货物装船时的状况都不得而知，很有可能因种种原因而改变原定的装运船舶，或发生货物灭失、损坏，或退关，收货人可以凭借掌握的预借提单的事实，以此为由拒绝收货，并向承运人提出赔偿要求。但在实际业务中，承运人得到托运人的保函后也有可能签发预借提单。一般来说，预借提单只能是出于提单托运人个人利益考虑，可以被视为卖方和船方的公共欺诈，很难说是善意行为，特别是遇到卖、买双方勾结，针对承运人进行恶意欺诈，承运人的利益将很难得到保障。所以一流的承运人在实际业务中应尽量避免出具预借提单。

③过期提单（Stale B/L）包括两种情形：一种过期提单是指由于航线较短或银行单据流转速度太慢，以至于提单晚于货物到达目的港，收货人提货受阻；另一种过期提单则是由于出口商在取得提单后未能及时到银行议付形成的。

对前一种情况，有的地方在试着采用非转让的海运单或应用电子提单来替代目前的提单，以加快货物的流转。但由于海运单无法流通，影响了货物的再出售，所以在实际业务中，特别是一些短途货物运输中，往往采用“电放”的特殊做法。对后一种情况，《UCP》中规定：“除规定一个交单到期日外，凡要求提交运输单据的信用证，还需规定一个在装运日后按信用证规定必须交单的特定期限。如未规定该期限，银行将不予接受迟于装运日期后 21 天提交的单据。但无论如何，提交的单据不得迟于信用证的到期日”。

3. 提单的内容（图 5－1）

BILL OF LADING

<table>
<tr><td colspan="2">1)SHIPPER</td><td rowspan="6">10)B/L NO.

COSCO
中国远洋运输（集团）总公司

CHINA OCEAN
SHIPPING(GROUP)CO.

ORIGINAL

COMBINED TRANPORT BILL OF LADING</td></tr>
<tr><td colspan="2">2)CONSIGNEE</td></tr>
<tr><td colspan="2">3)NOTIFY PARTY</td></tr>
<tr><td>4)PLACE OF RECEIPT</td><td>5)OCEAN VESSEL</td></tr>
<tr><td>6)VOYAGE NO.</td><td>7)PORT OF LOADING</td></tr>
<tr><td>8)PORT OF DISCHARGE</td><td>9)PLACE OF DELIVERY</td></tr>
<tr><td colspan="3">11)MARKS 12)NOS.&KINDS OF PKGS 13)DESCRIPTION OF GOODS 14)G.W.(kg) 15)MEAS(m^3)</td></tr>
<tr><td colspan="3"></td></tr>
<tr><td colspan="3">16)TOTAL NUMBER OF CONTAINERS OR PACKAGES(IN WORDS)</td></tr>
</table>

<table>
<tr><td>FREIGHT & CHARGES</td><td>REVENUE TONS</td><td>RATE</td><td>PER</td><td>PREPAID</td><td>COLLECT</td></tr>
<tr><td>PREPAID AT</td><td colspan="2">PAYABLE AT</td><td colspan="3">17)PLACE AND DATE OF ISSUE</td></tr>
<tr><td>TOTAL PREPAID</td><td colspan="2">18)NUMBER OF ORIGINAL B(S)/L</td><td colspan="3"></td></tr>
<tr><td colspan="3">LOADING ON BOARD THE VESSEL

19)DATE</td><td colspan="3">20)BY</td></tr>
</table>

图 5－1 提单样本

海运提单主要项目填制说明如下：

（1）托运人（Shipper）。托运人指与承运人签订运输契约，委托运输的货主，即发货人。在信用证支付方式下，一般以受益人为托运人；托收方式以托收的委托人为托运人。另外，根据《UCP》规定：除非信用证另有规定，银行将接受表明以信用证受益人以外的第三者为发货人的运输单据。

（2）收货人（Consignee）。收货人要按合同和信用证的规定来填写。一般的填法包括记名式、不记名式和指示式三种。

（3）被通知人（Notify Party）。原则上该栏一定要按信用证的规定填写。被通知人即收货人的代理人或提货人，货到目的港后承运人凭该栏提供的内容通知其办理提货，因此，提单的被通知人一定要有详细的名称和地址，供承运人或目的港及时通知其提货。若L/C中未规定明确地址，为保持单证一致，可在正本提单中不列明，但要在副本提单上写明被通知人的详细地址。托收方式下的被通知人一般填托收的付款人。

（4）船名（Ocean Vessel）。船名即由承运人配载的装货的船名，班轮运输多加注航次（Voy. No.）。

（5）装运港（Port of Loading）。此栏填实际装运货物的港名。L/C项下一定要符合L/C的规定和要求。如果L/C规定为“中国港口”（Chinese Port），此时不能照抄，而要按装运的我国某一港口实际名称填。

（6）卸货港（Port of Discharge）。原则上，L/C项下提单卸货港一定要按L/C的规定办理。但若L/C规定两个以上港口者，或笼统写“××主要港口”如“European Main Ports”（“欧洲主要港口”）时，只能选择其中之一或填明具体卸货港名称。

如果L/C规定卸货港名后有“In Transit to ××”，那只能在提单上托运人声明栏或唛头下方空白处加列。尤其我国只负责到卸货港而不负责转运者，不能在卸货港后加填，以说明卖方只负责到卸货港，以后再转运到何地由买方负责。

另外，对美国和加拿大O. C. P（Overland Common Points）地区出口时，卸货港名后常加注“O. C. P ××”。例如L/C规定：“Los Angeles O. C. P Chicago”，可在提单目的港填制：Los Angeles O. C. P；如果要求注明装运最后城市名称时，可在提单的空白处和唛头下加注“O. C. P. Chicago”，以便转运公司办理转运至“Chicago”。

（7）唛头（Shipping Marks/Marks & Nos.）如果信用证有明确规定，则按信用证缮制；信用证没有规定，则按买卖双方的约定，或由卖方决定缮制，并注意做到单单一致。

（8）包装与件数（No. & kind of Packages）。一般散装货物该栏只填“In Bulk”，大写件数栏可留空不填。单位件数与包装都要与实际货物相符，并在大写合计数内填写英文大写文字数目。如总件数为320 CARTONS填写在该栏项下，然后在总件数大写栏（Total Numbers of Packages in Words）中填写：Three Hundred and Twenty Cartons Only。如果货物包括两种以上不同包装单位（如纸箱、铁桶），应分别填列不同包装单位的数量，然后再表示件数：

300	Cartons
400	Iron Drums
700	Packages

（9）商品名称（描述）（Description of Goods）。原则上提单上的商品描述应按信用证规定填写并与发票等其他单据相一致。但若信用证上货物的品名较多，提单上允许使用类别总称来表示商品名称。如出口货物有餐刀、水果刀、餐叉、餐匙等，信用证上分别列明了各种商品名称、规格和数量，但包装都用纸箱，提单上就可以笼统写：餐具 ×× Cartons。

（10）毛重和体积（Gross Weight & Measurement）。除非信用证有特别规定，提单上一般只填货物的总毛重和总体积，而不标明净重和单位体积。一般重量均以公斤表示，体积用立方米表示。

（11）运费支付（Freight & Charges）。信用证项下提单的运费支付情况，按其规定填写。一般根据成交的价格条件分为两种：若在 CIF 和 CFR 条件下，则注明“Freight Prepaid”或“Freight Paid”；FOB 条件下则填“Freight Collect”或“Freight Payable at Destination”。若租船契约提单有时要求填“Freight Payable as Per Charter Party”。有时信用证还要求注明运费的金额，按实际运费支付额填写即可。

（12）签发地点与日期（P1ace and Date of Issue）。提单的签发地点一般在货物装运港所在地，日期则按信用证的装运期要求，一般要早于或与装运期为同一天。有时由于船期不准、迟航或发货人造成迟延，进而使实际船期晚于规定的装运期，发货人为了适应信用证规定，做到单证相符，会要求船方同意以担保函换取较早或符合装运期的提单，这就是倒签提单（Ante Dated B/L）；另外，有时货未装船或未开航，发货人为及早获得全套单据进行议付，要求船方签发已装船提单，即预借提单（Advanced B/L）。这两种情况是应该避免的，如果发生问题，或被买方察觉，足以造成巨大经济损失和不良影响。

（13）承运人签章（Signed for the Carrier）。提单必须由承运人或其代理人签字才能生效。若信用证要求手签的也要照办。对于海运提单由哪些人签署才有效的问题，《UCP》做了新的补充规定：签署人可以是承运人或作为承运人的具名代理人或代表，或船长或作为船长的具名代理人或代表。

（14）提单签发的份数（No. of Originals B/L）。信用证支付方法下提单正本的签发份数一般都有明确规定，因此，一定要按信用证的规定出具要求的份数。例如信用证规定：“Full set 3/3 original clean on board ocean Bill of Lading…”，这就表明提单签发的正本三份，在提交给银行议付时必须是三份正本。若在提单条款上未规定份数，而是在其他地方指明：“… available by beneficiary's draft at sight drawn on us and accompanied by the following documents in duplicate”，表明信用证所要求提交的单据，当然包括提单，全都是一式两份。又如信用证规定："Full set of clean on board Bill of Lading issued…"，此种规定没有具体表明份数，而是指"全套"，根据《UCP》规定："包括一套单独一份的正本提单，或如果签发正本超过一份，则包括出立的全套正本。"因此，对此类规定，就要由实际船方签发正本的份数而定。

（15）提单号码（B/L No.）。提单号码一般位于提单的右上角，是为便于工作联系和核查，承运人对发货人所发货物承运的编号。其他单据中，如保险单、装运通知单的内容往往也要求注明提单号。

海运提单除上述正面的内容外，一般背面是托运人与承运人的运输条款，理论上应是托运人与承运人双方约定的事项，但实际上是承运人单方面制定的，托运人很少有修改的机会。这也就是为什么说提单是双方运输契约的证明，而不能说是运输契约或合同的原因。由于各国航运公司提单的格式不同，其条款的规定内容也互不一样，内容较多，如托运人与承运人的定义、承运人责任条款、运费和其他费用条款、责任限额、共同海损等，其内容虽多也大同小异，可以归类，一般首要条款中要规定所适用的国际公约（如海牙规则、维斯比规则和汉堡规则），以便在发生争议时作为依据。

任务二　铁路运输、航空运输、公路运输方式

一、铁路货物运输

（一）概述

在国际货物运输中铁路运输（Railway Transport）是仅次于海运的一种运输方式，海洋运输的进出口货物，也大多靠铁路运输进行货物集中和分散。其特点是：运行速度较快，载运量大，风险较小，一般不受气候条件影响，可终年正常运行，具有高度的连续性。

我国对外贸易铁路运输包括国内铁路运输和国际铁路联运两种方式。

1. 国内铁路运输

内地对我国港澳地区的货物运输也属于国内铁路运输，但又与一般国内铁路运输不同。对香港的铁路运输由大陆段和港九段两部分铁路组成，是"两票运输，租车过轨"。即出口单位将货物运至深圳北站，收货人是深圳外贸运输机构，由该收货人作为各地出口公司的代理向铁路租车过轨，交付租车费，并办理出口报关等手续，由香港中国旅行社收货后转交给香港或九龙的实际收货人。

内地发往澳门的货物只能在广州中转。内地出口单位将货物发送到广州南站，收货人是广东省外运公司，再由广东外运公司办理水运中转至澳门。货到澳门后由南光集团运输部接货并交付实际收货人。

2. 国际铁路联运

国际铁路联运是指在两个或两个以上国家之间进行的铁路货物运输，只需在始发站办妥托运手续，使用一份运送单据，由一国铁路向另一国移交货物时，无须发货人、收货人参加，铁路当局对全程运输负连带责任，这种运输方式称为“国际铁路联运”。

世界上，由于铁路运输的国家垄断性，有关国际铁路运输承运人的权利义务的规定，以及运输价格、赔偿责任等问题基本上是由国家，或者国家间制定的有关协定来规范的，托运人试图同铁路部门就运输合同条款进行协商几乎是不可能的。可以这样说，在主要的国际货物运输方式中，没有哪一种运输方式比国际铁路联运更具有国家垄断性。

国际铁路联运是铁路运输的重要方式，许多国家非常重视并参加协约组织，订立了各种协定。参加国际铁路联运的国家主要分两个集团：一个是包括英、法、德等 32 个国家并签订有《国际铁路货物运送公约》的“货约”集团；另一个是包括苏联为首的 12 个国家并签订有《国际铁路联运协定》的“货约”集团。

尽管“货约”中的苏联、东欧各国政体从 20 世纪 80 年代解体了，但铁路联运业务并未终止，原“货约”的运作制度仍被沿用。

国际铁路联运的范围：适用于国际“货协”国家之间的货物运送，发货人只需在发货站办理铁路托运，使用一张运单，可办理货物的全程运输。适用于未参加国际“货约”铁路间的顺向或反向货物运输，在转换的最后一个或第一个参加国的国境站改换适当的联运票据。

（二）铁路运输票据

对外贸易铁路运输分国内铁路运输和国际铁路联运，使用的单据分别为承运货物收据和铁路运单。

承运货物收据是铁路部门承运货物的收据，亦构成收货人或外运公司与铁路部门的运输契约，是发货人办理对外结汇的凭证。

铁路运单正本和副本是国际铁路联运的主要运输单据。铁路运单共有一式五联，第一联为“正本运单”，它随货至目的地。第二联为“运行报单”，亦随货走，由铁路部门留存。第三联是“运单副本”，在始发站盖章后交发货人办理对外结汇，也可凭此联办理索赔。第四联为“货物交付单”，随货走，由终点站铁路部门留存。第五联为“到达通知单”，在终点站交收货人。

二、航空运输

（一）概述

航空运输（Air Transport）是一种现代化的运输方式，随着国际贸易的迅速发展及国际货物运输技术的不断现代化，空运方式的地位将日趋重要。我国目前国际航线日益增多，为我国进出口货物利用航空运输创造了有利条件。

航空运输因具有速度快的特点适于鲜活、易腐和季节性商品的运输；同时，由于航空运输管理制度较为完善，所以货物的损坏率较低，可以节省包装、保险、仓储费和利息支出等。其明显的不足之处是运量小、运费贵。

（二）运输方式

根据运输货物的不同需要，国际航空货物运输的方式主要有：

1. 班机运输

班机是指在固定的航线上定期航行的航班，这种飞机固定始发站、目的站和途经站。一般航空公司的班机都是客货混合型的飞机。只有一些较大的航空公司在某些航空公司线上辟有使用全货机的货运航班。

由于班机有固定的航线、始发和停靠港，并定期开航，收/发货人可以准确地掌握启运和到达时间，保证货物能够安全迅速地运送到世界各地投入市场，所以颇受贸易界的欢迎。

2. 包机运输

当货物运输量较大，而班机不能满足需求时，一般就采用包机运输，分为整机包机和部分包机。

整机包机是指航空公司和包机代理公司，按与租机人双方事先约定的条件和运价，将整架飞机租给租机人，从一个或几个航空站装运货物至指定目的地的运输方式。它适合于运输大批量货物。部分包机可能是几十家航空货运代理人联合包租一架飞机，或者由包机公司报一架飞机的舱位分别卖给几家航空货运代理公司。这种包机方式适合于一吨以上但不足整机的货物。

3. 其他

（1）集中托运方式。

集中托运方式是指航空货运代理公司把若干单独发送的货物组成一整批，向航空公司办理托运，采用一份总运单集中发运到同一到站，或者运到某一预定的到站，由航空货运代理公司到目的地指定的代理处收货，然后再报关并分拨给各实际收货人的运输方式。这种集中托运业务在国际航空运输业中开展得比较普遍，也是航空货运代理的主要业务之一。

（2）送交业务。

在国际贸易往来中，出口商为了推销产品、扩大贸易，往往向推销对象赠送样品、目录、宣传资料、刊物、印刷品等。这些物品空运至到达国后，委托当地的航空货运代理办理报关、提取、转运等工作，最后送交给收件人。在到达时所发生的报关手续费、税金、运费、劳务费等一切费用，均由航空货运代理先行垫付后向委托人收取。由于其十分方便，许多私人物品运送也采用这一方式。

（3）航空快递。

航空快递是指具有独立法人资格的企业将出入境货物或物品从发件人所在地，通过自身或代理的网络运达收件人的一种快递运输方式。航空快递业是一项伴随国际贸易和信息全球化的发展而迅速兴起的现代快速运输服务方式。世界经济发达国家的快递业发展迅速，美国的航空快递与全部航空货运相比，总件数占74.7%，总重量占44.8%，总收入占79%以上。

（4）货到付款。

货到付款是发货人或其代理人与承运人之间达成协议，由承运人承载货物到达后交与收货人的同时，代收航空运单上所记载的货款，然后寄给发货人或其代理人，承运人在办理一批货到付款时，按货到付款总额的一定百分比提取劳务费。

【相关链接】航空快递的发展

孟菲斯机场与联邦快递

顺丰的起飞

（三）航空运单

航空运单是一种运输合同，是由承运人或其代理人签发的一份重要的货物单据。它区别于海运提单，不是代表货物所有权的物权证明，因此是不可预付的单据。其作用主要有：承运合同；货物收据；运费单账；报关单据；保险证书；承运人内部业务的依据。在发货人或其代理和承运人或其代理履行签署手续并署名日期后，运单即开始生效。当货物交给运单上所记载的收货人之后，运单效力即告终止，亦即承运人完成了全程运输责任。

三、公路、内河、邮政、管道运输和其他运输方式

（一）公路运输

公路运输是在公路上运送旅客和货物的运输方式，是交通运输系统的组成部分之一。公路运输主要承担短途客货运输，现代公路所用的运输工具主要是汽车，因此，公路运输一般指汽车运输。我国同周边许多国家有公路相通，贸易进口物资可直接由过境公路运输。它既可以作为独立的运输体系直接运进、运出贸易货物，也是机场、港口和车站集散贸易物资的重要手段。

公路运输方便快捷，可实现“门到门”服务，机动灵活，其他运输方式都或多或少依赖它完成运输任务。但公路运输成本较高，运载量小，车辆在运行中易造成货损事故。

（二）内河运输

内河运输是水上运输的一个组成部分，是使用船舶通过江湖河川等天然或人工水

道，运送货物和旅客的一种运输方式。它是连接内陆腹地和沿海地区的纽带，也是边疆地区与邻国边境河流的连接线，在现代化的运输中起着重要的辅助作用。

（三）邮政运输

邮政运输（Postal Transport）又称邮包运输，是通过邮局寄发进出口货物的一种运输方式。其特点是：手续简便、费用低，具有国际性和“门对门”运输的性质。国际邮政运输分为普通邮包和航空邮包。对邮包的重量和体积均有限制，每件邮包不得超过 20 kg，长度不得超过 50 cm。按照国际惯例，卖方将邮包交给邮局取得邮包收据后即完成交货义务。

（四）管道运输

管道运输是用管道作为一种运输工具的一种长距离输送液体和气体物资的运输方式，是一种专门由生产地向市场输送石油、煤和化学产品的运输方式，是统一运输网中干线运输的特殊组成部分。管道运输具有运量大、占地少、建设周期短、费用低；运输安全可靠、连续性强；能耗低、成本少、效益好等优点。同时其灵活性差、运输货物单一等缺点也限制了其使用范围。

四、集装箱运输、国际多式联运和大陆桥运输

（一）集装箱运输

1. 概述

集装箱（Container）是一个大型的、标准化的、能反复使用的载货容器（1965 年国际标准化机构对集装箱的系列尺寸做了统一规定）。集装箱运输（Container Transport）就是将货物装在集装箱内，以集装箱作为一个货物集合（成组）单元，进行装卸、运输（包括船舶运输、铁路运输、公路运输、航空运输以及这几种运输方式的联合运输）的运输工业和运输组织形式。

集装箱运输是对传统的以单件货物进行装卸运输工业的一次重要革命，是当代世界最先进的运输工艺和运输组织形式，是杂件货运输的发展方向，是交通运输现代化的重要标志。

集装箱的特点主要是将件杂货集中成组装入箱内，采用大型装卸机械，发挥多式联运的系统化的长处，实现门到门的运输，使船主和货主两方受益。

图 5－2　集装箱

目前，集装箱运输已进入以国际远洋船舶运输为主，以铁路运输、公路运输、航空运输为辅的国际多式联运为特征的新时期。图 5－2 为集装箱，图 5－3 为集装箱码头。

图 5－3　集装箱码头

2. 集装箱的交接地点及交接方式

集装箱货物的交接地点有三类，即集装箱堆场（CY），集装箱货运站（CFS）和发货人、收货人的工厂或仓库（DOOR）。

（1）集装箱堆场（CY）。

集装箱堆场交接包括集装箱码头交接和集装箱内陆堆场交接。集装箱码头交接，是指发货人将在工厂、仓库装好的集装箱运到装运港码头堆场，承运人（集装箱运输经营人）或其代理人在集装箱码头堆场接收货物，运输责任开始。货物运达卸货港后，承运人在集装箱码头向收货人整箱交付货物，运输责任终止。

集装箱内陆堆场交接是在集装箱内陆货站堆场、中转站或办理站的堆场的交接，这种交接方式适用于国际多式联运方式。在内陆 CY 交接时，货主与多式联运经营人或其代理人在内陆集装箱堆场办理交接手续，货物交接后，由多式联运经营人或其代理人将货物从堆场运到码头堆场。集装箱内陆 CY 交接也是整箱交接。

（2）集装箱货运站（CFS）。

集装箱货运站一般包括集装箱码头的货运站，集装箱内陆货站、中转站和集装箱办理站。CFS 货运交接一般是拼箱交接。因此，CFS 交接意味着发货人自行负责将货物送到集装箱货运站，集装箱经营人或其代理人在 CFS 以货物原来形态接收货物并负责装箱，然后组织海上运输或陆海联运、陆空联运或海空联运的多式联运。货物运到目的地货运站后，多式联运经营人或其代理人负责拆箱并以货物的原来形态向收货人交付。收货人自行负责提货后的事宜。

（3）发货人、收货人的工厂或仓库（DOOR）。

发货人或收货人的工厂或仓库交接是指多式联运经营人或集装箱运输经营人在发货人的工厂或仓库接收货物，在收货人的工厂或仓库交付货物。“门到门”交接的货物都是整箱交接，由发货人或收货人自行装拆箱。运输经营人负责自接收货物地点到交付货物地点的全程运输。

根据实际交接地点的不同，集装箱货物的交接有多种方式。在不同的交接方式下，集装箱运输经营人与货方承担的责任与义务是不同的。集装箱货物交接方式有以下九种。

（1）门到门（DOOR to DOOR），由托运人负责装载的集装箱，在其货仓或者厂库交承运人验收后，承运人负责全程运输，直到收货人的货仓或者工厂仓库交箱为止，称为“门到门”运输。

（2）门到场（DOOR to CY），由发货人货仓或工厂仓库至目的地或卸箱港的集装箱装卸区堆场。

（3）门到站（DOOR to CFS），由发货人货仓或工厂仓库至目的地或卸箱港的集装箱货运站。

（4）场到门（CY to DOOR），由起运地或装箱港的集装箱装卸区堆场至收货人的货仓或工厂仓库。

（5）场到场（CY to CY），由起运地或装箱港的集装箱装卸区堆场至目的地或卸箱港的集装箱装卸区堆场。

（6）场到站（CY to CFS），由起运地或装箱港的集装箱装卸区堆场至目的地或卸箱港的集装货运站。

（7）站到门（CFS to DOOR），由起运地或装箱港的集装箱货运站至目的地或卸箱港的集装箱装卸区堆场。

（8）站到场（CFS to CY），由起运地或装箱港的集装箱货运站至目的地或卸箱港的集装箱装卸区堆场。

（9）站到站（CFS to CFS），由起运地或装箱港的集装箱货运站至目的地或卸箱港的集装箱货运站。

3. 集装箱运输的方式

集装箱运输按货物装箱数量和方式分为整箱货（Full Container Load，FCL）和拼箱货（Less Container Load，LCL）两种。

整箱是指货方将货物装满整箱后，以箱为单位托运的集装箱，一般做法是由承运人将空箱运到工厂或仓库后，在海关人员监督下，货主把货装入箱内，加封、铅封后交承运人并取得场站收据，最后凭场站收据换取提单。拼箱是指承运人或代理人接受货主托运的数量不足以整箱的小票货物后，根据货类性质和目的地进行的分类、整理、集中、装箱、交货等工作，其均在承运人码头集装箱货运站（CFS）或内陆集装箱转运站进行。

集装箱的货流组织形式有四种：

（1）拼箱货装，整箱货拆（LCL—FCL）。

（2）拼箱货装，拼箱货拆（LCL—LCL）。

（3）整箱货装，整箱货拆（FCL—FCL）。

（4）整箱货装，拼箱货拆（FCL—LCL）。

4. 集装箱运费的计收方法

随着集装箱运输的逐步发展、成熟，与之相适应的，有别于传统运输方式的管理方法和工作机构也相应地发展起来，形成了一套适应集装箱运输特点的运费计收体系。国际集装箱运输的构成，一般是由海运运价加上与集装箱运输有关的费用。集装箱班轮公司与托运人或收货人商定的集装箱货物交接方式应载入提单、舱单和场站收据，以作为划分集装箱班轮公司承担风险责任和收取运费的依据。在集装箱货物交接方式下，船公司对整箱货和拼箱货的运费计收也有所区别。

集装箱海上运费基本上分为两个大类，一类是沿用件杂货运费计算方法，即以每运费吨为单位（俗称散货价），另一类是以每个集装箱为计费单位（俗称包箱费）。实际业务中，以后者居多。

包箱费率以每个集装箱为计费单位，常用于集装箱交货的情况，即 CFS - CY 或 CY - CY 条款。常见的包箱费率有以下三种表现形式。

（1）FAK 包箱费率，即对每一集装箱不细分箱内货类、不计货量（在重要限额之内）统一收取的运价。

（2）FCS 包箱费率，即按不同货物等级制定的包箱费率。

（3）FCB 包箱费率，即按不同货物等级或货类以及极端标准制定的费率。

（二）国际多式联运

国际多式联运（International Multimodal Transport 或 International Combined Transport，美国称为 International Intermeddle Transport）是在集装箱运输的基础上产生和发展起来的一种综合性的连贯运输方式，它一般是以集装箱为媒介，把海、陆、空各种传统的单一运输方式有机地结合起来，组成一种国家间的连贯运输。《联合国国际货物多式联运公约》对国际多式联运所下的定义是："国际多式联运是指按照多式联运合同，以至少两种不同的运输方式，由多式联运经营人把货物从一国境内接运货物的地点运至另一国境内指定交付货物的地点。"根据《联合国国际货物多式联运公约》，进行国际多式联运必须具备以下条件。

（1）多式联运经营人和托运人之间须订立一份多式联运合同，明确双方的权利、业务、责任和豁免。

（2）必须是两种或两种以上不同运输方式的连贯运输。

（3）必须使用全程多式联运单据，并由多式联运经营人负总责任。

（4）必须是全程单一的运费费率。

（5）必须是国际的货物运输。

国际多式联运具有显著的优越性：手续简便，减少中间环节，责任统一，缩短运输时间，提高货运质量，降低运输成本，加速货运周转，所以开展国际多式联运是实现“门到门”运输的有效途径。

多式联运单据是指多式联运经营人在收到货物后签发给托运人的单据。按照国际商会《联合运输单证统一规则》的规定，多式联运经营人负责货物的全程运输。多式联运单据与联运提单在形式上有相同之处，但在性质上不同。

（1）提单的签发人不同：多式联运单据由多式联运经营人签发，而且可以是完全不掌握运输工具的“无船承运人”，全程运输均安排各分承运人负责。联运提单由承运人或其代理人签发。

（2）签发人的责任不同：多式联运单据的签发人对全程运输负责，而联运提单的签发人仅对第一程运输负责。

（3）运输方式不同：多式联运提单的运输既可用于海运与其他方式的联运，也可用于不包括海运的其他运输方式的联运。联运提单的运输限于海运与其他运输方式的联合运输。

（4）已装船证明不同：多式联运提单可以不表明货物已装船，也无须载明具体的运输工具；联运提单必须是已装船提单。

（三）大陆桥运输（Land Bridge Transport）

大陆桥运输是指利用横贯大陆上的铁路或公路运输系统，把大陆两端的海洋连接起来，组成的海—陆—海连贯运输。这种运输方式合理地利用海陆运输条件，能缩短营运时间，降低营运成本。目前，世界上有许多条大陆桥，最主要的有三条：西伯利亚大陆桥、北美大陆桥和新亚欧大陆桥。

陆桥运输也是一种海陆联运形式。只是因为其在国际多式联运中的独特地位，故在此将其单独作为一种运输组织形式。

1. 西伯利亚大陆桥（Siberian Land bridge）

西伯利亚大陆桥即远东—欧洲大陆桥，是当今世界上最长的一条大陆桥运输线，由俄罗斯方面担任总经营人，签发货物过境许可证，签发统一全程联运提单，承担全部联运责任，以用户委托、承运的接力方式实行联运。

2. 北美大陆桥（North American Land bridge）

北美大陆桥包括美国大陆桥和加拿大大陆桥。美国大陆桥运输始于 1967 年，它包括两条路线，一条是连接太平洋和大西洋的路线，一条是连接太平洋与墨西哥湾的路线。加拿大大陆桥运输于 1979 年开通使用，与美国大陆桥是平行的，是连接太平洋与大西洋的大陆通道。

3. 新亚欧大陆桥

新亚欧大陆桥是第二条在亚欧大陆上的亚欧大陆桥，该大陆桥的中国和哈萨克斯坦区段于 1992 年正式开通。欧亚第二大陆桥连接大西洋和太平洋两大经济中心带，给中亚地区的振兴与发展创造了新的契机，并已逐步成为我国中西部地区与中亚、中东和欧洲地区之间的新的经济带，东起我国连云港，经陇海铁路到新疆，出阿拉山口至鹿特丹，横贯西亚各国、波兰、俄罗斯、德国、荷兰等三十个国家和地区，全线10 800千米。比西伯利亚大陆桥缩短了2 000千米，节省运费30%，与海运比较，可节省运输时间60%左右。

五、合同中的装运条款

在贸易合同中明确规定合理的装运条款，贸易合同中的装运条款通常包括装运期、装运港、目的港、分批装运和转运，以及滞期、速遣条款等内容。

海运装运条款又称“海洋运输条款”，是贸易合同的一个重要组成部分，是确立双方权利、义务和保证合同顺利履行的重要条件。合同的装运条款应包括装运时间、装运港、目的港、是否允许转船与分批装运、装运通知，以及滞期、速遣条款等内容。对外磋商交易和签订合同时，要争取把合同中的装运条款订得合理、明确，以利于进出口业务的顺利开展。

（一）装运时间

装运时间（Time of Shipment）又称装运期，通常用以下几种方法表示：

（1）具体规定装运期限。例如：“1月份装运”“6月底或以前装运”。这种规定方法比较明确具体，既可使卖方有时间准备货源和安排运输，也可使买方预先掌握到货的大致时间，在贸易合同中采用得较为普遍。

（2）规定在收到信用证后若干天装运。采用这种方法，应在合同中规定买方开立信用证的时间，否则，可能会因买方拖延开证或拒绝开证而使卖方陷入被动。

（3）收到信汇、票汇或电汇后若干天装运。

（4）笼统规定近期装运。这种方法不规定具体期限，如“立即装运”“尽快装运”“即刻装运”等，对这种方法，因各国解释不一致，容易引起纠纷，因此，采用这种方法应慎重。

（二）装运港和目的港

在规定装卸港时必须注意以下问题：

（1）装运港（Port of Shipment）和目的港（Port of Destination）通常分别各规定一个。如装运港——大连；目的港——纽约。

（2）按实际业务需要，也可分别规定两个或两个以上的港口。

（3）签约时无法确定装运港或目的港，可采用选择港的方法。规定选择港有两种方法：一种是在两个或两个以上的港口中选择一个，如“CFR伦敦/汉堡/鹿特丹”，这种方法主要由卖方选择某一港口卸货；另一种是笼统规定某一区域为装运港或目的港。

（三）分批装运和转船

（1）分批装运（Partial Shipment）。

分批装运是指一笔交易的货物分若干批装运。《UCP》规定，同一船只、同一航次中多次装运同一发货人的货物，即使提单表示不同的装船日期及不同的装货港口，也不做分批装运处理。

例如：某出口公司出口2 000吨大豆，国外开来信用证规定：不允许分批装运。结果该出口公司在规定的期限内分别在大连、上海各装1 000吨于同一航次的同一船只上，提单上也注明了不同的装货港和不同的装船日期，这种情况就不属分批装运，没有违约。

（2）转船（Transshipment）。

如果货物没有直达或一时无合适的船舶运输，则需要中途转船运输。按实际情况，买卖双方可以在合同中订明是否允许转船。若信用证未规定可否转船，按《跟单信用证统一惯例》规定，为允许转船。

（四）滞期、速遣条款

在定程租船的大宗商品买卖合同中，常常规定滞期费（Demurrage）和速遣费（Dispatch）条款，这是一种奖罚条款。所谓滞期费，就是负责装卸货物的一方，未能按合同约定的装卸期限完成货物的装卸，则需向船方缴纳延误船期的罚款。所谓速遣费，就是指负责装卸货物的一方在合同约定的装卸期限内提前完成货物装卸作业，可以从船方取得奖金，按惯例，速遣费通常是滞期费的一半。

计算滞期费、速遣费与装卸时间长短关系密切，因为在合同中必须合理地规定计算装卸时间的方法。合同中规定装卸时间的主要方法是以日为单位计算的。例如，按连续日计算；按晴天工作日计算；按24小时晴天工作日计算等。装卸的起算时间一般以船长向租船人或代理递交“装卸准备就绪通知书”后的一定时间起算，例如，上午递交，下午开始起算装卸时间，装卸的终止时间以装完或卸完的时间为准。

（五）装卸时间和装卸率

装卸时间（Lay Time）是指大宗交易的货物在使用定程租船运输时，对完成装货和卸货任务所需要的时间和定额的规定。一般在买卖合同中还同时规定有每天装卸货物的重量，称为装卸率。

因此，在使用租船运输货物时，负责租船的买方或卖方，为了按时完成装卸作业，必须在买卖合同中对装卸时间、装卸率等条款有明确规定。装卸时间的计算，通常有以下几种方法：

（1）按连续日（或时）（Running Consecutive Days/Hours）。

（2）按工作日（Working Days）。

（3）按好天气工作日（Weather Working Days）。

（4）按连续24小时好天气工作日（Weather Working Days of 24Consecutive Hours）。

关于装卸起始时间的计算，各国规定不一。有的从船抵港就开始起算，有的从船到港码头后开始起算，有的规定正式作业后起算。贸易合同中有关装卸时间、装卸率条款的规定，应当与租船合同有关规定相符合，否则租船方就会陷于被动，因此，明确、合理地规定装运条款，是保证进出口合同顺利履行的重要条件。

【例 5 –3】

（1） Shipment during Oct. /Nov. /Dec. in three equal monthly lots.

10/11/12 月份平均装一批。

（2） Shipment during March/April/May in three monthly lots, to transshipped at HongKong.

3/4/5 月每月各装一批，由香港转运。

（3） Shipment from Shanghai to New York during Jan. /Feb. with partial shipments and transshipment allowed.

1/2 月份上海到纽约，允许分批和转运。

（4） During May/June in two lots, transshipment is prohibited.

5/6 月份两次装运，禁止转运。

（5） Shipment during Sept. from London to Xiamen. 1/3 orginal B/L should be sent to the Buyer within 48 hours by DHL after shipment. Partial shipments and transshipment allowed.

9 月份装运，由伦敦至厦门。在装船后 48 小时内将一份正本提单 DHL 快递给买方。允许分批和转船。

（6） Shipment during May from London to Shanghai. The Sellers shall advise the Buyers 45 days before the month of shipment of the time the goods will be ready for Shipment, partial shipments and transshipment allowed.

5 月份装运，由伦敦至上海，卖方应在装运月份前 45 天将备妥货物可供装船的时间通知买方。允许分批和转船。

知识扩展：
英汉短语集萃

项目五
任务训练

参考答案

实训三：相关案例分析
及运费计算

项目六 国际货物运输保险

项目导语

在国际货物贸易中，货物从卖方转移到买方，往往会遭遇到洪水、暴风雨等自然灾害或触礁等意外事故，也就不可避免地给买卖双方带来损失。为了转嫁风险、减少损失，买卖双方通常会投保货物运输保险。

国际货物运输保险是指保险人与被保险人双方约定由被保险人将国际运输中的货物作为保险标的物向保险人投保，当保险标的物遭到意外损失时保险人按照保险单的规定给予被保险人经济赔偿的一种补偿性措施。它属于财产保险的范畴，以流动中的财物作为保险标的，保险关系涉及对外因素，不仅承保对外经济贸易交往中运输的货物，而且包括各种运输中的物资，如行李、用品、展览品、援助物资以及钞票、贵金属、文物古董、技术资料等。

知识目标：

- 了解保险的基本原则
- 掌握海洋货物运输保险的承保范围，掌握单独海损与共同海损的条件，了解施救费用与救助费用的区别
- 熟悉我国海洋货物运输保险条款，了解伦敦保险协会海运货物保险条款
- 掌握其他运输方式下的货运保险实务

能力目标：

- 能拟定国际货物贸易中的保险条款
- 能制作投保单和保险单

素质目标

- 提升学生知法守法并能运用法律保护自身合法权益的意识和能力
- 提高学生风险防范意识
- 理解中国为什么要坚持中国共产党领导，为什么要坚持中国特色社会主义

案例（任务）导入

案例（任务）描述：

外贸公司进口散装化肥一批，曾向保险公司投保海运一切险。货抵目的港后，全部卸至港务公司仓库。在卸货过程中，外贸公司与装卸公司签订了一份灌装协议，并立即开始灌装。某日，由装卸公司根据协议将已灌装成包的半数货物堆放在港区内铁路边堆场，等待铁路转运至其他地以交付不同买主。另一半留在仓库尚待灌装的散货，因受台风袭击，遭受严重湿损。外贸企业遂就遭受湿损部分向保险公司索赔，被保险公司拒绝。对此，试予以评论。

任务一 保险的基本原则

一、保险利益原则

保险利益又称可保利益，是指投保人对保险标的所具有的法律上承认的利益。它体现了投保人与保险标的之间存在的利害关系，倘若保险标的安全，投保人可以从中获益；倘若保险标的受损，投保人必然会蒙受经济损失。

国际货物运输保险和其他保险一样，要求被保险人必须对保险标的具有可保利益。但国际货运保险又不像有的保险（如人身保险）那样要求被保险人在投保时便具有保险利益，它仅要求保险标的在发生损失时被保险人对其必须具有保险利益。这种特殊规定是由国际贸易的特点决定的。

在国际贸易中，以 FOB、FCA、CFR、CPT 方式达成的交易，货物风险的转移以在装运港越过船舷或在出口国发货地或启运地货交承运人为界。货物在越过船舷或货交承运人风险转移之前，仅卖方有保险利益，而买方并无保险利益。如果硬性规定被保险人在投保时就必须有保险利益，则按这些条件达成的合同，买方便无法在货物装船或货交承运人之前及时对该货物办理保险。因此，在实际业务中，保险人可视为买方具有预期的保险利益而允予承保。

二、最大诚信原则

最大诚信原则是指投保人和保险人在签订保险合同时以及在合同有效期内，必须保持最大限度的诚意，双方都应严守信用，互不欺骗隐瞒，保险人应当向投保人说明保险合同的条款内容，并可以就保险标的或者被保险人的有关情况提出询问，投保人应当如实告知。

最大诚信原则的基本要求主要体现在告知、保证、弃权与禁止反言四方面。

所谓告知是指双方当事人就标的物的有关情况如实地向对方加以陈述或说明。对保险人而言，告知是指保险人应主动向投保人说明保险合同条款内容，如果保险合同中规定有关与保险人责任免除条款的，在订立保险合同时应当向投保人明确说明。对投保人而言，告知是指投保人在订立保险合同时将与保险标的有关的“重要事实”如实向保险人做出口头或书面的陈述。所谓“重要事实”是指足以能够影响一个正常的、谨慎的保险人决定是否承保，或者据以确定保险费率，或者是在保险合同中增加特别约定条款的情况。例如，在货运保险中，被保险人应向保险人提供保险标的、运输条件、航程及包装条件等方面的真实情况。如果由于被保险人故意未将重要情况如实告知保险人，保险人有权解除合同，并且不退还保险费，对合同解除前发生保险事故所造成的损失，保险人不负责赔偿责任。

保证是指双方当事人对某种事情的作为或不作为的允诺。保证对保险人的要求主要表现为：在保险事故发生或合同约定的条件满足后，保险人应按合同的约定履行赔偿或给付义务。对投保人而言保证主要是指按时缴纳保费、维护标的物的安全、标的物发生损失时及时进行抢救以及标的物出险后维护现场和配合保险人及有关部门进行调查等。保证有明示保证和默示保证。明示保证一般以特约条款或附贴条款的形式载于保险单内，当事人必须严格遵守。默示保证是虽未在保险单中载明，但根据习惯或惯例认为被保险人应该作或者不作某种行为的事实。例如，被保险人保证货物不用十五年以上船龄的旧船装运等。默示保证与明示保证一样，被保险人也必须遵守，如有违背或破坏，保险人也可宣布保险合同无效。

弃权是指保险合同当事人一方放弃他在合同中可以主张的某种权利。

禁止反言是指一方当事人既已放弃合同中可以主张的权利，日后就不得再重新主张这种权利。

三、补偿原则

补偿原则，又称损害赔偿原则，是指当保险标的遭受保险责任范围内的损失时，保险人应当按照保险合同的约定履行赔偿义务。但保险人的赔偿金额不得超过保险单上的保险金额或被保险人遭受的实际损失。保险人的赔偿不应使被保险人因保险赔偿而获得额外利益。

补偿原则在实施时有几个限制条件：一是以实际损失为限，这是补偿原则最基本的限制条件。当投保人的货物遭受损失后，保险人赔偿的意图是对他蒙受的实际损失进行补偿，使他在经济上恰好恢复到保险事故发生前的状态，如赔偿过少，不能充分补偿他所受到的损失；如赔偿过多，又会引起不当获利。二是以保险金额为限。保险金额是保险人进行赔偿的最高限额，即赔偿金额只能低于或等于而不能高于保险金额。三是以被保险人对保险标的具有的保险利益为限。在出险时，被保险人对遭受损失的货物要有保险利益，索赔金额以他对该项财产具有的保险利益为限。

四、代位追偿原则

在保险业务中，为了防止被保险人双重获益，保险人在履行全损赔偿或部分损失赔偿后，在其赔付金额内，要求被保险人转让其对造成损失的第三者责任方要求全损赔偿或相应部分赔偿的权利。这种权利称为代位追偿权，或称代位权。保险人取得该项权利后，即可站在被保险人的地位上向责任方进行追偿。

五、近因原则

近因原则是指保险人只对承保风险与保险标的损失之间有直接因果关系的损失负赔偿责任，而对保险责任范围外的风险造成的保险标的的损失，不承担赔偿责任。近因原则是保险理赔过程中必须遵循的一项基本原则，也是在保险标的发生损失时，用来确定保险标的所受损失是否获得保险赔偿的一项重要依据。

近因是指在风险和损失之间，导致损失的最直接、最有效、起决定作用的原因，而不是指时间上和空间上最接近的原因。保险损失的近因，是指引起保险事故发生的最直接、最有效、起主导作用或支配作用的原因。近因判定正确与否，关系到保险双方当事人的切身利益。如何确定损失近因，要根据具体情况作具体的分析：

（一）单一原因造成的损失

如造成保险标的损失的原因只有一个，那么，这个原因就是近因。若这个近因属于被保风险，保险人负赔偿责任；若该项近因属未保风险或除外责任，则保险人不承担赔偿责任。

（二）同时发生的多种原因造成的损失

（1）多种原因均属被保风险，保险人负责赔偿全部损失。

（2）多种原因中，既有被保风险，又有除外风险或未保风险，保险人的责任应视损害的可分性而定。如果损害是可以划分的，保险人就只负责被保风险所致损失部分的赔偿。但在保险实务中，在很多情况下损害是无法区分的，保险人有时倾向于不承担任何损失赔偿责任，有时倾向于与被保险人协商解决，对损失按比例分摊。

（三）连续发生的多项原因造成的损失

多种原因连续发生，即各原因依次发生，持续不断，且具有前因后果的关系。若损失是由两个以上的原因所造成的，且各原因之间的因果关系未中断，那么最先发生并造成一连串事故的原因为近因。如果该近因为保险责任，保险人应负赔偿责任，反之不负责赔偿。

（四）间断发生的多项原因造成损失

在一连串连续发生的原因中，有一项新的独立的原因介入，导致损失，若新的独立的原因为被保风险，保险责任由保险人承担；反之，保险人不承担损失赔偿或给付责任。

任务二　海洋货物运输保险的承保范围

货物运输保险是随着商品经济与贸易的发展而产生和发展起来的。进行贸易当然离不开运输，运输方式有陆上、海上和航空等多种。国际货物运输保险因运输方式不同可分为海洋货物运输保险、陆上货物运输保险、航空货物运输保险和邮包货物运输保险。从古至今，海上运输在各种运输方式中一直居于主导地位，为海上贸易提供保险保障的海上货物运输保险因此产生得最早，是最早形式的货物运输保险险种，也是其他货物运输保险险种的基础。因此，海洋货物运输保险在国际货运保险中占有重要的地位。

在国际货物运输保险中，保险人是按照不同险别所承保的风险所造成的损失和费用来承担赔偿责任的。

一、风险

国际贸易货物在海上运输、装卸和储存过程中，可能会遭到各种不同风险，而海上货物运输保险人主要承保的风险有海上风险和外来风险。

（一）海上风险

海上风险又称海难，是指船舶或货物在海上运输过程中发生的或随附海上运输所发生的风险，包括自然灾害和意外事故。

1. 自然灾害

自然灾害是指由于不以人的意志为转移的自然界的变异引起破坏力量所造成的现象，如恶劣气候、雷电、地震、海啸、火山爆发、洪水等。

2. 意外事故

意外事故是指人或物体遭受到外来的、突然的、非意料之中的事故。如船舶搁浅、触礁、沉没、互撞或与其他固体物如流冰、码头碰撞，以及失踪、失火、爆炸等意外原因造成的事故或其他类似事故。

（二）外来风险

外来风险是指海上风险以外由于其他外来原因所引起的风险。它可分为一般外来风险和特殊外来风险。

1. 一般外来风险

一般外来风险是指货物在运输途中由于偷窃、下雨、短量、渗漏、破碎、受潮、受热、霉变、串味、沾污、钩损、生锈、碰损等原因所导致的风险。

2. 特殊外来风险

特殊外来风险是指由于战争、罢工、拒绝交付货物等政治、军事、国家禁令及管制措施所造成的风险与损失。如因政治或战争因素，运送货物的船只被敌对国家扣留而造成交货不到；某些国家颁布的新政策或新的管制措施以及国际组织的某些禁令，都可能造成货物无法出口或进口从而导致损失。

二、损失

（一）海上损失

海上损失简称海损，是指被保险货物在海洋运输中因遭遇海上风险所导致的损失。根据保险惯例解释，凡与海路连接的陆运过程中发生的损坏或灭失，也属海损范围。海损按损失程度的不同，可分为全部损失和部分损失。

1. 全部损失

全部损失简称全损，是指整批货物或不可分割的一批货物在运输途中由于遭遇风险所引起的全部损失。所谓整批或不可分割的一批货物是一份合同项下的货物、一张保险单项下的货物、一份提单项下的货物、一条驳船上的货物、整件货物落海等。从损失的性质看，全损又可分为实际全损和推定全损两种。

（1）实际全损。实际全损又称绝对全损，是指保险标的物在运输途中全部灭失或等同于全部灭失。在保险业务上构成实际全损主要有以下几种：

①保险标的物全部灭失。例如，载货船舶遭遇海难后沉入海底，保险标的物实体完全灭失。

②保险标的物的物权完全丧失，已无法挽回。例如，载货船舶被海盗抢劫，或船货被敌对国扣押等。虽然标的物仍然存在，但被保险人已失去标的物的物权。

③保险标的物已丧失原有商业价值或用途。例如，水泥受海水浸泡后变硬，烟叶受潮发霉后已失去原有价值。

④载货船舶失踪，无音讯已达相当一段时间。在国际贸易实务中，一般根据航程的远近和航行的区域来决定时间的长短。

（2）推定全损。推定全损是指保险货物的实际全损已经不可避免，而进行施救、复原的费用已超过将货物运抵目的港的费用或已超出保险补偿的价值，这种损失即为推定全损。构成被保险货物推定全损的情况有以下几种：

①保险标的物受损后，其修理费用超过货物修复后的价值。

②保险标的物受损后，其整理和继续运往目的港的费用，超过货物到达目的港的价值。

③保险标的物的实际全损已经无法避免，为避免全损所需的施救费用，将超过获救后标的物的价值。

④保险标的物遭受保险责任范围内的事故，使被保险人失去标的物的所有权，而收回标的物的所有权的费用已超过收回标的物的价值。

被保险货物发生推定全损时，被保险人可以要求保险人按全部损失赔偿，也可以要求保险人按部分损失赔偿。如果被保险人要求保险人按全部损失赔偿，则被保险人必须无条件地把保险货物委付给保险人。由于被保险人在被保险货物受损后只能因保险获得补偿而不能获得额外收益，所以被保险人应向保险人发出委付通知。委付是指被保险人在保险货物遭受到严重损失，处于推定全损状态时，向保险人声明愿意将保险货物的一切权利与义务转让给保险人，而要求保险人按货物全损给予赔偿的一种特殊的索赔方式。委付必须经保险人同意后方能生效，但是保险人应当在合理的时间内将接受委付或不接受委付的决定通知被保险人。委付一经保险人接受，不得撤回。

2. 部分损失

部分损失是指被保险货物遭遇风险受损后没有达到全部损失的程度。部分损失按其性质，可分为共同海损和单独海损。

部分损失的赔偿金额 = 保险金额 × [（实际完好价值 − 货损后的实际价值）/实际完好价值]

（1）共同海损。共同海损指在同一海上航程中，当船舶、货物和其他财产遭遇共同危险时，为了共同安全，有意地、合理地采取措施所直接造成的特殊牺牲、支付的特殊费用，这些损失和费用被称为共同海损。那些确实属于共同海损的损失应由获益各方分摊，因此共同海损的成立应具备一定的条件，构成共同海损的条件是：

①共同海损的危险必须是实际存在的，或者是不可避免的，而非主观臆测的。因为不是所有的海上灾难、事故都会引起共同海损。

②必须是自愿地和有意识地采取合理措施所造成的损失或发生的费用。

③必须是为船货共同安全采取的谨慎行为或措施时所做的牺牲或引起的特殊费用。

④必须是属于非常性质的牺牲或发生的费用，并且是以脱险为目的。共同海损行为所作出的牺牲或引起的特殊费用，都是为使船主、货主和承运各方不遭受损失而支出的，因此不管其大小如何，都应由船主、货主和承运各方按获救的价值，以一定的比例分摊。这种分摊叫共同海损的分摊。在分摊共同海损费用时，不仅要包括未受损失的利害关系人，而且还需包括受到损失的利害关系人。

⑤共同海损措施最终必须有效果。

（2）单独海损。单独海损是指保险标的物在海上遭受承保范围内的风险所造成的部分灭失或损害，即指除共同海损以外的部分损失。这种损失只能由标的物所有人单独负担。与共同海损相比较，单独海损的特点是：

①它不是人为有意造成的部分损失。

②它是保险标的物本身的损失。

③单独海损由受损失的被保险人单独承担，但其可根据损失情况从保险人那里获得赔偿。根据英国海上法，货物发生单独海损时，保险人应赔金额的计算，等于受损价值与完好价值之比乘以保险金额。

（二）外来损失

外来损失是指海上风险以外的其他风险所造成的损失。

三、费用

海上货运保险的费用是指为了营救被保险货物所支出的费用。其主要有：

（1）施救费用。施救费用是指由被保险人采取措施抢救保险标的而支出的费用。这种费用只要是合理的，即使无成效也赔偿。

（2）救助费用。救助费用是指被保险货物在遭受了承保责任范围内的灾害事故时，由保险人和被保险人以外的第三者采取了有效的救助措施，在救助成功后，由被救方付给救助人的一种报酬。这种费用只有在有效果的情况下才赔。

任务三　我国海洋货物运输保险条款

在国际货物买卖业务中，保险是一个不可缺少的条件和环节，其中业务量最大、涉及面最广的是海洋货物运输保险。

海洋货物运输保险条款所承保的险别，分为基本险和附加险两类。

一、基本险别

基本险分为平安险（简称 FPA）、水渍险（简称 WA 或 WPA）和一切险（All Risk）三种。

（一）平安险

平安险的承保责任范围是：

（1）被保险货物在运输途中由于恶劣气候、雷电、海啸、地震、洪水等自然灾害造成整批货物的全部损失或推定全损。

（2）由于运输工具遭受搁浅、触礁、沉没、互撞、与流冰或其他物体碰撞以及失火、爆炸等意外事故造成货物的全部或部分损失。

（3）在运输工具已经发生搁浅、触礁、沉没、焚毁等意外事故的情况下，货物在此前后又在海上遭受恶劣气候、雷电、海啸等自然灾害所造成的部分损失。

（4）在装卸或转运时由于一件或数件货物整件落海造成的全部或部分损失。

（5）被保险人对遭受承保责任内危险的货物采取抢救、防止或减少货损的措施而支付的合理费用，但以不超过该批被救货物的保险金额为限。

（6）运输工具遭难后，在避难港由于卸货所引起的损失以及在中途港、避难港由于卸货、存仓和运送货物所产生的特别费用。

（7）共同海损的牺牲、分摊和救助费用。

（8）运输合同订有“船舶互撞责任”条款，根据该条款规定应由货方偿还船方的损失。

平安险是我国保险业沿用已久的名称，按其英文原意是“不负责单独海损”。随着国际航运和国际贸易的发展，这一险别经过多次修改和补充，其保险责任已经超出仅对全损赔偿的范围。它的意思是仅对由于自然灾害所引起的单独海损不赔偿，而对上述第（2）项指定的意外事故造成的单独海损，第（3）项中自然灾害与意外事故共有情形下的单独海损负赔偿责任。

（二）水渍险

水渍险的责任范围是：

（1）平安险所承保的全部责任。

（2）被保险货物在运输途中，由于恶劣气候、雷电、海啸、地震、洪水等自然灾害所造成的部分损失。

水渍险也是我国的惯称，字面意义为“负单独海损责任”，容易被误解为仅对遭受海水水渍的损失负责或仅对单独海损负责。事实上，与平安险的责任范围相比，水渍险的承保责任范围略有扩大，区别在于水渍险对自然灾害所造成的部分损失也负责赔偿。水渍险不负责被保险货物因某些外部原因所造成的部分损失，如锈损、碰损、钩损等。因此，水渍险只适用于那些不大可能发生碰损、破碎，或容易生锈但不影响使用的货物，如铁钉、铁丝、螺丝等小五金类商品，以及旧汽车、旧机床、旧设备等二手货。

（三）一切险

一切险的责任范围，除包括平安险和水渍险的责任外，还包括被保险货物在运输途中由于一般外来原因所造成的全部或部分损失。这里的一般外来原因并非运输途中的一切外来风险，而是以一般附加险中的 11 种风险为限。故一切险是平安险、水渍险和一般附加险的总和，是一种风险高度综合的险别。与平安险和水渍险相比，一切险的承保责任范围最广，应用于价值较高、致损原因较多的货物，如棉毛及其制品等。

二、除外责任

除外责任是指保险人不负赔偿责任的范围，基本险的除外责任主要包括以下五项：

（1）被保险人的故意行为或过失所造成的损失。

（2）属于发货人责任所引起的损失。

（3）在保险责任开始前，被保险货物已存在的品质不良和数量短差所造成的损失或费用。

（4）被保险货物的自然损耗、本质缺陷、特性以及市价跌落、运输延迟所造成的损失和费用。

（5）战争险和罢工险条款规定的责任范围和除外责任。

三、责任起讫

保险的责任起讫，又称保险责任期限，是指保险人对被保险货物承担保险责任的有效时间。我国海洋运输货物保险的保险期限采用“仓至仓”条款（Warehouse to Warehouse Clause，简称 W/W），规定保险人对被保险货物所承担的保险责任，从货物远离保险单所载明的起运港发货人仓库或储存处所开始生效，一直到货物运抵保险单所载明的目的港收货人的仓库时为止。保险人的保险责任起讫分为正常运输和非正常运输两种情况。

（一）正常运输情况下保险责任的起讫

正常运输是指按照正常的航程、航线行驶并停靠港口的运输，包括途中正常延迟和正常转船，其过程自被保险货物运离保险单所载明的起运地发货人仓库或储存处所开始，直到货物到达保险单所载明的目的地收货人仓库或储存处所为止。

在正常运输情况下，海上运输货物保险的责任起讫以“仓至仓”条款为依据。保险人的保险责任在下列情况发生时终止，并以先发生者为准：

（1）货物运抵保险单所载明目的地收货人的最后仓库或储存处所。

（2）货物运抵保险单所载明目的地或中途的任何其他仓库或储存处所，被保险人将这些仓库或储存处所用作正常运送过程以外的储存或分配、分派。

（3）被保险货物在最后卸载港全部卸离海轮后起满 60 天。如果货物在上述 60 天之内需要被转运到非保险单载明的目的地时，保险责任则于货物开始转运时终止。

（二）非正常运输情况下保险责任的起讫

在运输过程中，由于遇到被保险人无法控制的情况，致使被保险货物无法运往原定卸载港而在途中被迫卸货、重装或转运，以及由此而发生的运输延迟、绕航或运输合同终止等非正常的情况，属于非正常运输。根据保险条款规定，在非正常运输情况下，保险公司要求被保险人在获知货物被迫卸货、重装或转运等情况时，及时通知保险人，并酌情收取部分费用后，原保险单继续有效。但是，保险单继续有效的责任期限要按下列规定处理：

（1）被保险货物如在非保险单所载明的目的地出售，保险责任至交货时终止，但不论任何情况，均以被保险货物在卸载港全部卸离海轮满 60 天为止。

（2）被保险货物如在上述 60 天期限内继续运往保险单所载明的原目的地或其他目的地时，保险责任仍按正常运输情况下所规定的“仓至仓”条款内容办理。

四、被保险人的义务

被保险人应按照以下规定的应尽义务办理有关事项，如因未履行规定的义务而影响保险人的利益时，对有关损失保险人有权拒绝赔偿。

（一）及时提货义务

当被保险货物运抵保险单所载明的目的港（地）以后，被保险人应及时提货。当发现被保险货物遭受任何损失，应立即向保险单上规定的检验、理赔代理人申请检验，并向有关当局（如海关、港务局、检验局）索取货损货差证明。

（二）施救义务

对遭受承保责任内危险的货物，被保险人应采取合理的抢救措施，以减少损失。被保险人采取此项措施，不应视为放弃委付的表示。

（三）及时通知义务

如遇航程变更或发现保险单所载明的货物、船名或航程有遗漏或错误时，被保险人应在获悉后立即通知保险人，并在必要时加缴保险费，本保险才继续有效。

被保险人在获悉有关运输契约中“船舶互撞责任”条款的实际责任后，应及时通知保险人。

（四）提供索赔单证的义务

在向保险人索赔时，必须提供下列单证：保险单正本、提单、发票、装箱单、磅码单、货损货差证明、检验报告及索赔清单。如涉及第三者责任，还须提供责任方追偿的有关函电及其他必要单证或文件。

五、索赔期限

索赔期限是指被保险货物发生保险责任范围内的风险与损失时，被保险人向保险人提出索赔的有效期限。本保险索赔期限，从被保险货物在最后卸载港全部卸离海轮后起算，最多不超过 2 年。

六、附加险

附加险是对基本险的补充和扩大，投保人只能在投保一种基本险的基础上才可以加保一种或几种附加险。附加险有一般附加险、特别附加险和特殊附加险三类。

（一）一般附加险

一般附加险所承保的是由于一般外来风险所造成的全部和部分损失。一般附加险主要包括以下 11 种：

1. 偷窃提货不着险（Theft Pilferage and Non－Delivery，TPND）

本保险对在保险有效期内，保险货物被偷走或窃走，以及货物运抵目的地以后，整件未交的损失负责赔偿。

2. 淡水雨淋险（Fresh Water Rain Damage，FWRD）

本保险对被保险货物在运输途中，由于淡水所造成的损失都负责赔偿。淡水包括雨水、雪溶、船上淡水舱、水管漏水以及船汗等。

3. 短量险（Risk of Shortage）

本保险负责被保险货物在运输过程中的数量短少和重量损失。对有包装货物的短少，必须有外包装发生异常的现象，如破口、裂袋、扯缝等，以区别是原来的短量还是外来原因造成的短量。对散装的货物，则往往以装船重量和卸船重量之间的差额作为计算短量的依据，但不包括正常的途耗。

4. 混杂、沾污险（Risk of Intermixture & Contamination）

本保险对被保险货物在运输途中，因混杂、沾污所造成的损失负责赔偿。

5. 渗漏险（Risk of Leakage）

本保险对流质、半流质的液体物质和油类物质，在运输过程中因为容器损坏而引起的渗漏损失，或用液体储藏的物质，如湿肠衣、酱菜等因为液体渗漏而使肠衣、酱菜等发生腐烂、变质等的损失负赔偿责任。

6. 碰损、破碎险（Risk of Clash & Breakage）

本保险对被保险货物在运输过程中因震动、碰撞、受压造成的破碎和碰撞损失负赔偿责任。碰损主要是对金属、木质等货物来说的，例如，搪瓷、钢筋器皿、机器、漆木器等在运输途中，因为受到震动、颠簸、挤压等造成货物本身的凹瘪、脱瓷、脱漆、划痕等损失。破碎则主要是对易碎性物质来说的，例如，陶器、瓷器、玻璃器皿、大理石等在运输途中由于装卸粗鲁、运输工具的震颠等造成货物本身的破裂、断碎等损失。

7. 串味险（Taint of Odor Risk）

本保险对被保险货物在运输过程中因为受到其他物品的气味影响所造成的串味损失负赔偿责任。

8. 受热、受潮险（Heating & Sweating Risks）

本保险对被保险货物在运输过程中因气温突变或由于船上通风设备失灵致使船舱内水汽凝结、受潮、受热而造成的损失负赔偿责任。

9. 钩损险（Hook Damage）

本保险对被保险货物在装卸过程中因遭受钩损而引起的损失，以及对包装进行修补或调换所支付的费用负赔偿责任。

10. 包装破裂险（Breakage of Packing Risk）

本保险对被保险货物在运输过程中因搬运或装卸不慎、包装破裂造成物资的短少、沾污等损失负赔偿责任。此外，对于因保险运输过程中为继续运输安全所需而产生的修补包装、调换包装所支付的费用也负赔偿责任。

11. 锈损险（Risks of Rust）

本保险对被保险货物在运输过程中因生锈造成的损失负赔偿责任。

（二）特别附加险

1. 交货不到险

从保险货物装上船舶时开始，在六个月内不能运到原定目的地交货，保险公司就按全部损失赔付，不论其原因是什么。这种情况往往不是承运方运输上的原因，而是由某些政治上的因素引起的。例如，货物被另一个国家在中途港强迫卸下，造成禁运等。它同提货不着险不同，是不论任何原因的。因此，在承保时被保险人一定要获得进口所需的一切许可证，保险才有效。

2. 进口关税险

世界上有些国家对进口货物征收关税时，不论货物是否损失，一律按货物的完好价值十足计税。进口关税险就是承保因被保险货物遭受保险责任范围内的损失而被保险人仍需按完好货物价值完税所造成的损失。

3. 舱面险

舱面险主要承保装载于舱面的货物因被抛弃或被风浪冲击落水所造成的损失。海上运输货物按照惯例都是装载在舱内的，但是有些货物由于体积大、有毒性或者有污染性，根据航运习惯必须装载于舱面，为了解决这类货物的损失补偿，就产生了附加舱面险。

4. 拒收险

拒收险主要承保货物在进口时，不论何种原因在进口港被进口国的政府或有关当局拒绝进口或没收所造成的损失。如果在货物批发前，进口国已经宣布禁运或禁止，保险人不负责赔偿。投保时被保险人必须保证持有进口所需的一切特许证或许可证或进口限额。另外，被保险人经保险人要求有责任处理被拒绝进口的货物或者申请仲裁。

5. 黄曲霉素险

黄曲霉素险主要承保某些含有黄曲霉素食物因超过进口国对该霉素的限制标准而被拒绝进口、没收或强制改变用途而遭受的损失。对于被拒绝进口的或强制改变用途的货物，被保险人有义务进行处理。对于因拒绝进口而引起的争执，被保险人也有责任申请仲裁。它实际上是一种专门原因的拒收险。

6. 出口货物到香港（包括九龙在内）或澳门存仓火险责任扩展条款（简称 FREC）

该险主要承保我国内地出口到我国港澳地区的货物的火险责任，货物如果直接卸到保险单载明的过户银行所指定的仓库，则保险期限延长至存仓期间。其保险期限从货物运入过户银行指定的仓库时开始，直到过户银行解除货物权益或者运输责任终止时起计算满 30 天为止。这一保险主要是为了保障过户银行的利益。货物通过银行办理押汇，在货主未向银行归还贷款前，货物的权益属于银行。因此，在保险单上必须注明过户给放款银行。在此阶段货物即使到达目的港，收货人也无权提货。

（三）特殊附加险

1. 战争险

战争险包括海运、陆运、空运和邮包等各种战争险，这些都是承保战争或类似战争行为等风险引起被保险货物的直接损失。各种不同运输方式的战争险，由于运输工具有其本身的特点，在具体责任上有些差别，但就各种战争险的共同负责范围来说，基本上是一样的；直接由于战争、类似战争行为以及武装冲突所致的损失；由于上述原因引起的捕获、拘留、禁制和扣押等行为所致的损失；各种常规武器，包括水雷、鱼雷、炸弹所致的损失；以及上述原因引起的共同海损的牺牲、分摊和救助费用。

各种战争险对敌对行为中使用原子或热核制造的武器所导致的损失和费用，都是不负责的。此外，海运战争险对于因执政者、当权者或其他武装集团的扣押、扣留引起的承保航程的丧失和损失是不负责任的。

此外，各种战争险的保险期限的开始和终止，同运输险的起讫期限是不一样的。战争险的负责期限仅限于水上危险或运输工具上的危险，即从货物装上海轮或驳船开始负责，到卸离海轮或驳船时为止，不像运输险那样都负责仓至仓的责任。

2. 罢工险

罢工险适用于海运、陆运、航空及邮包各种运输方式。罢工险承保因罢工者，被迫停工工人，参加工潮、暴动和民众斗争的人员，采取行动造成保险货物的损失；对于任何人的恶意行为造成的损失也予负责；由此引起的共同海损的牺牲、分摊和救助费用也由保险公司赔偿。

罢工险负责的损失都必须是直接损失，对于间接损失是不负责任的。例如，对在罢工期间由于劳动力不足或不能履行正常职责所致的保险货物的损失，包括因此而引起的动力或燃料缺乏使冷藏机停止工作所致的冷藏货物的损失，以及无劳动力搬运货物，使货物堆积码头淋湿受损，不负赔偿责任。罢工险对保险责任起讫的规定与其他海运货物保险的险别一样，采取“仓至仓”条款。

若被保险人已投保了战争险，再根据需要加保罢工险时，保险人不另行收取保险费。如果被保险人只投保罢工险，则要按战争险费率缴付保险费。

任务四 伦敦保险协会海运货物保险条款

在国际保险市场上，许多国家和地区的保险公司在国际货物运输保险中都采用英国伦敦保险协会制定的《协会货物保险条款》（Institute Cargo Clauses，ICC），或者在制定本国保险条款时参考或采用上述条款。《协会货物保险条款》最早制定于1912年，修订工作于1982年1月1日完成，并于1983年4月1日起正式实行。其包括六种险别：协会货物（A）险条款；协会货物（B）险条款；协会货物（C）险条款；协会战争险条款（货物）；协会罢工险条款（货物）；恶意损害险条款。

一、协会货物（A）险条款

（一）承保范围

协会货物（A）险条款（Institute Cargo Clauses（A），ICC（A））的承保责任范围较广，相当于中国人民保险公司所规定的一切险，采用“一切风险减除外责任”的方式。

（二）除外责任

1. 一般除外责任

（1）被保险人故意违法行为造成的损失或费用。

（2）保险标的自然渗漏、重量或容量的自然损耗或自然磨损。

（3）因包装或准备不足或不当造成的损失或费用。

（4）因保险标的内在缺陷或特征造成的损失或费用。

（5）直接因延迟引起的损失或费用。

（6）因船舶所有人、经理人、租船人经营破产或不履行债务造成的损失或费用。

（7）因使用任何原子武器或热核武器造成的损失或费用。

2. 不适航、不适货除外责任

所谓不适航、不适货除外责任，是指保险标的在装船时，如被保险人或其受雇人已经知道船舶不适航，以及船舶、装运工具、集装箱等不适货，保险人不负赔偿责任。

3. 战争除外责任

（1）因内战、战争、敌对行为等造成的损失或费用。

（2）因拘留、捕获、扣留等（海盗行为除外）造成的损失或费用。

（3）因遗弃的水雷、鱼雷、炸弹或其他遗弃的战争武器等造成的损失或费用。

4. 罢工除外责任

（1）因罢工或被迫停工造成的损失或费用。

（2）因罢工者、被迫停工工人等造成的损失或费用。

（3）任何恐怖主义者或出于政治动机而行动的人导致的损失或费用。

（三）保险期限

关于ICC（A）的保险期限，《协会货物保险条款》规定如下：

（1）本保险责任自货物运离保险单所载明的起运地仓库或储存处所开始运输起生效，包括正常运输过程，直至运到下述地点时终止：

①保险单所载明的目的地收货人或其他最后仓库或储存处所。

②在保险单所载明目的地或目的地的任何其他仓库或储存处所，由被保险人选择用作在正常运输过程之外储存货物、分配或分派货物。

③被保险货物在最后卸载港全部卸离海轮后满60天为止。

以上各项以先发生者为准。

（2）如货物在本保险责任终止前于最后卸载港卸离海轮，需转运到非保险单载明的其他目的地时，保险责任仍按上述规定终止，但以该项货物开始转运时终止。

从以上规定可以看出，ICC（A）的保险期限原则上采用的是“仓至仓”条款。

二、协会货物（B）险条款

（一）承保范围

协会货物（B）险条款（Institute Cargo Clauses（B），ICC（B））的承保责任范围相当于中国人民保险公司所规定的水渍险。采用“列明风险”的方式，凡属承保责任范围内的损失，无论是全损还是部分损失，保险人均按受损程度给予赔偿。

ICC（B）承保的风险是：爆炸、火灾；船舶或驳船搁浅、触礁、沉没或倾覆；陆上运输工具倾覆或出轨；船舶、驳船或运输工具同除水以外的任何外界物体碰撞；在避难港卸货；火山爆发、地震、雷电；共同海损牺牲；抛货；浪击落海；海水、湖水或河水进入船舶、驳船、运输工具、集装箱、大型海运箱或储存处所；货物在装卸时落海或跌落，造成整件全损。

（二）除外责任

ICC（B）险与ICC（A）险的除外责任大体相同，仅有两点区别：一是在（A）险中只对被保险人的故意行为所造成的损失、费用不负责赔偿，但对被保险人以外的任何人的故意行为所造成的损失、费用负责赔偿；而在（B）险中保险人对故意行为所致损失、费用都不负责赔偿。二是在（A）险中“海盗行为”属于承保范围内的责任，而在（B）险中该风险属于除外责任。

（三）保险期限

同ICC（A）。

三、协会货物（C）险条款

（一）承保范围

协会货物（C）险条款（Institute Cargo Clauses（C），ICC（C））的承保风险要小于ICC（A）险和ICC（B）险，它采用“列明风险”的方式，不承保自然灾害及非重大意外事故的风险，仅承保重大意外的风险。

ICC（C）承保的风险是：爆炸、火灾；船舶或驳船搁浅、触礁、沉没或倾覆；陆上运输工具倾覆或出轨；船舶、驳船或运输工具同除水以外的任何外界物体碰撞；在避难港卸货；共同海损牺牲；抛货。

（二）除外责任

ICC（C）险的除外责任与ICC（B）险完全相同。

（三）保险期限

同ICC（A）。

四、协会战争险条款（货物）

（一）承保范围

（1）战争、内战、革命、造反、叛乱或因此引起的内乱或任何交战方之间的敌对行为。

（2）由上述第（1）款承保的风险引起的捕获、扣押、扣留或羁押以及此种行为结果或任何进行此种行为的企图。

（3）被遗弃的水雷、鱼雷、炸弹或其他被遗弃战争武器。

（4）根据运输合同、准据法和惯例理算或确定的共同海损和救助费用。

（二）除外责任

1. 一般除外责任

（1）被保险人的蓄意恶性的损失、损害或费用。

（2）保险标的的通常渗漏、重量或体积的正常损耗、自然磨损。

（3）保险标的的包装或准备不足或不当引起的损失、损害或费用（本条所称“包装”应视为包括集装箱或托盘内的积载，但仅适用于此种积载是在本保险责任开始前进行或是由被保险人或其雇员进行之时）。

（4）保险标的固有缺陷或性质引起的损失、损害或费用。

（5）直接由延迟引起的损失、损害或费用，即使该延迟是由承保风险引起的（但根据上述承保范围第（4）款支付的费用除外）。

（6）因船舶的所有人、经理人、承租人或经营人的破产或经济困境产生的损失、损害或费用。

（7）基于航程或冒险的损失或受阻的任何索赔。

（8）因敌对性使用任何原子或核裂变、聚变或其类似反应或放射性作用或物质所制造的战争武器产生的损失、损害或费用。

2. 不适航和不适运除外责任

（1）本保险在任何情况下对下列原因引起的损失、损害或费用不负赔偿责任：船舶或驳船不适航；船舶、驳船、运输工具、集装箱或托盘对保险标的的安全运输不适合。

（2）保险人放弃载运保险标的到目的港的船舶不得违反默示适航或适运保证，除非被保险人或其雇员知道此种不适航或不适运的情况。

（三）保险期限

《协会货物保险条款》规定，协会战争险的保险期限于保险标的装上海船开始，于保险标的在最后卸货港或地点卸离海船时为止，或者自船舶到达最后卸货港或地点当日午夜算起满15天。二者以先发生者为准。

五、协会罢工险条款（货物）

（一）承保范围

（1）罢工者、被迫停工工人或参与工潮、暴乱或民变的人员的行动所致的直接损失。

（2）恐怖分子或出于政治动机的人员的行为所致的直接损失。

（3）上述行动或行为所引起的共同海损和救助费用。

（二）除外责任

协会罢工险条款（货物）中的除外责任与我国《海洋货物运输保险条款》中的罢工险的除外责任基本一致。

（三）保险期限

罢工险的保险责任起讫的规定与其他海运货物保险的险别一样，采取“仓至仓”条款。

六、恶意损害险条款

恶意损害险承保被保险人以外的其他人的故意破坏行动所致被保险货物的灭失或损坏。但是，如果是出于政治动机的人员的恶意损害行动，就不属于恶意损害险的承保范围，而应属于罢工险的承保范围。

任务五　其他运输方式的保险条款

一、陆上货物运输保险

根据 1981 年《中国人民财产保险股份有限公司陆上运输货物保险条款》的规定，陆上货物运输保险的承保对象是火车和汽车运输的货物。

（一）保险责任

本保险分为陆运险和陆运一切险两种。

1. 陆运险

其保险责任范围是：

（1）保险人负责赔偿被保险货物在运输途中遭受暴风、雷电、洪水、地震等自然灾害或由于运输工具遭受碰撞、倾覆、出轨或在驳运过程中因驳运工具遭受搁浅、触礁、沉没、碰撞，或由于遭受隧道坍塌、崖崩或失火、爆炸等意外事故造成的全部损失或部分损失。

（2）被保险人对遭受承保责任内危险的货物采取抢救、防止或减少货损的措施而支付的合理费用，但以不超过该被救货物的保险金额为限。

2. 陆运一切险

陆运一切险的保险责任范围除了陆运险的责任外，保险人还负责被保险货物在运输途中由于外来原因所致的全部损失或部分损失。

（二）除外责任

陆运险对于下列损失不负赔偿责任：

（1）被保险人的故意行为或过失所造成的损失。

（2）属于发货人责任所引起的损失。

（3）在保险责任开始前，被保险货物已经存在的品质不良或数量短差所造成的损失。

（4）被保险货物的自然损耗、本质缺陷、特性以及市价跌落、运输延迟所引起的损失和费用。

（5）陆上货物运输战争险条款和货物运输罢工险条款规定的责任范围和除外责任。

（三）责任起讫

陆上货物运输保险的责任起讫采用“仓至仓”条款的规定。保险合同自被保险货物运离保险单所载明的起运地仓库或储存处所时生效，包括正常运输过程中的陆上和与陆上有关的水上驳运在内，直至该项货物运达保险单所载的目的地收货人的最后仓库和储存处所，或被保险人用作分配、分派的其他储存处所为止。如未运抵上述仓库或储存处所，则以被保险货物运抵最后卸载的车站满 60 天为止。

（四）索赔时效

本保险索赔时效，从被保险货物在最后目的地车站全部卸离车辆后开始计算，最多不超过两年。

二、航空货物运输保险

（一）保险责任

以《中国人民财产保险股份有限公司航空运输货物保险条款》规定为例，航空货物运输保险分为航空运输险和航空运输一切险两种。被保险货物遭受损失时，本保险按保险单上订明承保险别的条款负赔偿责任。

1. 航空运输险

其保险责任范围是：

（1）被保险货物在运输途中遭受雷电、火灾、爆炸或由于飞机遭受恶劣气候或其他危难事故而被抛弃，或由于飞机遭受碰撞、倾覆、坠落或失踪、意外事故所造成的全部或部分损失。

（2）被保险人对遭受承保责任内危险的货物采取抢救、防止或减少货损的措施而支付的合理费用，但以不超过该批被救货物的保险金额为限。

2. 航空运输一切险

航空运输一切险除包括航空运输险的全部责任外，保险人还负责被保险货物由于外来原因所致的全部或部分损失。

（二）除外责任

同陆上运输货物保险条款。

（三）责任起讫

航空货物运输保险的责任起讫也采用“仓至仓”条款的规定。根据航空货物运输保险的特点，其责任起讫规定为：自被保险货物运离保险单所载明的起运地仓库或储存处所开始运输时生效，包括正常运输过程中的运输工具在内，直至该项货物运抵保险单所载目的地收货人的最后仓库或储存处所或被保险人用作分配、分派或非正常运输的其他储存处所为止。如未运抵上述仓库或储存处所，则以被保险货物在最后卸载地卸离飞机后满30天为止。如在上述30天内，被保险货物需转送到非保险单所载明的目的地时，则以该项货物开始转运时终止。在非正常运输情况下，保险期限除了30天的规定以外，其他与海上货物运输保险的规定相同。

（四）索赔时效

本保险索赔时效，从被保险货物在最后卸载地卸离飞机起开始计算，最多不超过两年。

三、邮包运输保险

邮包运输保险承保的是邮包通过海、陆、空三种运输工具在运输途中由于自然灾害、意外事故或外来原因所造成的包裹内物件的损失。

（一）保险责任

根据《中国人民保险公司邮包保险条款》的规定，邮包运输保险分为邮包险和邮包一切险。

1. 邮包险

其保险责任范围是：

（1）被保险邮包在运输途中由于恶劣气候、雷电、海啸、地震、洪水、自然灾害或由于运输工具遭受搁浅、触礁、沉没、碰撞、倾覆、出轨、坠落、失踪，以及由于失火、爆炸、意外事故所造成的全部或部分损失。

（2）被保险人对遭受承保责任内危险的货物采取抢救、防止或减少货损的措施而支付的合理费用，但以不超过该批被保货物的保险金额为限。

2. 邮包一切险

除包括上述邮包险的保险责任外，保险人还负责被保险邮包在运输途中由于外来原因所致的全部或部分损失。

（二）除外责任

同陆上货物运输保险条款。

（三）责任起讫

邮包运输保险的保险责任自被保险邮包离开保险单所载起运地点寄件人的处所开始生效，至该项邮包运抵保险单所载目的地起算满15天为止。但在此期限内邮包一经递交至收件人的处所时，保险责任即行终止。

（四）索赔时效

邮包运输保险索赔时效，从被保险邮包递交收件人时起算，最多不超过两年。

任务六　货物运输保险实务

在国际贸易中，无论进口货物还是出口货物，通常都需要办理保险。为了明确交易双方的保险责任，通常都会订立保险条款。

一、确定保险险别

保险人承担的保险责任是以险别为依据的。对保险险别的选择，一般应考虑多种因素，如货物的性质和特点、包装、运输季节、运输路线等。但是投保什么险别，买卖双方要事先约定。如果事先没有约定，按照惯例，卖方可按最低险别投保。

如果按FOB条件成交，运输途中的风险由买方承保，保险费由买方负担。如果按CIF或CIP条件成交，运输途中的风险应由买方承保，但一般保险费则约定由卖方负担，因价格中包括保险费，但在CIF或CIP货价中，一般不包括战争险、罢工险等特殊附加险的费用，如果买方要求加保战争险、罢工险等特殊附加险，费用应由买方承担。

二、确定保险金额

保险金额是保险人承担赔偿或者给付保险责任的最高限额，也是保险人计收保险费的基础。

1. 确定保险价值

海上货物运输保险一般为定值保险，以当事人所持有的保险利益为限，以约定保险价值作为保险金额。保险价值的估计，通常是以货物价值、预付运费、保险费、其他费用及预期利润的总和作为计算标准的。保险金额由保险人与被保险人约定，保险金额不得超过保险价值；超过保险价值的，超过部分无效。

2. 计算

在国际贸易实务中，由于国际贸易价格条件不同，保险金额的计算也不同。如以

CIF 或 CIP 价值作为保险金额，在货物发生损失时，被保险人已支付的经营费用和本来可以获得的预期利润，仍无法从保险公司获得补偿。因此，各国保险法及国际贸易惯例都允许进出口货物运输保险的保险金额可在 CIF 或 CIP 货价基础上加成一定百分比。如果合同对此未作规定，按《2000 年通则》和《跟单信用证统一惯例》规定，卖方有义务按 CIF 或 CIP 的价格的总值另加 10% 作为保险金额。如果买方要求按较高金额投保，而保险公司也同意承保，卖方也可接受，但因此而增加的保险费在原则上应由买方承担。

（1）CIF 价格条件下保险金额的计算。

$$保险金额 = CIF价格 \times (1 + 加成率)$$

[例 6－1] 某出口商品的 CIF 价格为 1 000 美元，加成 10% 投保，则保险金额为：

$$保险金额 = 1\,000 \times (1 + 10\%) = 1\,100(美元)$$

（2）CFR 价格条件下保险金额的计算。

CFR，即成本加运费价格条件，又称离岸加运费价格条件。CFR 价格换算成 CIF 价格的计算公式是：

$$CIF = CFR / [1 - (1 + 加成率) \times 保险费率]$$

[例 6－2] 某商品出口到伦敦，定价为 CFR 伦敦每公斤 1 100 元，保险费率为 0.8%，加成 10%，则该批货物的 CIF 报价为：

$$CIF = 1\,100 / [1 - (1 + 10\%) \times 0.8\%] = 1\,109.77(元)$$

如果货物按 CFR 价格成交，买方要按 CIF 价格加成 10% 办理保险，可用下列公式直接用 CFR 价格计算保险金额。

$$保险金额 = CFR / [1 - (1 + 加成率) \times 保险费率] \times (1 + 加成率)$$

按上例，该批货物的保险金额为：

$$保险金额 = 1\,100 / [1 - (1 + 10\%) \times 0.8\%] \times (1 + 10\%) = 1\,220.75(元)$$

在实务中，为简化计算程序，中国人民保险公司制定了一份保险费率常用表，将 CFR（或 CPT）价格直接乘以表内所列常项，便可算出 CIF（或 CIP）价格。

（3）FOB 价格条件下保险金额的计算。

FOB 价格又称离岸价格，即装运港船上交货价格，是指卖方在约定的装运港将货物交到买方指定的船上，卖方负责办理出口手续，买方负责派船接运货物，买卖双方费用和风险的划分，以装运港船舷为界。按照国际惯例，在 FOB 价格条件下，买卖双方各自所负担的费用和风险是以装船前后来划分的。一般按 FOB 价格条件成交的货物，都明确规定由买方办理海上货物运输保险。但买方办理的保险是自货物在起运港越过船舷之后生效的，保险公司对买方所负的赔偿责任仅限于货物上船后由承保危险所造成的损失。对于货物从发货人仓库运到装船码头未装船之前这一期间的损失，买方因为尚未承担货物的风险，也就不能向保险公司索赔。因此，这一期间的风险，卖方应自行办理保险。

同样，以 FOB 价格成交的货物，其投保金额也以 CIF 价格加成一定百分比，如 10% 为计算基础，因此在计算保险金额时也要将 FOB 价格换算成 CIF 价格，换算办法与 CFR 价格换算成 CIF 价格相同。

三、办理投保和交付保险费

按 CIF 或 CIP 条件成交的出口货物，保险由我方办理。我国出口货物的投保采用逐笔向保险公司办理的方式，由投保人向保险公司逐笔填写投保单，具体列明被保险人名称，被保险货物的名称、数量、包装及标志，保险金额、起讫地点、运输工具名称、起航日期、投保险别，送交保险公司投保并交付保险费。投保人交付保险费，是保险合同生效的前提条件。保险费率是计算保险费的依据。目前，我国出口货物保险费率按照不同商品、不同目的地、不同运输工具和不同险别分别制定为“一般货物费率”和“指名货物加费费率”两大类，前者适用于所有的货物，后者仅适用于特别指明的货物。

按 FOB、FCA、CFR 和 CPT 条件成交的进口货物，均由买方办理保险。为了简化投保手续和防止出现漏保或来不及办理投保等情况，我国进口货物一般采取预约保险的做法。各个贸易公司同中国人民财产保险公司签订有海运、空运、邮运、陆运等不同运输方式的进口预约保险合同。按照预约保险合同的规定，各外贸公司对每批进口货物，无须填制投保单，而仅以国外的装运通知代替投保单，视为办理了投保手续，保险公司则对该批货物自动承保。进口货物保险费率有进口货物保险费率和特约费率两种。

保险公司向投保人收取的保险费按下列方法计算：

$$保险费 = 保险金额 \times 保险费率$$

如果是按 CIF 或 CIP 加成投保，上述公式可改为：

$$保险费 = CIF或CIP价 \times (1 + 投保加成率) \times 保险费率$$

四、取得保险单据

保险单据是保险人与被保险人之间订立保险合同的证明文件，也是被保险人向保险人索赔和保险人理赔的主要依据。

在国际贸易中，保险单据主要有以下几种：

（一）保险单

保险单俗称大保单，是保险人根据投保人的申请逐笔签发的，是使用最广的一种保险单据。货运保险的保险单是承保一个指定航程内某一批货物的运输保险的单据。它具有法律上的效力，对双方当事人均有约束力。

保险单的内容包括正面和背面内容。根据规定，正面内容主要包括：被保险人名称、标记、包装及数量、货物名称、保险金额、船名或装运工具、开航日期、航程、保险险别、赔款地点、投保日期等。背面有保险人的责任范围以及保险人和被保险人的权利和义务等方面的详细条款。

保险单可转让，通常是被保险人向银行进行押汇的单证之一。在 CIF 合同中，保险单是卖方必须向买方提供的单据。

（二）保险凭证

保险凭证又称小保单，是保险人签发给被保险人，证明货物已经投保和保险合同已经生效的文件。它是一种简化的保险合同。这种凭证只有正面有内容，而背面没有有关双方权利和义务的详细条款。其中凭证上未列明的内容以保险单内容为准，但如有抵触，以保险凭证为准。保险凭证具有与保险单同等的效力，但在信用证规定提交保险单时，一般不能以保险凭证替代保险单。

（三）联合保险凭证

联合保险凭证，亦称联合发票，是一种发票和保险相结合的比保险单更为简化的保险单证。保险公司将承保的险别、保险金额以及保险编号加注在投保人的发票上，并加盖印戳，其他项目均以发票上列明的为准。这种凭证只有我国采用，也仅适用于对我国港澳地区中资银行的信用证项下的出口业务，且不能转让。

（四）预约保险单

预约保险单又称预约保险合同，它是被保险人与保险人之间订立的合同。订立这种合同的目的是简化保险手续，又可使货物一经起运即可取得保障。合同中规定承保货物的范围、险别、费率、责任、赔款处理等条款，凡属合同约定的运输货物，在合同有效期内自动承保。

这种预约保险单适用于我国进口货物的保险。

五、保险索赔

保险索赔是指当被保险人的货物遭受承保责任范围内损失时，被保险人向保险人提出的索赔要求。

在索赔工作中，被保险人通常应做好以下工作：

（一）损失通知

当被保险人获悉或发现被保险的货物已遭损失，应立即通知保险公司或保险单上所载明的保险公司在当地的检验、理赔代理人，并申请检验。

（二）向承运人等有关方面索取货损货差证明

被保险人或其代理人在提货时发现被保险的货物整件短少或有明显残损痕迹，除向保险公司报损外，还应立即向承运人或有关当局索取货损货差证明。

（三）采取合理的施救、整理措施

被保险货物受损后，被保险人应迅速对受损货物采取必要合理的施救、整理措施，防止损失的扩大。被保险人收到保险公司发出的有关采取防止或者减少损失的合理措施的特别通知的，应按照保险公司的通知要求处理。因抢救、阻止、减少货物损失而支付的合理费用，保险公司负责补偿。

（四）备妥索赔单证，在规定时效内提出索赔

保险索赔时，除应提供检验报告外，通常还须提供其他的单证，包括：保险单或保险凭证正本；运输单据，包括海运单、海运提单等；发票；装箱单或重量单；向承运人等第三者责任方请求赔偿的函电及其他必要的单证或文件；货损货差证明；海事报告摘录；列明索赔金额及计算依据，以及有关费用的项目和用途的索赔清单。

知识扩展：
英汉短语集萃

根据国际惯例，保险索赔或诉讼的时效为自货物在最后卸货地卸离运输工具时起算，最多不超过两年。

项目六
任务训练

参考答案

实训四：保险费计算及
相关案例分析

项目七　国际贸易货款的支付

项目导语

根据各国法律和《联合国国际货物销售合同公约》，按照合同规定支付货款是买方的基本义务，收取货款则是卖方的主要权利。货款的收付直接影响双方的资金周转和融通，以及各种金融风险和费用的负担，这是关系买卖双方利益的问题。在一笔交易中，有关支付时间、地点和支付货币的选择和确定过程，也就是双方根据各自的贸易政策、市场地位、经营意图，通过磋商谈判，采用各种方式，就这些矛盾进行调整、妥协而达到统一的过程。这就决定了国际贸易货款支付方式的多样性。随着国际贸易和国际信用制度的发展，国际市场在长期实践的基础上，逐渐形成了一些被人们习惯采用的，由不同的支付时间、地点和途径组成的支付方式。例如，汇付、托收、信用证等。这些支付方式的出现，都从不同的角度，在不同程度上，解决了买卖双方之间在支付问题上的矛盾，促进了国际贸易的进一步发展。

知识目标：

- 了解国际结算的方式和特点
- 熟悉国际货物销售合同中常用的支付方式，特别是信用证支付方式
- 正确理解各种支付方式的风险程度和利弊

能力目标：

- 掌握本项目各种支付方式的专业术语
- 能够翻译各类型托收和信用证的支付条款
- 学会在不同的条件下选择适当的支付方式

素质目标：

- 诚信教育
- 安全支付意识教育
- 深刻理解习近平新时代中国特色社会主义思想

案例（任务）导入

案例（任务）描述：

2010年6月20日，某省包装进出口公司到×银行申请开出以美国出口商为受益人的信用证。信用证规定最迟装船期为当年的6月30日，6月27日该公司收到美国客户的通知，指责其迟开信用证，买方违约，要求撤销合同。因为买卖双方在合同中规定："信用证必须在装运日前也即在6月份以前开到卖方，信用证的有效期应为装船期后15天在上述装运口岸到期，否则卖方有权取消本售货合同并保留因此而发生的一切损失的索赔权。"经过双方协商，出口商坚持以进口商迟开信用证为由拒绝出货，并要求撤销信用证，鉴于此时市场行情上涨，进口公司因担心进口货物落空而撤销国内售货合同，从而导致企业生产损失更大，不得不用更高的价格买进货物。

任务一　支付工具

在国际贸易中，主要的支付工具是货币和票据。前者用于计价、结算和支付，后者用于结算和支付。

货币（Currency）

国际贸易中使用的货币属于外汇的范畴，一般有三种情况，即使用进口国的货币、出口国的货币或第三国的货币，必须充分考虑货币本身的兑换性和稳定性。这就要求我们做好调查研究，了解各国外汇的管理情况和币值变动趋势。由于对外贸易一般买卖的都是期货，自合同签订至履约结汇，需要有一定时间。在此期间，用来计价和结算的外国货币的汇价在浮动汇率情况下，随时都会发生变动，有时甚至是重大的变动。

因此，如果能在出口方面，采用一些比较稳定或趋于上浮的货币，在进口方面争取用地位相对疲软的外币，则对我方是比较有利的。有时，在对外成交时会出现不得不在进口时使用硬币（Hard Currency），在出口时使用软币（Weak Currency）的情况。

一、票据概述

票据（Bill）是商品经济发展到一定阶段的产物，是社会经济生活中的重要支付手段。商品经济越发达就越需要运用票据作媒介，来应付大量频繁的经济活动和清偿彼此之间的债权债务；而票据使用和流通的发展，反过来又推动和促进了商品经济的发展。票据是以支付金钱为目的的证券，是由出票人签名于票据上，约定由自己或另一人无条件地支付确定金额的可流通转让的证券。

票据具有四个特性：流通性、无因性、文义性和要式性。正因为票据具备了这四个特性，才能减少票据纠纷，保证票据的顺利流通，才能更好地发挥票据在经济活动中的汇兑、支付和信用工具的功能。目前，在国际货款结算中，基本上都采用票据作为结算工具，现金结算在结算总额中仅占极小的比重，而且仅限于小量的交易。

二、票据的当事人

票据有三个基本当事人，即出票人、付款人和收款人，在流通过程中又产生了流通关系人如背书人、承兑人、持票人等，每个关系人在票据上签名之后，即对票据的正当持有人负有付款或担保付款的责任。

（一）出票人

出票人（Drawer）指签发票据的人，票据一经签发并交付，出票人即对收款人及正当持票人承担担保票据在提示时受票人付款和承兑之责任。如果票据遭到拒付，只要持票人或被迫付款的任何背书人按照法定程序向其追偿时，出票人应承担偿还票款的责任。

（二）付款人

付款人（Drawee）即受票人，指根据出票人的命令支付票款的人或票据开具的当事人。受票人对票据承担的付款责任不是法定的，但是票据一经受票人承兑，则该受票人即承担到期支付的法律责任。

（三）收款人

收款人（Payee）即受款人，指收取票款的人，是票据的主要债权人。收款人有权向付款人要求付款和承兑，如遭拒付则有权向出票人追索。如果票据经过转让，同样承担担保票据的付款人付款或承兑的责任。

（四）承兑人

承兑人（Accepter）指付款人接受出票命令并在票据正面签字确认，这时付款人就成为承兑人。承兑人一经承兑，则承兑人就成为票据的主债务人，出票人退居从债务人的地位。

（五）背书人

当收款人或持票人为了将票据转让给他人而在票据背面签名，这时收款人或持票人就成为背书人（Endorser/Indorser）。背书人对继他之后成为票据当事人的各有关方以及持票人承担责任。如果受票人（或承兑人）拒付，背书人应承担付款责任，并担保其前手背书是真实的。背书人是被背书人的前手，被背书人（受人）（Endorsee/Indorsee）或持票人则是背书人的后手。票据可以连续转让，被背书人可以在票据上再加背书而转让，依此类推。

（六）持票人

持票人（Holder）指票据占有人，即票据的收款人、被背书人或持票人。只有持票人才能向付款人或其他票据债务人要求履行票据所规定的义务。

（七）正当持票人

正当持票人（Holder in Due Course），又称善意持票人（Bona Fide Holder），指票据的合法持有人，意即该人已经支付了与票据所列金额相等的动产或不动产，并凭以获得一张与他付出“对价”等值的表面完整、合格的票据。他未发现这张票据曾被退票，也未曾发现其前手在权利方面有任何缺陷。正当持票人的权利优于前手。

三、国际贸易结算使用的主要票据

票据可分为汇票、本票和支票三种，在国际货款结算中，主要使用汇票，有时也使用本票和支票。

（一）汇票（Bill of Exchange，Draft）

作为国际结算中的一个主要组成成分，国际贸易货款的支付一般也是利用汇票这种支付凭据，通过银行进行的。我国在对外贸易中也大量地使用汇票作为支付凭据。

1. 汇票的含义

汇票是一种债权证书，它是由一个人向另一个人签发的无条件的书面支付命令。它要求对方立即或者在一定时间之内，对某人或其指定的人或持票人，支付一定的金额。

2. 汇票的基本内容

（1）汇票的当事人。

①出票人（Drawer）——就是开出汇票的人，在进出口业务中，通常就是出口人。

②受票人（Drawee）——就是汇票的付款人（Payer），在进出口业务中通常就是进口人或其指定的银行。

③受款人（Payee）——就是受领汇票所规定的金额的人，在进出口业务中，通常就是出口人或其指定的人。在资本主义国家，由于汇票可以自由转让，所以汇票的受款人也可能是与原来的进出口交易毫无关系的第三者。

（2）金额和货币。

汇票必须明确具体地规定受票人应付的金额，并注明使用的货币。在国际贸易中，汇票的金额原则上应在合同或信用证金额的范围内，如无特殊规定，其具体金额和货币一般必须与发票金额和货币一致，否则受票人有权拒付。

（3）付款时间。

汇票还需规定明确的付款时间，如“见票即付”“见票后30天付款”等。根据资本主义国家法律的规定，付款日期不肯定的汇票不是汇票。例如，在汇票上规定“见票后”或者“船只到达××时”付款，都是无效的。

（4）出票和付款地点。

汇票一般应注明开票和付款地点，分别以汇票上所列的出票人和受票人的所在地表示，根据有的国家法律的解释，受票人对未注明付款地的汇票可提出付款地点。

(5) 出票人签字。

应当指出，上述只是汇票的基本内容，一般是构成汇票的要项，但并不是全部要项。按照资本主义国家法律的规定，汇票的要项必须齐备，否则受票人有权拒付。为了慎重起见，我方在出票时，最好在汇票上列明一般要项，如：注明汇票字样、各方当事人、付款金额、货币、时间、地点，并附出票人签字，以免引起不必要的纠纷。

3. 汇票的种类

汇票从不同的角度可分为以下几种：

(1) 商业汇票（Commercial Draft）和银行汇票（Banker's Draft）。

由银行开立的汇票，即为银行汇票，它一般是银行应汇款人的要求，开立以汇入行为付款人的汇票，这种汇票一般由汇款人直接寄交收款人，凭票向汇入行取款。在国际贸易中，凡由出口商签发，向进口商或银行收取货款或其他款项的汇票，都属商业汇票。

(2) 光票（Clean Draft）和跟单汇票（Documentary Draft）。

汇票按流转时是否附有提单、发票、保险单等货运单据，可分为光票和跟单汇票两种。前者是指不附货运单据的汇票，即只凭汇票付款，不附交任何单据。

跟单汇票是指附有货运单据的汇票。其作用在于，出票人必须提交约定的货运单据才能取得货款。受款人必须在付清货款或提供一定保证后，才能取得货运单据，提取货物。由此可见，跟单汇票体现了货款和单据对流的原则，出票人如没有提供单据或所提供的单据不合规定，受票人即无付款责任；反之，受票人如不付款或拒绝接受汇票，即得不到货物所有权凭证——提单及其他货运单据。这对买卖双方来说，都提供了一定的安全保障。所以在国际贸易中，大量使用跟单汇票作为支付工具。

(3) 即期汇票（Sight Draft）和远期汇票（Time Draft）。

汇票按付款时间的不同，分为即期汇票和远期汇票两种。凡汇票上规定见票即付款的称即期汇票；凡汇票上规定付款人在将来一个可确定的日期付款的称远期汇票。

远期汇票付款日期的4种记载方法：

◇ 规定某一个特定日期。

◇ 付款人见票后若干天（at ×× days after sight）。

◇ 出票后若干天（at ×× days after date of draft）。

◇ 运输单据日后若干天（at ×× days after B/L date）。

(4) 商业承兑汇票（Commercial Acceptance Bill）和银行承兑汇票（Banker's Acceptance Bill）。

以工商企业为付款人的远期汇票，经付款人承兑后，称为商业承兑汇票；若工商企业出票而以银行为付款人的远期汇票，经付款银行承兑后，为银行承兑汇票。一张汇票往往可以同时具备几个特征，如一张商业汇票可以同时又是远期的跟单汇票。

4. 汇票的使用

汇票的使用程序随其是即期汇票还是远期汇票而有所不同。即期汇票一般需经过出票、提示和付款几个程序。远期汇票则还需要承兑，如需转让，还要经过背书；如遭拒付，则有追索环节。

(1) 出票 (Draw 或 Issue)。

这是指出票人在汇票上填写付款人、付款金额、付款日期、付款地点以及受款人等项目，签字后交给受款人的行为。汇票上受款人的填写，通常有3种写法：

①限制性抬头。例："仅付××公司" (Pay ×× Co. only)，"付××公司不准转让" (Pay ×× Co. Not Transferable)。这种抬头的汇票不能流通转让。

②指示性抬头。例："付××公司或其指定人" (Pay ×× Co. or order 或 Pay to the order of ×× Co.)。这样的汇票抬头经过背书，可以转让给第三者。

③持票人或来人抬头。例："付给来人" (Pay Bearer)。这种抬头的汇票无须持票人背书，仅凭交付即可转让。

(2) 提示 (Presentation)。

提示是指持票人 (Holder) 将汇票提交付款人，要求承兑和付款的行为。付款人看到汇票叫"见票"。如果是即期汇票，付款人见票后立即付款，若是远期汇票，付款人见票后办理承兑手续，到期才付款。

(3) 承兑 (Acceptance)。

承兑是指付款人对远期汇票表示承担到期付款责任的行为。承兑手续一般由承兑人（付款人）在汇票正面写上"承兑" (Accepted) 字样，注明承兑日期并签名。汇票一经承兑，就不可撤销。承兑后汇票交还持票人留存，到期提示付款。有时也由承兑人保管，在承兑当日发出承兑通知书给正当持票人。

(4) 付款 (Payment)。

付款是指付款人或承兑人向持票人清偿汇票金额。持票人要求付款时也要提示汇票。当付款人付清款额后，持票人在汇票上要记载"收讫"字样并签名交出汇票。汇票上的一切债务责任即告结束。

(5) 背书 (Endorsement)。

背书是转让汇票权利的一种手续。在国际金融市场上，汇票又是一种流通工具，经过背书可以不断地转让下去，在转让之间构成"前手"和"后手"之分。所有的转让人都要承担法律责任。

①空白背书 (Blank Endorsement)，亦称不记名背书：即背书人在汇票背面签名盖章即可，不需写明被背书人。空白背书的汇票凭交付，权利即可转让。

②限制性背书 (Restrictive Endorsement)，即不可转让背书：指背书人对支付给被背书人的指示带有限制性的词语。例如，"仅付××公司" (pay to… Co. only)。凡做成限制性背书的汇票，只能由指定的被背书人凭票取款，而不能再行转让或流通。

③特别背书（Special Endorsement），即记名背书：指背书人除在汇票背面载明背书人的姓名及签章外，还记载被背书人的名称。例如，“付给××银行或其他指定人”（pay... bank order）。对这种特别背书，被背书人可以进一步凭背书交付而将汇票进行转让。

④有条件背书（Conditional Endorsement），指背书人在背书时带有条件，亦即只有在记载条件完成时方可把汇票交给被背书人。例如，“交出××检验检疫证明时付款给××公司或其指定人”（pay to... Co. or order of... upon his delivery of... inspection certificate）。

根据我国《票据法》规定，背书必须记载被背书人的名称，这就表明我国不允许对汇票做不记名背书。

（6）贴现（Discount）。

远期汇票在到期之日，汇票的付款人（即承兑人）才需付款，汇票持有人如果想提前取得票款，可以办理汇票的贴现（Discount），即银行（或其他金融机构）买进未到期的票据（如远期汇票、国库券等），从票面金额中扣除从贴现日至到期日的利息后，将余额付给持票人的一种业务。贴现后余额的计算，公式为：

贴现后余额 = 票面价值 -（票面价值 × 贴现率 × 天数/360）- 有关费用

并非所有的票据均可进行贴现，一般来讲，只有信誉度较高的票据才能贴现，如银行签发的承兑汇票、国家发行的国库券、实力雄厚的企业所发行的债券等。

（7）拒付（Dishonor）。

拒付（Dishonor）也称退票，是指汇票在提示付款或提示承兑时遭到拒绝。值得注意的是汇票的拒付行为不局限于付款人正式表示不付款或不承兑，在付款人或承兑人拒不见票、死亡、宣告破产或因违法被责令停止业务活动等情况下，使得付款在事实上已不可能，也构成拒付。当付款人拒付时，出票人应根据原契约与之进行交涉。

汇票被拒付，持票人除可向承兑人追索外，还有权向所有“前手”（包括出票人）追索。持票人行使追索权时，应将拒付事实书面通知“前手”。一般应请求拒付地的法定公证人或其他有权做拒付证书的机构做出拒付证书（Letter of Protest）。汇票的出票人或背书人为避免承担被追索的责任，可在背书时加注“不受追索”（Without Recourse）字样。但带有这种批注的汇票在市场上很难流通转让。

5. 汇票的其他记载项目

（1）付一不付二。

为防备单据在邮寄途中遗失，一般远洋单据都按两次邮寄。汇票一般一式两联（称为成套汇票），各联具有同等效力，各张内容完全相同，并注明“付一不付二”（pay this first bill of exchange second of the same tenor and date being unpaid to...）和“付二不付一”，表明其中任何一张付款后，其余各联失效。我国港澳地区一次寄单，可只出一联。

（2）付款地点。

付款地点一般为付款人所在地。在付款地发生的付款、承兑、确定到期日、做出拒绝书等票据行为均应适用当地法律。有时出票人也可在金额后写明以何地的货币偿付。

（3）需要时的受托处理人。

汇票以买方为受票人时，在其名称旁记载需要时的受托处理人的名址。需要时的受托处理人又称预备付款人。当汇票遭拒付退票时，持票人可求助于预备付款人，经其同意，可参加承兑，到期参加付款。如：To：ABC Co.，39 Done Street，London.

In case of need refer to

DEF Co.，235 Hund street，London.

（4）担当付款行。

汇票以商号为付款人时，经付款人同意，可写出其账户行作为担当付款行。持票人到期可持经付款人承兑的汇票向担当付款行付款提示。担当付款行亦可由付款人承兑时加列。如：

Accepted

8th Oct.，2009

Payable at

England Bank Ltd.，

London

For

ABC Co.，London

Signature

（5）利息、利率及汇率。

当汇票金额包含利息或汇票以其他货币进行支付时，应列明有关计息利率和折算汇率，以便于明确计算。如有些来证条款要求在汇票上注明开证行自汇票签发日（议付日）起至其转向进口人收回垫款之日止这段时间的利息（Draft to be enforced with the following clause：payable with interest at bank's current rate of interest pertaining to the currency of this bill from the date hereof to the date of payment）尽管开证人与进口人之间的利息结算与出口人无关，出口人仍须按此条款缮制汇票，以符合信用证的要求（一般由银行代办）。

（6）提示期限。

有的汇票上规定提示期限，或规定在指定的日期以前不得提示。

（7）款已收讫（Value Received）。

该栏中要写上商品的总称和件数，为便于查对，最好注上发票号码。

（8）免作退票通知或放弃拒绝证书。

出票人或背书人可在其签名旁记载放弃对持票人的某种要求。如：David—Notice of dishonor excused，意指退票后不必发给他退票通知，或不要做成拒绝证书，即可向他追索，他对汇票仍是负责的。

（9）无追索权。

出票人或背书人为免于在汇票遭拒付后被追索，可在汇票上注明“Without Recourse”字样。

图 7－1 所示为 Bill of Exchange。

BILL OF EXCHANGE

No. N-DF96001

For US$88,629.00 (amount in figure)

HANG ZHOU 15-Jun-09 (place and date of issue)

At *************** sight of this FIRST Bill of exchange(SECOND being unpaid)

pay to BANK OF CHINA HANG ZHOU BRANCH or order the sum of

SAY US DOLLARS EIGHTY EIGHT THOUSAND SIX HUNDRED AND TWENTY NINE ONLY (amount in words)

Value received for 1,200 CARTONS (quantity) of GENUINE FOOTBALL (name of commodity)

Drawn under THE FIRST COMMERCIAL BANK OF ARGENTINA

L/C No. AD-42601 dated 26-Apr.-09

To: AREL ORFEI
15 DE SETIEMBRE 878,7600 MAR DEL PLATA,
BUENOS AIRES, ARGENTINA

For and on behalf of
HANG ZHOU DONGFENG IMP & EXP CORP

(Signature)

图 7－1 Bill of Exchange

（二）本票（Promissory Note）

1. 本票的含义与主要内容

根据我国《票据法》第 37 条规定，本票是出票人签发的，承诺自己在见票时无条件支付确定的金额给收款人或持票人的票据。第 74 条又规定，本票的出票人必须具有支付本票金额的可靠资金来源，并保证支付。

根据《英国票据法》规定，本票是一个人向另一个人签发的，保证于见票时或定期或在可以确定将来的时间，对某人或其指定人或持票人支付一定金额的无条件的书面承诺。简言之，本票是出票人对受款人承诺无条件支付一定金额的票据。

各国票据法对本票内容规定各不相同。我国《票据法》规定，本票必须记载下列事项：

(1) 写明“本票”字样。

(2) 无条件支付承诺。

(3) 受款人。

(4) 出票人签字。

(5) 出票日期和地点。

(6) 付款期限(未载明付款期限者,则该本票应视为见票即付)

(7) 一定金额。

(8) 付款地点(未载明付款地点者,则出票地视为付款地)

本票上未记载上述事项之一的,视为无效。

2. 本票的种类

本票可分为商业本票和银行本票。由工商企业或个人签发的称为商业本票或一般本票,由银行签发的称为银行本票。商业本票有即期和远期之分,银行本票则都是即期的。按我国《票据法》第78条规定,我国允许开立自出票日起,付款期限不超过2个月的银行本票。在国际贸易结算中使用的本票,有的银行发行见票即付、不记载收款人的本票或是来人抬头的本票,它的流通性与纸币相似。银行本票同样须有两位被授权人亲手签名。

3. 本票与汇票的区别

(1) 当事人。汇票有三个基本当事人,即出票人、付款人和收款人;本票(和银行汇票)只有两个基本当事人,即出票人和收款人,因本票和银行汇票的付款人就是出票人自己。

(2) 份数。汇票能够列出一式多份(银行汇票除外);而本票只能一式一份。

(3) 承兑。远期汇票都要经付款人承兑。规定有具体付款日期的汇票经承兑后,就使付款人做了进一步的付款保证;见票后才定付款日期的汇票,只有在承兑后才能把付款到期日定下来;而本票的出票人就是付款人,远期本票由他签发,就等于承诺在本票到期日付款,因此无须承兑。

(4) 责任。汇票在承兑前由出票人负责,承兑后则由承兑人负主要责任,出票人负次要责任;而本票则全部由出票人负责,其出票人是绝对的主债务人。

(三) 支票(Cheque or Check)

1. 支票的含义与主要内容

我国《票据法》第82条规定,支票是出票人签发的,委托办理支票存款业务的银行或者其他金融机构在见票时无条件支付确定金额给收款人或持票人的票据。

按《英国票据法》规定,支票是以银行为付款人的即期汇票,即存款人对银行无条件支付一定金额的委托或命令。出票人在支票上签发一定的金额,要求受票的银行于见票时立即支付一定金额给特定人或持票人。

出票人在签发支票后,应负票据上的责任和法律上的责任。前者是指出票人对收款人担保支票的付款；后者是指出票人签发支票时，应在付款银行存有不低于票面金额的存款。如存款不足，支票持有人在向付款银行提示支票付款时，就会遭到拒付。这种支票叫作空头支票。开出空头支票的出票人要负法律上的责任。

支票必备的项目有：

（1）写明“支票”字样。

（2）无条件支付命令。

（3）付款银行名称。

（4）出票人签字。

（5）出票日期及地点。

（6）付款地点（未载明付款地点，则出票地视为付款地）。

（7）一定金额。

（8）受款人或其指示人。

2. 支票的种类

（1）现金支票和转账支票。

我国《票据法》将支票分为现金支票和转账支票两种。现金支票只能用来提取现金，转账支票则只能通过银行收款入账。一张支票究竟属于现金支票还是转账支票，则需要在支票正面注明。

（2）一般支票和划线支票。

在大多数国家中，支票被分为一般支票和划线支票。一般支票也被称为未被划线的支票，支票的持票人既可以通过银行将票款收入自己的账中，也可以凭票在付款行提取现金。

票面左上角被划上两道平行线的支票就是划线支票。这种支票的持票人不能凭票提取现金，而只能通过银行收款入账。划线支票比一般支票更安全，若支票遗失或被窃，失主可以通过银行查寻票款的下落，然后向冒领者讨还票款。在实际业务中，根据当事人的不同需要，支票既可以由出票人划线，也可以由收款人划线，还可以由代收银行划线。

3. 支票与汇票的区别

（1）支票是存款人对银行签发的无条件支付命令；而汇票则是由出票人对付款人签发的。

（2）支票的付款人是银行；汇票的付款人既可以是银行，也可以是个人或企业。另外，汇票既可以是即期的，也可以是远期的；支票则均为见票即付，但支票的有效期较短，我国《票据法》规定应在支票开出之日起10天内向银行提示，否则，银行不予付款。

（3）支票的用途是结算；汇票的用途除结算外，还可以进行融资。

（4）支票只有一份；汇票可以一式几份。

（5）支票无承兑手续；而远期汇票则需承兑。

任务二　支付方式

国际贸易结算方式主要有三大类，即汇付、托收和信用证。随着信用工具的多样化和银行业务的发展，目前还有与上述三类结算方式相结合的其他结算方式。

国际贸易结算方式按资金的流向和结算工具的传递方向划分，又可分为顺汇和逆汇两大类。

汇付（Remittance）也称汇款，是指汇款人（债务人）将款项主动交给银行，委托银行使用某种工具，汇付给收款人（债权人）的结算方式。汇付方式就属于顺汇的范畴。顺汇的特点是资金的流向与结算工具的传送方向相同。逆汇（Reverse Remittance），是指由债权人以出具票据的方式，委托银行向国外债务人收取款项。逆汇包括银行的托收业务和信用证业务，其特点是结算工具的传送方向与资金的流向相反。

在国际买卖业务中，国际贸易结算方式的付款时间基本有以下三种：预先付款（Payment in Advance）；交单货到时付款（Cash Against Document）；交单货到后付款（Payment Against Delivery）。

一、汇付

1. 汇付的操作

汇付（Remittance），或称汇款，是汇出行（Remitting Bank）应汇款人（Remitter）的要求，以一定的方式，把一定的金额，通过汇入行或付款行（Paying Bank）的国外联行或代理行，付给收款人（Payee，Beneficiary）的一种支付方式。在国际贸易中，当买卖双方采用汇款方式结算债权债务时，这说明双方或由卖方先将货物发运至买方，再由买方付款；或由买方向卖方预先支付款项，然后卖方发货，因而汇款方式是建立在买卖双方相互提供信用基础上的支付方式，属于商业信用的范畴。

2. 汇付的种类

（1）信汇（Mail Transfer，简称 M/T）。

信汇是由买方将款项交给进口地银行，由银行开具付款委托书，通过邮递寄交卖方所在地银行，委托其向卖方付款。在 M/T 方式下，汇出行以信件转托汇入行付款给收款人这种汇付方法，需要一个地区间的邮程时间，一般航程为 7～15 天，具体视地区远近而异，如用快递（Speed Post）可加速至 3～5 天。M/T 需通过银行邮政系统实现，信件委托书可能在邮寄途中遗失或延误而影响收汇，故安全性较差，加上资金在途时间长、操作手续多，这种方式已很少被采用。

（2）电汇（Telegraphic Transfer，简称 T/T）。

电汇是由汇款人委托汇出行用电报、电传、环球银行间金融电信网络（SWIFT）等电信手段发出付款委托通知书给收款人所在地的汇入行，委托它将款项解付给指定的收款人。汇出行在发给汇入行的电报上必须加注密押，以便汇入行核对证实电报的真伪。汇入行收到电报，核对密押无误后，缮制电汇通知书，通知收款人领款。电汇的特点是付款速度快，但费用较高。不过，在实际业务中，如果采用汇付方式付款，则使用电汇方式居多。

（3）票汇（Demand Draft，简称 D/D）。

票汇是由买方向进口地银行购买银行汇票自行邮寄给卖方，由卖方或其指定的人持汇票向出口地有关银行取款。D/D 是由汇款人通过邮寄或自行挟带出国的方式将票据交付给收款人，到期由收款人向付款人提示要求付款，这里作为支付工具的票据可以是汇票、支票，也可以是本票。其中，银行汇票或银行本票用于银行的代客拨款，其出票人和付款人均为银行（可以为同一银行或双方有总、分支行关系或代理关系）；我国采用票汇支付方式时，外贸企业收到进口方寄来的票据后，应将票据交给当地银行，委托其通过付款地分行或代理行代收款，在收到收妥通知后，方可对外发货，以防因国外不法商人伪造票据、出票行破产倒闭、签发空头支票或其他原因收不到票款而蒙受损失。

3. 汇付在国际货物贸易中的具体运用

在国际贸易中以汇付方式结算买卖双方债权债务时，买卖双方基于一方对另一方的信任，提供信用和融资，提供信用方将承担较大的风险。国际贸易中，除对本企业的联号或分支机构和个别极可靠的客户可采用预付货款（Payment in Advance）、货到付款（Cash on Delivery，简称 C. O. D）、随订单付现（Cash with Order，简称 C. W. O）等赊账交易（Open Account Trade，简称 O/A，又称挂账）外，主要用于定金、货款尾款、佣金、费用等的支付；大宗交易使用分期付款或延期付款支付方式时，亦可采用汇付结算。

（1）预付货款的含义（Payment in Advance）。

预付货款是指买方（进口方）将货款的全部或者一部分通过银行汇给卖方（出口方），卖方收到货款后，根据双方事先的约定，立即或在一定时间内将货物运交进口商。这是一种对出口商有利、对进口商不利的结算方式，对出口商来说是预收货款，对进口商来说则是预付货款。实际业务中我们也叫先结后出，多采用电汇（T/T），所以俗称为“先 T/T”。

（2）货到付款的含义（Cash on Delivery）。

货到付款是指出口商先发货、进口商后付款的结算方式，此方式实际属于赊账交易，或延期付款（Deferred Payment）结算。货到付款对买方有利，因为：买方不承担资金风险，货未到或到货不符合合同要求则不付款，在整个交易中买方占据主动地位；

买方常在收到货物一段时间后再付款，无形中占用了卖方资金。货到付款使卖方承担风险，因为：卖方先发货，必然要承担买方不付款的风险；货款常常不能及时收回，卖方资金被占用，从而造成一定损失。

二、托收

1. 托收的含义

按照《托收统一规则》(《Uniform Rules for Collection》ICC Publication No. 522，简称《URC 522》）对托收做了如下定义：托收是指由接到托收指示的银行根据所收到的指示处理金融单据和/或商业单据以便取得付款或承兑，或凭付款或承兑交出商业单据，或凭其他条款或条件交出单据。金融单据（Financial Documents）是指发票、运输单据、物权单据或其他类似单据，或除金融单据以外的其他单据。银行托收的基本做法是：卖方在货物装船并取得装运单据后，根据发票金额主动开立汇票，连同装运单据，交给银行（托收行 Collection Bank)，由银行根据卖方填写的委托申请书规定的条件，通过其国外代理行（Foreign Agent Bank)（或往来行、代收行）向买方收取货款。

2. 托收的当事人及操作流程

(1) 托收的当事人。

①委托人（Principal)，是指委托银行办理托收的人，常为出口方。

②托收行（Remitting Bank)，是指接受委托人委托，办理托收业务的银行，常为出口地银行。

③代收行（Collecting Bank)，是指接受托收行的委托，向付款人收取票款的银行，常为进口地银行。

④提示行（Presenting Bank)，是指将汇票和单据向付款人提示的银行，常由代收行兼任。

⑤受票人（Drawee)，是指见汇票并付款的当事人，常为进口方。

(2) 跟单托收的操作流程，如图 7－2 所示。

①出口人按合同规定装货后，填写托收申请书，开立即期汇票，连同货运单据交托收行，委托代收货款。

②托收行在审查托收申请书和单据无误后出立回单给出口人，作为接受委托和收到汇票、单据的凭证；根据托收申请书缮制托收委托书连同汇票、货运单据寄交进口地代收行委托代收。

③代收行按照委托书的指示向买方提示汇票与单据。

④进口人验单无误后付清货款。

⑤代收行交单。

⑥代收行办理转账并通知托收行款已收妥。

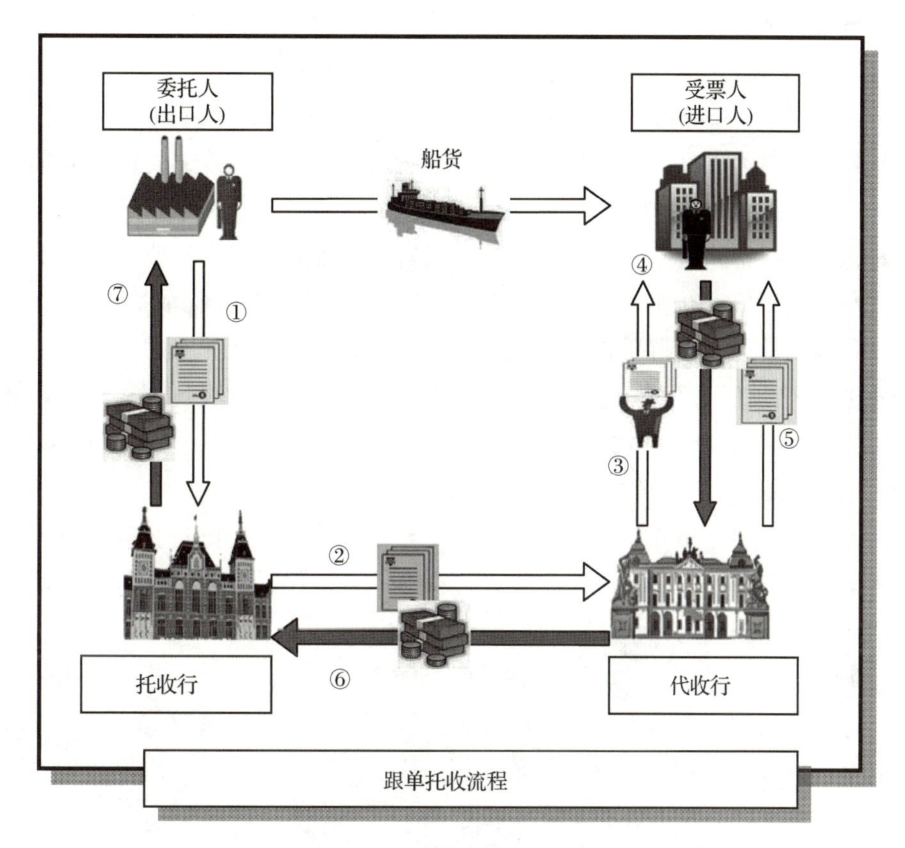

图 7-2 跟单托收操作流程

⑦托收行将货款交给出口人。

3. 托收的种类

托收可根据汇票是否附有货运单据，分为光票托收和跟单托收两种。光票托收一般使用于合同尾数、佣金、样品费等款项的收取，不是主要方式。国际贸易的货款托收一般是应用跟单托收。托收方式根据代收行向进口方交单条件的不同，可分为以下两种：

（1）付款交单（Documents Against Payment，简称 D/P）是指委托人（Principal 卖方）在托收时指示托收行，只有在买方付清货款时才交出单据。在这种方式下，买方只有按照规定付款，才能取得装运单据、转售或领取货物。

付款交单还可分为即期付款交单和远期付款交单两种。

即期付款交单（D/P Sight）是指由卖方开具即期汇票，银行向买方提示，买方见票后即需付款，并在付清货款时领取单据。

远期付款交单（D/P After Sight 或 After Date）是指卖方开具的是远期汇票，通过代收行向买方提示，由买方承兑，待汇票到期时付款赎单。不论是即期付款交单还是远期付款交单，进口人都必须在付清货款之后，才能取得单据、提取或转售货物。在远期付款交单的条件下，如果付款日期和实际到货日期基本一致，仍不失为对买方的一种资金融通，他可以不必在到货之前就提前付款而积压资金。但是如果付款日期晚于到货日期，则买方在没有付清货款以前仍然无法取得货物。

（2）承兑交单（Documents Against Acceptance，简称 D/A）是指代收行的交单以进口方在汇票上承兑为条件，即出口方在装运货物后开具远期汇票，连同商业单据，通过银行向进口方提示，进口方承兑汇票后，代收行即将商业单据交给进口方，在汇票到期时进口方履行付款义务。承兑交单方式只适用于远期汇票的托收。由于承兑交单是进口人只要在汇票上办理承兑之后，即可取得商业单据，凭以提取货物，也就是说，进口方在付款前就可以取得单据，凭以提货，出口人先交出商业单据，其收款的保障完全依赖进口人的信用，一旦进口人到期不付款，出口人便会遭到货物与货款全部落空的损失，因此采用 D/A 方式时应谨慎。

4. 托收方式的特点

（1）商业信用性质：按照《托收统一规则》的规定，银行办理托收业务，只是作为委托人的代理人身份为交易双方提供有偿服务，并不保证买方一定付款，也不保证卖方提供的货运单据一定完整、正确。

（2）出口方的风险大于进口方：在托收方式下，出口方只有在运出货物、取得货运单据后才能向买方要求付款。如果出现买方拒不赎单提货的情况，出口方仍需关心货物的安全，直到货物有了出路（降价、运回或销给他人）为止。所以，采用托收方式收取货款，对卖方有相当大的风险。

（3）进口方的积极性高：在托收方式下，进口方既不承担风险，也不需要预垫资金；在承兑交单条件下，还可以利用出口方的资金进行无本买卖。因此，出口方可利用托收方式作为一种非价格竞争的手段，提高其产品的国际竞争力，并调动进口方的购买积极性。

5. 托收方式下的资金融通

在托收方式下，出口方和进口方可分别采用托收出口押汇和凭信托收据借单两种方式向银行获得融资。

（1）托收出口押汇。

托收出口押汇（Collection Bill Purchased）是出口方按照合同规定发运货物后开出以进口方为付款人的汇票，并连同全套货运单据交托收银行委托收取货款，托收银行即买入跟单汇票及其所附单据，按照汇票金额扣除从付款日（即买入汇票日）至预计收到票款日的利息及手续费，将款项先行付给出口方。托收银行作为汇票的善意持票人，将汇票和单据寄至代收行，并通过其向进口方提示，票款收到后归还托收银行的垫款。托收出口押汇实质上是出口方以代表货物所有权的单据作抵押向托收行贷款。

托收出口押汇对托收行风险较大，在实际业务中，托收行会综合评估贸易双方的资信状况，酌情发放部分汇票金额的货款，例如，70%～80%不等。

（2）凭信托收据。

信托收据（Trust Receipt，T/R）又称进口押汇，是进口方借单时提供的一种书面信用担保文件，用以表示出具人愿意以代收银行的受托人身份代为提货、清关、存仓、保险、出售，同时承认货物的所有权仍属银行。其具体做法是由进口方在承兑汇票后出具信托收据，凭以向代收银行借取货运单据，并提取货物。货物售出后所得货款在汇票到期日偿还代收行，收回信托收据。这种进口押汇与出口方和托收行无关，对代收行有一定的风险。代收行在接受这种借单要求时，通常先审查进口方的资信，并要求提供更多的担保或抵押品。如果在借出货运单据后，发生汇票到期不能收到货款，代收行应对出口方和托收行负全部责任。但如果是出口方主动通过托收行授权办理进口押汇，即“付款交单，凭信托收据借款”（D/P，T/R）则另当别论，一切风险由出口方自负。

6. 托收的合同条款内容

在买卖双方约定通过托收支付货款时，合同的支付条款必须订明托收的种类、付款期限、交单方式和买方承兑汇票的责任以及买卖双方的其他权利和义务。

（1）付款交单（D/P）条款。

①即期付款交单。

买方应凭卖方开具的即期跟单汇票于见票时立即付款，付款后交单（Upon first presentation the Buyers shall pay against documentary draft（s）drawn by the Sellers at sight. The shipping documents are to be delivered against payment only）。

②远期付款交单。

买方对卖方开具的见票后××天付款的跟单汇票，于提示时应即予承兑，并应于汇票到期日即予付款，付款后交单（The Buyers shall duly accept the documentary draft（s）drawn by the Sellers at ×× days sight upon first presentation and make due payment on its maturity. The shipping documents are to be delivered against payment only）。

（2）承兑交单（D/A）条款。

买方对卖方开具的见票后××天付款的跟单汇票，于见票时应即予承兑，并应于汇票到期日即予付款，承兑汇票后交单（The Buyers shall duly accept the documentary draft（s）drawn by the Seller at ×× days sight upon first presentation and make due payment on its maturity. The shipping documents are to be delivered against acceptance of the draft（s））。

任务三　信用证的支付方式

在国际贸易结算方式中，以商业信用为基础的汇付和托收方式，已很难适应各种客户对国际贸易结算的要求，特别是对初次进行交易的贸易双方而言。信用证是 19 世纪发生的一次国际贸易支付方式上的革命。这种支付方式首次使不在交货现场的买卖双方在履行合同时处于同等地位，在一定程度上使他们重新找回了“一手交钱，一手交货”的现场交易所具有的安全感，解决了双方互不信任的矛盾。具体来讲，信用证支付方式，由银行出面担保，只要卖方按合同规定交货，就可拿到货款，而买方又无须在卖方履行合同规定的交货义务前支付货款。信用证是有条件的银行担保，是银行（开证行）应买方（申请人）的要求和指示保证立即或将来某一时间内付给卖方（受益人）一笔款项。卖方得到这笔钱的条件是向银行（议付行）提交信用证中规定的单据。

在国际贸易结算中，这种支付方式已有近百年的历史，长期以来一直处于国际结算方式的主导地位。当今，信用证结算方式在国际贸易领域中占有极其重要的位置，尤其在我国外贸企业的对外贸易中，其使用率高达80%~90%，而且在今后相当长的一个时期内，凭信用证付款仍是我国外贸企业首选的支付方式。

一、信用证的含义和内容

1. 信用证的含义

信用证（Letter of Credit，简称L/C）是进口方银行（开证行）开立的，授权出口方（受益人）按规定条款在装货后提交汇票（有的不用汇票）及有关单据，并由该行承担付款责任的一种信用凭证。信用证是当前国际贸易中的一种主要支付方式。

国际商会《跟单信用证统一惯例》（以下简称《UCP 600》）对跟单信用证做了定义：就本惯例的条文而言，跟单信用证和备用信用证（以下简称信用证），不论其如何命名或描述，意指一项约定，根据此约定，一家银行（开证行）应客户（申请人）的要求和指示，或为其自身行事，在符合信用证条款的条件下，凭规定的单据，向第三人（受益人）或其指定人付款或承兑并支付受益人出具的汇票；或授权另一家银行进行该项付款，承兑并支付该汇票，或授权另一家银行议付。

2. 信用证的主要当事人

信用证业务涉及申请人、开证行和受益人等三个基本当事人以及与信用证有关的通知行、议付行、付款行、偿付行和保兑行等其他当事人。

（1）开证申请人（Applicant）：向银行申请开立信用证的人，通常为进口方。

（2）开证行（Issuing Bank）：接受申请人委托开立信用证的银行，开证行承担保证付款的责任。开证行一般是进口方所在地银行。

（3）受益人（Beneficiary）：信用证指定的有权使用该证的人，即出口方或实际供货人。

（4）通知行（Advising Bank）：指接受开证行的委托，将信用证转交出口方的银行。它只证明信用证的真实性，并不承担其他义务。通知行一般是出口方所在地银行。

（5）议付行（Negotiating Bank）：指愿意买入受益人交来跟单汇票的银行。它可以是指定银行，也可以是非指定银行，由信用证的条款来决定。

（6）付款行（Paying Bank）：即信用证上指定付款的银行。付款行通常是汇票的受票人，故也称受票行（Drawee Bank）。开证行一般兼为付款行，但付款行也可以是开证行指定代为付款的另一家银行，根据信用证条款来决定。付款行如同一般的汇票受票人，一经付款，对收款人无追索权。故付款行的付款是终局性的。

（7）偿付行（Reimbursing Bank）：又称清算行（Clearing Bank），是指受开证行指示或授权，对有关议付行的索偿予以照付的银行。它是开证行的偿付代理人，有开证行的存款账户。此偿付不视作开证行终局性的付款。偿付行并不审核单据．不负单证不符之责，偿付费由开证行承担。

（8）保兑行（Confirming Bank）：指应开证行请求在信用证上加具保兑的银行，它具有与开证行相同的责任和地位。保兑行对受益人独立负责，承担必须付款或议付的责任。在已经付款或议付后，无论开证行倒闭或无理拒付，都不能向受益人追索。保兑行通常由通知行兼任，也可由其他银行加具保兑。

3. 信用证基本内容

信用证的内容随不同交易的需要而定，各开证行习惯使用的格式也各不相同，这就使得信用证形式纷杂，处理费事，而且容易引起误解，影响业务的顺利进行。有鉴于此，国际商会曾先后设计并介绍了几种不同的标准格式，其中包括议付信用证、承兑信用证、即期付款信用证和延期付款信用证。但是，迄今为止，采用国际商会标准格式的银行不是很多，在实际业务中，有些银行采用的是其本身原有格式。

（1）开证行、受益人、通知行名称、地址。有的信用证还指定议付行或付款行。这些项目说明了信用证的关系人。

（2）信用证本身的说明。信用证的种类和号码，载明信用证是否可撤销、是否可转让、是否经过了另一家银行的保兑、并注明信用证的编号。

（3）信用证的金额及货币种类。主要规定该信用证项下的最高金额，一般多规定受益人有权按信用证金额的百分之百开立汇票，有时也可以规定受益人只能按信用证金额的百分之若干开立汇票。

（4）汇票和单据条款。目前的信用证，如受益人需凭汇票收款，则规定所应开立的是什么汇票、即期或远期、汇票的金额及付款人等。信用证汇票的付款人，可分别规定为开证行或其指定的银行，或进口方，如以进口方为付款人开立汇票，银行仍应负到期付款的责任。按照国际商会制订的《跟单信用证统一惯例》的规定，如信用证未列汇票条款，出口人可以不开汇票。单据条款一般包括对单据种类、份数的要求。这是信用证最重要的内容。在资本主义国家普遍实行“单证严格符合原则”，受益人提交的单据必须与信用证规定完全一致，如有不符，即便是非实质性的，银行也有权拒付。

（5）对货物的说明，如品质、规格、重量、包装、单价、唛头等的要求。

（6）对运输的要求，包括装船期限、装运港、目的港、运输方式、是否允许分批装运和转船等。装船期限是指卖方应履行装船责任的最后日期，一般是以提单日期为准。如提单日期晚于信用证规定的装船期限，开证行有权拒付。

（7）信用证议付有效期及到期地点。信用证议付的有效期是指银行承担付款责任的时限。卖方交单的时间如超过规定的有效期，开证行可以以信用证过期为理由解除其付款责任。信用证的有效期一般要晚于装运期限半个月左右，以便卖方在装船后有足够的时间领取、缮制单据及办理结汇手续。信用证的到期地点与有效期有密切关系，以上述信用证为例，该证规定2010年2月10日在中国到期，也就是说，我出口公司最晚可在2月10日向银行议付货款。但如到期地点改为新加坡，那么受益人就必须提前议付，以保证单据在2月10日前寄到新加坡。这实际上是缩短了有效期，其缩减的天数，大体上相当于两地邮程的时间。

（8）开证行对受益人的保证文句。这是确定开证行付款责任的依据，也是信用证支付方式的主要特点。

（9）特殊条款。这可根据每一笔具体交易的需要而做出不同规定。

二、信用证支付货款的程序（图7－3）

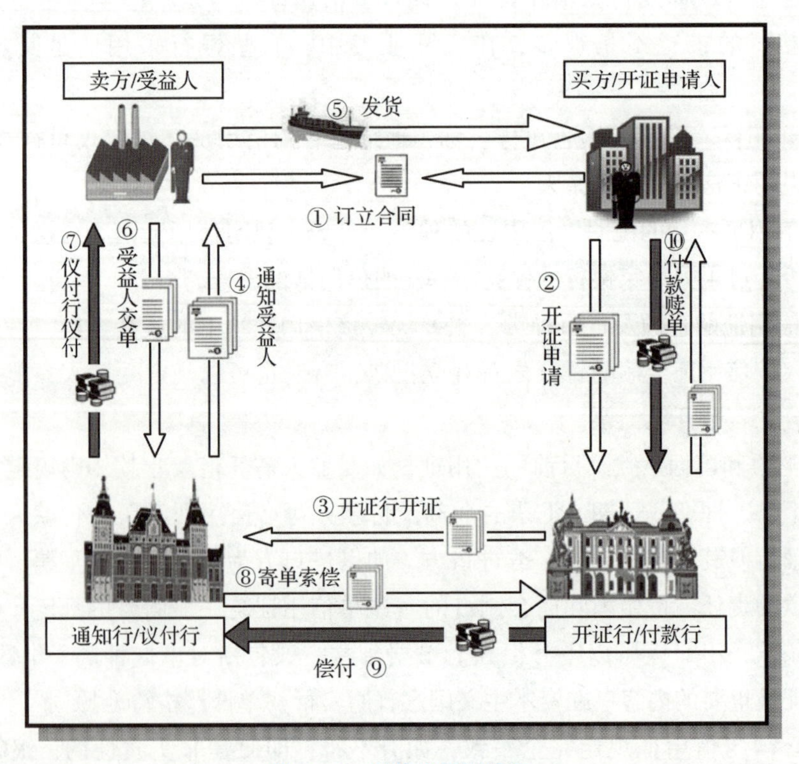

图7－3 跟单信用证流程

在采用信用证支付货款时，一般需经过以下几个程序：

（1）由买卖双方在合同中明确规定以信用证方式结算，这是买方据以开证的基础和前提。

（2）买方向其所在地银行提出申请书，要求银行（开证行）按申请书的内容，向卖方（受益人）开出信用证。买方在申请开证时，一般需交纳相当于信用证金额一定百分比的押金或提供一定的保证，并按信用证的种类交纳与开证有关的费用。目前，有些银行对其属下的企业，或是与其有密切关系而资本雄厚的往来企业，往往可提供一定的信用限额，在此限度内，申请开证的企业可免交押金。

（3）开证行按申请书内容开立以卖方为受益人的信用证。

（4）开证行通过其在卖方所在地的代理行或往来行，将信用证通知卖方。

（5）卖方发运货物，并取得装运单据及信用证要求的其他必备单据。

（6）凭上述单据按信用证规定向其所在地银行（可以是上述通知行，也可以是其他银行，一般是出口人的往来行）议付货款。

（7）议付行议付后即在信用证背面批销议付及议付金额。

（8）议付行将单据寄开证行索偿。

（9）开证行在审查单据无误、符合信用证规定后，偿还议付行付出的款项，同时通知买方付款赎单。

（10）买方向开证行付款赎单，凭单提货。

从上述信用证的内容和做法，可以看出信用证是一种银行信用。这是它同汇付和托收的根本区别，在信用证的条件下，银行根据买方的申请书，通过信用证上的保证条款向卖方提出付款保证。这样，银行就不再像托收那样，只是接受卖方的委托代收跟单汇票，对能否收到货款概不负责。在信用证业务中，银行处于首先付款人的地位，只要卖方提交的单据符合信用证的条件，银行就不得无理拒付。因此，只有在银行倒闭或丧失支付能力时，出口人才可以转向进口人要求偿付货款，这就清楚地说明，原来由商人承担付款责任的商业信用已由银行承担付款责任的银行信用所代替。但是由于进口人在信用证条件下还要负付款的最后责任，所以，更明确地说，信用证是用银行信用来保证商业信用的。

由于银行信用一般比商业信用可靠，在采用信用证付款的条件下，一般说来出口人只要在装运前收到信用证，收到货款就有了保证。这就在很大程度上解除了卖方在托收条件下对能否收到货款所存在的疑虑，从而对扩大贸易额，发展新客户、新地区的贸易提供了可能。但是，银行信用也不是绝对可靠，在经济危机和金融货币危机的袭击下，资本主义国家的银行还是会有倒闭的可能。即使在平时，银行凭借各种借口，拒不履行付款义务的现象并不能一概排除。因此，在采用信用证付款时还需注意调查了解开证行的资信情况。

三、信用证方式的特点与作用

1. 信用证的三个特点

（1）开证银行负首要付款责任。

L/C 支付方式是由开证银行以自己的信用作保证，所以，作为一种银行保证文件的信用证，开证银行对之付首要的即第一性的付款责任。信用证开证银行的付款责任，不仅是首要的而且是独立的，即使进口人在开证后丧失偿付能力，只要出口人提交的单据符合信用证条款，开证银行也要负责付款。

（2）信用证是一项自足文件。

信用证虽然是根据买卖合同开立的，但信用证一经开立，它就成为独立于买卖合同以外的约定。信用证的各当事人的权利和责任完全以信用证所列条款为依据，不受买卖合同的约束，出口人提交的单据即使符合买卖合同要求，但若与信用证条款不一致，仍会遭银行拒付。

（3）信用证方式是纯单据业务。

银行处理信用证业务时，只凭单据，不问货物，它只审查受益人所提的单据是否与信用证条款相符，以决定其是否履行付款责任。在信用证业务中，只要受益人提交符合信用证条款的单据，开证行就应承担付款责任，进口人也应接受单据并向开证行付款赎单。如果进口人付款后发现货物有缺陷，则可凭单据向有关责任方提出损害赔偿要求，而与银行无关。

银行对单据的审核用于确定单据表面上是否符合信用证条款，要求单据同信用证对单据的叙述完全相符（仅是对于单据的文字叙述，而并非指质量、正确性或有效性）。虽然银行只根据表面上符合信用证条款的单据承担付款责任，但这种符合的要求却十分严格，在表面上决不能有任何差异，必须“单单一致，单证一致”。

2. 信用证的主要作用

（1）安全保证作用。

一方面，保证出口人凭单取得货款。信用证支付的原则是单证严格相符，出口人交货后提交的单据，只要做到与信用证规定相符，“单证一致、单单一致”，银行就保证支付货款。出口人不必担心进口人到时不付款，因为由银行承担付款责任，这种银行信用要比商业信用可靠。因此，信用证支付方式为出口人收取货款提供了较为安全的保障。另一方面，保证进口人按时、按质、按量收到货物。进口人可通过控制信用证条款来约束出口人交货的时间、交货的品质和数量，如在信用证中规定最迟装期以及要求出口人提交由信誉良好的公证机构出具的品质、数量或重量证明书等，保证进口人收货的时间和按质、按量收到货物。

（2）资金融通作用。

国际货物贸易一般涉及签订合同、订货、生产、组织交付、海上运输、收货的过程。这一过程经常使国际贸易的完成时间在1～3个月，在大型工业设备的进出口中，甚至有6个月以上的。此外，依据信用证支付时间的不同，有即期信用证、延期信用证、承兑信用证和议付信用证。第一种是银行见票即付，后三种为远期信用证，如银行在见票后180天支付或承兑后30天支付。由于贸易合同存在的履行期间以及信用证开出后到银行实际付款可能存在时间差，卖方在买方申请银行开出信用证之后，可以采用贴现、信用证抵押、打包放款的方式取得银行贷款，用于生产供出口的货物或短期的流动资金。买方可以利用信用证的延期或远期付款功能，以信托收据的形式向银行借单，先取得和处理货物（如转售并取得收益），待信用证或汇票到期时再支付货款。

（3）对银行的作用。

对银行来说，开证行只承担保证付款责任，它贷出的只是信用而不是资金，对出口人或议付行交来的跟单汇票偿付前，已经掌握了代表货物的单据，加上开证人缴纳的押金，并无太大风险。出口地的议付行所承担的风险也有限：议付出口人提交的汇票及/或单据是有开证行担保的，只要出口人交来的汇票、单据符合信用证条款规定，就可以对出口人进行垫款、续做出口押汇，还可从中获得利息和手续费等收入。此外，通过信用证业务，可带动其他业务往来，诸如保险、仓储等业务，为银行增加收益。

四、信用证的种类

1. 根据是否有货运单据，分为跟单信用证和光票信用证

（1）跟单信用证（Documentary Credit）是指凭跟单汇票或仅凭单据付款、承兑或议付的信用证。单据主要是指代表货物所有权或证明货物业已装运的货运单据，即运输单据以及商业发票、保险单据、商检证书、产地证书、包装单据等。依照《UCP 600》，跟单信用证的适用范围包括备用信用证，据此，备用信用证项下的“单据”泛指任何依据信用证规定所提供的用以记录或证明某一事实的书面文件。

（2）光票信用证（Clean Credit）是指开证行仅凭受益人开具的汇票或简单收据而无须附带货运单据付款的信用证。汇票如附有不包括运输单据的发票、货物清单等，仍属光票。在国际贸易货款结算中，主要使用跟单信用证，光票信用证通常仅被用于集团公司的内部公司之间货款清偿和贸易从属费用的结算。

2. 根据信用证有无其他银行保兑，分为保兑信用证和不保兑信用证

（1）保兑信用证（Confirmed L/C）。

保兑是指开证行以外的银行对信用证的付款责任。不可撤销的保兑的信用证，则意味着该信用证不但有开证行不可撤销的付款保证，而且又有保兑行的兑付保证。保兑行与开证行一样负第一性的付款责任。所以，这种有双重保证的信用证对出口人最为有利。保兑行的付款责任，是以规定的单据在到期日或以前向保兑行提交并符合信用证的条款为条件。保兑行付款后对受益人或其他前手无追索权。保兑信用证对出口

人安全收汇是有利的，但进口人却要因此多负担一笔保兑费。

（2）不保兑的信用证（Unconfirmed L/C）。

这是指开证行开出的信用证没有经另一家银行保兑。当开证行资信好和成交金额不大时，一般都使用这种不保兑的信用证。

3. 根据银行信用证项下汇票的付款期限，信用证还可分为即期信用证和远期信用证

（1）即期信用证（Sight L/C）。

即期信用证是指开证银行或其指定的付款行在收到符合信用证条款的汇票及/或单据即予付款的信用证。使用即期信用证方式付款时，进口人在开证行或其指定付款行对受益人或议付行付款后，也须立即偿付由开证行垫付的资金，赎出单据，而不能如远期信用证那样，可获得进一步的资金融通。在即期信用证中，有时还带列电汇索偿条款（T/T Reimbursement Clause），这是指开证行允许议付行用电报、电传或SWIFT网络传递方式通知开证行或指定付款行，说明各种单据与信用证规定相符，开证行或指定付款行、偿付行应即以电汇方式将款项拨交议付行。

（2）远期信用证（Usance L/C）。

远期信用证是指开证行或其指定的付款行在收到符合信用证条款的汇票及或单据后，在规定的期限内保证付款的信用证。其主要作用是方便进口人资金融通。远期信用证还可分为银行承兑远期信用证、无承兑远期信用证和“假远期”信用证

正因为远期信用证给进口人提供了利用外国资金的方便条件，有利于资金周转，所以出口人为了推销产品、扩大市场，就往往利用它作为一种竞争手段。特别是近年来，随着国际市场竞争的进一步激化，远期信用证这种付款方式的采用，也有所增加。信用证的付款期限也由过去一般是60天、90天最多不超过180天，逐步加长到360天，甚至两年。在我国，为了适应发展对外贸易的需要，我们也已经改变过去采用的在出口合同中一律规定即期信用证付款的做法，逐步采用了一部分远期信用证付款。与此同时，我国的进口，尤其是在一些大宗商品的进口贸易中，也较多地利用这种国际市场的习惯做法，以调动外国资金为我所用。

（3）“假远期”信用证（Usance L/C Payable at Sight）。

在国际贸易中，我们还可以看到一种名为远期，但对出口人来说，实际上是即期付款的所谓“假远期”信用证。在这种信用证中，由于开证行在远期信用证中往往加注“付款行承兑并贴现受益人根据本信用证开立的远期汇票，贴现费用由买方负担”或是“授权××行（即付款行）按即期付款信用证的远期汇票”，或其他类似文句。

这通常是由于进口人为了融资方便，或利用银行承兑汇票以取得比银行放款利率低的优惠贴现率，在与出口人订立即期付款合同后，要求开立银行承兑信用证，证中规定受益人应开立远期汇票，而这种“远期汇票”可即期付款，并且所有贴现和承兑费用由买方负担（The usance draft is payable on a sight basis, discount charges and acceptance commission are for buyer's account)。由于这种信用证的贴现费用由买方负担，因此，又被称为“买方远期信用证”（Buyer's Usance L/C），在我国习惯上称它为“假远期信用证”（Usance Credit Payable at Sight）。对受益人来说，使用这种信用证，能够即期十足收款，但要负一般承兑信用证汇票到期遭到拒付时被追索的风险；而进口人也同样得到了在远期汇票到期时才向银行付款的好处。

4. 按兑付方式的不同，信用证又可分为即期付款信用证、延期付款信用证、银行承兑远期信用证和议付信用证

（1）即期付款信用证（Sight Payment L/C）。

即期付款信用证是指规定受益人开立即期汇票随附单据，或不需要汇票仅凭单据向指定银行提示，请求付款的信用证。对这种信用证，开证行、保兑行（如有的话）或指定付款行承担即期付款的责任。即期付款信用证的付款行有时由指定通知行兼任。

（2）延期付款信用证（Deferred Payment L/C）。

延期付款信用证又称迟期付款信用证，是指仅凭受益人提交的单据，经审核单证相符确定银行承担延期付款责任起，延长一段时间及至付款到期日付款的信用证。确定付款到期日的方法有：

◇ 交单日后若干天。

◇ 运输单据显示的装运日期后若干天。

◇ 固定的将来日期。

这种信用证的受益人不开具汇票，因此也无须开证行承兑汇票。由于这种信用证不使用汇票，不作承兑，所以也不能贴现。在实践中大多使用于金额较大的货物的交易，而且付款期限较长，一年或数年不等，所以常与政府出口信贷相结合。

（3）银行承兑远期信用证（Banker's Acceptance Usance L/C）。

银行承兑远期信用证的特点是，受益人在货物装船后按信用证的规定开立远期汇票，随附装运单据交给开证行或其指定的付款行承兑。开证行或付款行在承兑后，留下单据，交回汇票，由受益人按约定的时间，持汇票向银行收取货款。在此期间，受益人如欲提前取得现金，可在汇票到期之前，持已经银行承兑的汇票，到市场上贴现，把汇票传让出去。该汇票到期时则由该被背书人或其指定人向银行付款。在这种情况下，如果承兑的银行倒闭，受益人作为汇票的出票人，则要负被追索的责任。

（4）议付信用证（Negotiation L/C）。

议付信用证是指开证行在信用证中，邀请其他银行买入汇票及/或单据的信用证，即允许受益人向某一指定银行或任何银行交单议付的信用证。通常在单据符合信用证条款的条件下，议付银行扣去利息后将票款付给受益人。议付信用证按是否限定议付银行，又可分为公开议付信用证和限制议付信用证两种。前者是指任何银行均可办理议付；后者则指仅由被指定的一家银行办理议付。议付与付款的主要区别之一是：议付银行在议付后，如因单据与信用证条款不符等原因而不能向开证行收回款项时，还

可向受益人追索；而付款银行（以及开证银行、保兑银行）一经付款，即再无权向受款人追索。《UCP 600》第9条对开证行在议付信用证项下的责任规定为："支付受益人所开立的汇票及/或信用证项下提交的单据，并对出票人及/或善意持票人无追索权。"而对保兑行在议付信用证项下的责任，则规定为："议付受益人所开立的汇票及/或提交的单据，并对出票人及/或善意持票人无追索权。"此处的善意持票人指议付行。

议付信用证又分为公开议付信用证和限制议付信用证。公开议付信用证（Open Negotiation L/C）又称自由议付信用证（Freely Negotiation L/C），即受益人可到任何银行办理议付。限制议付信用证（Restricated Negotiation L/C）是指开证行指定某一银行或开证行自己进行议付的信用证。公开议付信用证和限制议付信用证的到期地点都在议付行所在地。这种信用证经议付后，如因故不能向开证行索得票款，议付行有权对受益人行使追索权。

5. 根据运用方式的不同，分为可转让信用证、不可转让信用证和循环信用证

（1）可转让信用证（Transferable L/C），是指信用证的受益人（第一受益人）可以要求授权付款、承担延期付款责任、承兑或议付的银行（统称"转让银行"），或当信用证是自由议付时，可以要求信用证中特别授权的转让银行，将信用证全部或部分转让给一个或数个受益人（第二受益人）使用的信用证。信用证中明确注明"可转让"（Transferable）字样，信用证方可转让。如信用证注明"可分割""可分开""可让渡"或"可转移"等，银行可以不予理会。可转让信用证只能转让一次，即只能由第一受益人转让给第二受益人，第二受益人不得要求将信用证转让给其后的第三受益人。但是，再转让给第一受益人，不属于被禁止转让的范畴。如果信用证不禁止分批装运，在总和不超过信用证金额的前提下，可分别按若干部分办理转让，该项转让的总和，将被认为只构成信用证的一次转让。

信用证只能按原证规定条款转让，但信用证金额、商品单价、到期日、交单日及最迟装运期可以减少或提前，投保加成可增加，开证申请人可以变动。信用证在转让后，第一受益人有权以自身的发票和汇票替换第二受益人的发票和汇票，其余额不得超过信用证规定的原金额。如信用证规定了单价，应按原单价开立。在替换发票和汇票时，第一受益人可在信用证项下取得自身发票和第二受益人发票之间的差额。

要求开立可转让信用证的第一受益人，通常是中间商。为了赚取差额利润，中间商可将信用证转让给实际供货人，由供货人办理出运手续。但信用证的转让并不等于买卖合同的转让，如第二受益人不能按时交货或单据有问题，第一受益人仍要负买卖合同上的卖方责任。

（2）不可转让信用证（Nontransferable L/C），指受益人不能将信用证的权利转让给他人的信用证。凡信用证中未注明"可转让"者。就是不可转让信用证。

（3）循环信用证（Revolving L/C）。循环信用证是指信用证在被受益人全部或部分利用后，其金额能够重新恢复至原金额再度被利用，一直达到规定次数或累积的总金

额时为止。循环信用证可分为下述三种：

①自动循环：即信用证在规定时期内被使用后，无须等待开证行通知，即自动恢复至原金额者。

②半自动循环：即信用证在被利用后，开证行如未在一定期限内提出不能恢复原金额的通知，即自动恢复至原金额者。

③非自动循环：即每使用一次后，需由开证行通知后始恢复原金额者。循环信用证适用于一些定期分批均衡供应、分批结汇的长年供货合同。在我方对港澳地区的供应商品合同中，有不少是使用自动循环信用证付款。使用这种信用证，对卖方来说，不但可以减少逐批催证、审证的手续，而且可以得到收回全部货款的确实保证，从而节省开证费用，充分利用银行的开证额度。在使用循环信用证时，买方有时会通过在信用证中限定每次付款的金额，以控制卖方每批交货的数量，甚至规定每月的金额只能当月使用，以达到均匀发货的目的。在我方供货合同中是否该订立这些条件，应根据货源、运输及其他各方面情况予以决定。

6. 对开信用证（Reciprocal L/C）

在易货贸易或来料来件加工装配业务中常采用对开信用证，交易的双方都担心对方凭第一张信用证出口或进口后，另外一方不履行进口或出口的义务，于是采用这种互相联系、互为条件的开证办法，以彼此约束。其特点是：第一张信用证的开证人、开证行、通知行、受益人正好是回头信用证的受益人、通知行、开证行、开证人；两证金额可以相等，也可以不等；两证可以同时生效，也可以先后生效。采用这种信用证可使买卖双方彼此的利益都得到满足。

7. 对背信用证（Back to Back L/C）

对背信用证，又称转开信用证，指受益人要求原证的通知行或其他银行以原证为基础，另开一张内容相似的新证。对背信用证的受益人可以是国外的，也可以是国内的。对背信用证主要用于以下几种情况：中间商转售他人货物，从中图利；两国不能直接办理进出口贸易而需要通过第三国沟通；原证是不可转让的；原证受益人不提供全部规定货物等。对背信用证的内容除开证人、受益人、金额、单价、装运期限、有效期限等可有变动外，其他条款一般与原证相同。由于对背信用证的条款修改时，新证开证人需得到原证开证人的同意，所以修改比较困难，而且所需时间也较长。对背信用证与可转让信用证的根本区别在于：可转让信用证的新证是同一个开证行保证付款；对背信用证的对背证与原证则是两个信用证，由两个不同银行分别保证付款。

8. 预支信用证（Anticipatory L/C）

预支信用证，指开证行授权代付行（通常是通知行）向受益人预付信用证的全部或一部分，由开证行保证偿付并负担利息的信用证。预支信用证与远期信用证相反，开证人付款在先，受益人交单在后。预支信用证可分为全部预支或部分预支。预支信用证凭出口人的光票或一份负责补交信用证规定单据的声明书付款。如出口人以后不交单，开证行的代付行并不承担责任。当货运单据交到后，代付行在付给剩余货款时，将扣除预支货款的利息。最为引人注目的是，这种预支货款的条款常用红字，故习称“红条款信用证”，但现今信用证的预支条款并非都用红色表示，但效力相同。

9. 备用信用证（Standby L/C）

备用信用证又称担保信用证或保证信用证（Guarantee L/C）。备用信用证在性质上是一种用于代申请人向受益人承担一定条件下付款、退款或赔款责任的银行保证书。备用信用证是指开证行根据开证申请人的请求对受益人开立的承担某项义务的凭证。即当开证申请人未能按时偿还借款、预收款或支付货款，或未能履约时，开证行保证为其支付。因此，如果开证申请人按期履行合同的义务，受益人就无须要求开证行在备用信用证项下支付任何货款或赔偿。这是所以称作“备用”（Standby）的由来。

任务四　银行保函

随着国际经济交往的日益加深、全球经济的依存度加强，在以货物买卖为主流的国际贸易中，服务贸易的比重开始扩大，改变了国际贸易中单一的有形传统贸易模式，使得各国之间的货物、劳务、技术和资金流动加快，交易的条件也更趋复杂。为了适应各类交易的国际结算，银行保函业务和备用信用证业务的使用日渐广泛。它们不仅适用于货物买卖，也适用于一些复杂的业务，如承包工程项目、融资等国际经济合作业务。

（一）银行保函的含义和作用

银行保函（Letter of Guarantee，L/G）又称银行保证书，是保函的一种。它是指银行应申请人的要求向受益人开立的，担保申请人一定履行某种义务，并在申请人未能按规定履行其责任和义务时，由担保行代其支付一定金额或做出一定经济赔偿的书面文件。保函不仅用于进口，还可用于其他场合，其形式、内容和条款也多种多样，银行承担的责任可以是第一性的，也可以是第二性的，属于银行信用。银行保函具有两种不同的担保作用：

（1）作为双方交易合同项下的价格得以支付的担保，即保证受益人在履行合同义务后，将肯定得到其应得到的合同价款。

（2）作为违约事件发生进行赔偿的担保，即保证申请人将履行某种合同义务，一旦出现相反情况，负责对受益人做出赔偿。

（二）银行保函的当事人

银行保函的基本当事人主要有委托人、保证人和受益人，有时还可以有转递行、保兑行和转开行。

（1）委托人（Principal），又称申请人，即要求银行开立保函的一方，是与受益人订立合同的执行人和债务人。在投标保函项下为投标人；在出口保函项下为出口商；在进口保函项下为进口商；在还款保函项下为定金和预付款的收受人。

（2）保证人（Guarantor），也称担保人，即开立保函的银行，有时也可能是其他金融机构。保证人根据委托人的申请，并在委托人提供一定担保的条件下向受益人开具保函。

（3）受益人（Beneficiary），即为收到保函并凭以要求银行担保的一方，是与委托人订立合同的执行人和债权人。

（4）转递行（Transmitting Bank），即根据开立保函的银行的要求将保函转递给受益人的银行。

（5）保兑行（Confirming Bank），即在保函上加具保兑的银行。受益人可得到双重担保。

（6）转开行（Reissuing Bank），即接受保证银行的要求，向受益人开出保函的银行。这种保函发生赔付时，受益人只能向转开行要求赔付。

（三）银行保函的主要内容

从保函格式的基本要素看，其主要内容包括：

（1）保函的受益人名称及其地址。

（2）保函申请人的名称及其地址。

（3）保函担保人的名称及其地址。

（4）保函的种类及保函的担保目的。

（5）与保函有关的合同号、协议号、招标号以及有关工程项目名称。

（6）担保的金额及其所使用的货币。

（7）保函的担保期限，即保函有效期。

（8）保函的赔付条款，即保函的付款承诺及有关索赔条件的具体规定。

索偿方式，即索偿条件，是指受益人在何种情况下方可向保证人提出索赔。对此，国际上有两种不同说法：一种是无条件的或称“见索即偿”保函（First Demand Guarantee）；另一种认为银行保函应是附有某些条件的保函（Accessory Guarantee）。但事实上完全无条件的保函是没有的，只是条件的多少、宽严程度不同而已。如按国际商会《见索即付保函统一规则》的规定，索偿时，受益人也要递交一份声明书。因此，银行保函通常均按不同情况规定不同的索偿条件。

（四）银行保函的种类

银行保函根据不同的用途可分为许多种，但概括起来，主要有投标保函和履约保函两种。

（1）投标保函（Tender Guarantee），是银行（保证人）根据投标人（委托人）的申请向招标人（受益人）开立的保证书，保证投标人在开标前不中途撤标或片面修改投标条件，中标后不拒绝签约和不拒绝交付履约金。否则，银行负责赔偿招标人的损失。投标保函的支付金额一般为项目金额的2%～5%。

（2）履约保函（Performance Guarantee），是银行（保证人）应货物买卖、劳务合作或其他经济合同当事人（委托人）的申请向合同的另一方当事人（受益人）开出的保证书，保证如果委托人不履行其与受益人之间订立的合同义务，对受益人支付一定金额限度内的款项。履约保函的支付金额一般为项目金额的10%～15%。

用于进出口贸易的履约保函，又可分为进口保函和出口保函两种。

①进口函（Import L/G），是指银行（保证人）应进口商（委托人）的申请，开给出口商的信用文件。如出口商按合同交货后，进口商未能按期付款，由银行负责偿付。

②出口保函（Export L/G），是指银行（保证人）应出口商（委托人）的申请，开给进口商（受益人）的信用文件。如出口商未能按期交货，银行负责赔偿进口商的损失。

（3）还款保函（Payment Guarantee），又称预付款保函（Advance Payment Guarantee）或退还预付款保证书（Refinement Guarantee for the Advance Payment），是银行应供货人或承包商的委托向买方或业主开出的保证书。保证在委托人未能按合同规定发货或未能按合同规定使用预付款时，由银行退还受益人已经支付的全部或部分预付款本息。

（4）付款保函（Payment Guarantee），是指外国贷款人要求借款人提供的到期一定还款的保证书；或在凭货物付款而不是凭单付款的交易中，进口方向出口方提供的银行担保，保证在出口方交货后或货到后或货到目的地经买方检验与合同相符后，进口方一定付款，如买方不付，担保行一定付款；或在技术交易中，买方向卖方提供银行担保，保证在收到与合同相符的技术资料后，买方一定付款，如买方不付，担保行代为付款。上述三种银行保函的金额即合同金额。

（5）特殊贸易保函，指担保人为特殊形式的贸易活动出具的保证书。如补偿贸易保证书、融资租赁保证书以及用于进出口成套设备使用的保留款保证书。这些贸易的特点主要在于合同的一方获得对方商品形式的融资，而偿还大多不以现金支付为形式，比如来料加工、来件装配、来样加工和补偿贸易的偿还，均以产品或加工品等实物形式。

（五）银行保函与信用证的主要区别

银行保函与信用证都是由银行开立的，同属银行信用，而且都被用于国际贸易中的货款支付，但两者有很大区别，主要表现在：

（1）就使用范围及用途看，保函的应用范围远远大于跟单信用证。

（2）就付款责任属性而言，跟单信用证项下，银行是第一性付款责任，而银行保函既可以是第一性的（如见索即付保函），也可以是第二性的（如有条件保函）。

（3）就所支付款项性质而言，信用证通常用于国际货物买卖支付，而保函的支付则不仅包括货款，还包括各种违约赔款或退款。

（4）就要求的单据而言，信用证项下货运单据是付款的依据，而保函项下的支付依据一般为索赔书或其他文件。

（5）信用证的到期地点可在开证行所在地，也可在受益人所在地，而银行保函的到期地点一般在担保人所在地。

（6）就与交易合同关系而言，信用证与交易合同是两个完全独立的契约，开证行仅对单据表面与合同相符负责，对合同履行的各个具体环节并不承担任何责任；而保函是银行在接到索赔书时，还必须证实索赔内容的真伪，这就使得银行被牵连到交易双方的合同纠纷中去了。

任务五 买卖合同中的不同支付条款及其使用

一、合同中的汇付有关条款

汇付方式下的支付条款应明确：

（1）用哪一种汇付方式支付，即是采用信汇（M/T）、电汇（T/T），还是票汇（D/D）。

（2）在什么时间支付。可以规定一个确定的时间（如2010年5月），或规定一特定时间后的一定时间（如装运后一个月内）。

（3）支付的前提条件。如可规定进口方要收到规定种类、数量和内容的单据后或验收货物合格后才支付货款。

二、合同中的托收有关条款

采用托收方式支付货款时，合同中还要规定：

（1）交单条件是付款交单（D/P）还是承兑交单（D/A）。

（2）汇票的付款时间是即期还是远期。若是远期，又是见票（或出票）后多少天付款。

（3）交单是交哪些单据，如发票、运单、装箱单、合格证及产地证等。

（4）如果涉及利息，如何计算，又如何支付。如在承兑交单中，通常都规定买方要向卖方支付晚付款的利息，可在合同中规定计息的时间和利率，由买方支付货款时一起支付。

三、合同中的信用证条款

在合同规定使用信用证时，还需说明下述问题：

（1）何时开出信用证，即规定进口方应开证的时间。通常规定在装运期第一天以前一定时间开出。

（2）哪家银行作为开证行。由于开证行往往是第一付款人，受益人对开证行的资信会很关心。通常选那些较熟悉且资信较好的银行为开证行。

（3）要求开证申请人申请开出哪种信用证，如不可撤销信用证还是可撤销信用证，是即期信用证还是远期信用证。如果是远期信用证，又是多少天的信用证，是否为某种特殊类型的信用证等。

（4）信用证在何地至何时有效，即要说明信用证的有效期。

（5）有关信用证的其他内容，如要提交哪些单据，对这些单据有什么要求等。有些与信用证相关的内容是列于合同其他条款中的，这些条款一般不必在支付条款中出现。

现以我国对外出口业务中常用的支付条款为例，将信用证支付条款的主要内容简单介绍如下：

1. 即期信用证条款

买方应于××××年××月××日前（或接到卖方通知×天内或签约后×天内）通过××银行开出以卖方为受益人的（由××银行保兑的）不可撤销的（可转让可分割的）全部发票金额的即期信用证，信用证有效期延至装运日期后15天在中国到期。

The Buyers shall arrange with ×× Bank for opening an irrevocable (transferable, divisible) letter of credit (confirmed by ×× Bank) in favor of the Sellers before ×× (or within × days after receipt of the Sellers' advisor within × days after signing of this contract). The said letter of credit shall be available by sight draft (s) for full invoice value and remain valid for negotiation in China until the 15th day after date of shipment.

如系要求电汇，即可在上列条款内加列“信用证应列明在收到议付电报通知后即以电汇偿付”。

The letter of credit must stipulate that reimbursement is to be made telegraphically upon receipt of the cable advice of negotiation.

2. 远期信用证条款

买方应于××××年××月××日前（或接到卖方通知后×天内或签约后×天内）通过××银行开立以卖方为受益人的不可撤销的（可转让的）见票××天（或装船后×天）付款的银行承兑信用证。信用证议付有效期延至上述装运期后15天在中国到期。

The Buyers shall arrange with × × bank for openning an irrevocable (transferable) Banker's acceptance letter of credit in favour of the Sellers before ×× (or within × days after receipt of Sellers advice, or within × days after signing of this Contract). The said letter of credit shall be available by draft (s) at × sight (or after shipment) and remain valid for negotiation in China until the 15th day after the aforesaid time of shipment.

3. 循环信用证条款

“买方须于 ×× 日前开到装运口岸以卖方为受益人的不可撤销的即期循环信用证。该信用证于议付后第二天自动恢复至原金额，直至装运口岸完成本合同所规定的总值或数量为止，在未完成总值或总数量之前，买方不得任意中止循环信用证，该信用证的议付有效期至 ×× 日在装运口岸到期”。此外，合同中还应就卖方应该提交的结汇单据的种类和份数，做出明确规定。

四、各种支付方式的结合使用

在一般国际贸易买卖中，通常只单独使用某一种支付方式。但在实际业务中，为促成交易或加速资金周转或安全地收付汇，也可以将不同的支付方式结合起来使用，如将信用证与汇付、托收以及备用信用证、银行保函等结合使用。在成交金额大、交货时间长的成套设备或飞机、船舶等运输工具的交易中，还可以结合使用分期付款、延期付款的支付方式。总之，根据不同国家（地区）、不同客户、不同交易的实际情况，正确和灵活地选用货款结算方式无疑会促进交易的顺利进行。

常用的组合支付方式有以下几种：

（一）信用证与汇付相结合

这种方式是指部分货款用信用证收付，尾款用汇付方式结算。这种支付方式一般用在成交数量大、交货数量机动幅度也比较大的商品上。其主要部分用信用证方式支付，超过信用证部分采用汇付方式支付。有些交易的预付款用汇付方式支付，其余部分采用信用证支付。例如，对于矿砂等初级产品的交易，双方约定：信用证规定凭装运单据先付发票金额的若干成，余数待货到目的地后，根据检验检疫的结果，按实际品质或重量计算出确切的余额，再用汇付方式支付。

（二）信用证与托收相结合

这种支付方式是指部分货款用信用证方式支付，部分货款用托收方式支付。一般做法是，信用证规定出口人开立两张汇票，信用证部分凭光票付款，全套货运单据附在托收部分的汇票项下，即按即期或远期付款交单方式托收。但信用证内必须注明“在发票金额全部付清后方可交单”的条款。

（三）汇付、托收、信用证三者相结合

这种做法要求进口人开立交易总额若干成的不可撤销信用证，其余部分用付款交单方式由出口人另开立汇票通过银行向进口人收取。在具体手续上，通常是信用证规定受益人开立两张汇票，属于信用证部分货款凭光票付款，而全套货运单据则附在托收部分的汇票下，按即期或远期托收。这种做法，对进口人来说，可减少开证金额，少付开证押金，少垫资金；对出口人来说，因有部分信用证的保证，且信用证规定货运单据跟随托收汇票，开证银行须等全部货款付清后才能向进口人交单。所以，收汇比较安全。在实践中，为了防止开证银行在未收妥全部货款前即

将货运单据交给进口人，要求信用证必须注明“在全部付清发票金额后方可交单”的条款，在出口合同中也应注意规定相应的支付条款，以明确进口人的开证和付款责任。

在成套设备、大型机械产品和交通工具的交易中，因为成交金额较大、产品生产周期较长，一般采用按工程进度和交货进度分若干期付清货款，即分期付款和延期付款的方法。它们一般采用汇付、托收和信用证相结合的方式。

1. 分期付款

分期付款（Installment）是买卖双方在合同中规定，在产品交易前，买方可采用汇付方式预付部分定金，其余货款根据商品生产进度或交货进度，买方开立不可撤销的信用证即期付款。全部货款在货物交付完毕时付清或基本付清，货物所有权则在付清最后一笔货款时转移。

分期付款实际上是一种即期交易。按分期付款成交，买方在预付定金时，通常要求卖方通过银行出具保函或备用信用证，以确保买方预付金的安全。分期付款大多应用在一些成套设备、大型交通工具，如轮船、飞机等成本较高、加工周期长，一般是专为客户订货加工的产品贸易上。其基本内容是由买方根据产品的工程进度，按约定的生产阶段分若干期付清货款，故又称按工程进度付款（Progressive Payment）。

在采用分期付款进行交易时，买方一般是在合同签订后、订购产品投产前，先交付一部分货款作为订金（一般是5%~10%）。买方在付出订金以前，卖方应提出已领得该项产品的出口许可证的证明以及银行开具的保函，保证卖方如不能履约，由银行保证退还订金及利息。

至于其余货款如何分期支付，则由买卖双方根据商品生产的特点协商确定。有的商品，例如轮船，在生产过程中，买方还要凭卖方提供的完成某一生产阶段的证明，如安装龙骨、完成船体证明等分几次付部分货款。有的商品，如机器设备则在生产完毕装船付运后，付大部分货款，其余部分则分别在到货验收、安装、试车、投产和质量保证期满时分期偿付。总之，在分期付款的条件下，最后一批货款一般都是在交货或卖方承担的质量保证期终了时付清。货物的所有权也在付清最后一笔货款时转移给买方。

2. 延期付款

延期付款（Deferred Payment）是买卖双方在合同中规定，买方在预付一部分订金后，其余大部分货款在卖方交货后相当长时间内分期摊还。延期付款的那部分货款可采用远期信用证方式支付，所以延期付款实际上是卖方向买方提供的商业信誉，它带有赊销赊购的性质，因此买方应承担延期付款的利息。远期信用证、信用证项下的分期付款、D/P 远期、D/A 等付款方式均属于延期付款。

延期付款大多应用于一些成套设备和大宗商品的贸易。其基本做法是在签订合同之后，买方也要预付一小部分货款作为订金，有的合同甚至规定卖方要根据加工以及装船安装、试车的进程，分期付部分货款。这两点在具体做法上，与分期付款基本相同；但大部分货款则是在交货后若干年内分期摊付。例如，有的合同规定，货款的70%在最后装船日期后五年内分十期平均偿付，延期付款部分的利息按年率×%计算，由买方承担。

根据我国进出口业务实践，货款的延期支付部分可采用银行远期信用证和银行保函两种方式进行。采用远期信用证时，是由买方银行在货物装船时开立以卖方为受益人的远期承兑信用证，规定货款×%凭装船单据即期付款，其余部分分若干期凭卖方汇票偿付。

采用银行保函时，是由卖方在货物装船后，按约定的付款期数，分别开立若干张远期汇票。通过银行向买方提示。买方在承兑后连同买方银行出具的保证买方按期偿还本金和利息的保函，退回卖方收执，由卖方在汇票到期时向买方收款。

知识扩展：
英汉短语集萃

项目七
任务训练

参考答案

项目八　国际贸易货物的检验检疫

项目导语

在国际商品交易中，由于买卖双方处于不同的国家或地区，货物一般不当面交接，再加上货物经过长途跋涉或多次装卸，这样一来在货物抵达目的地时，很容易出现品质、数量、包装等与合同不符的情况，从而引发争议。为避免发生争议或在发生争议时便于分清责任，就需要由一个权威、公正、专业的检验检疫鉴定机构对货物的标的出具检验检疫证书，作为双方交接货物、支付货款和进行索赔的依据。

知识目标：

- 掌握在国际贸易中商品检验的时间和地点的规定办法及有关注意事项
- 了解国内、国际的主要商品检验机构及商品检验证明作用

能力目标：

- 熟悉检验检疫
- 检疫时间和地点的规定方法；学会订立商品检验检疫条款

素质目标：

- 培养学生具备严谨的检验检疫工作意识，深刻理解货物检验检疫在国际贸易业务中的重要性
- 培养学生具备良好的思想政治素质，充分认识到经济效益和社会效益的双重作用，在对外交往中坚守我国的政治信仰和方针政策

案例（任务）导入

案例（任务）描述：

2020年1月20日，香港甲公司和中国乙公司签订合同，双方约定乙公司向甲公司购买韩国生产的手机零配件，并就价格问题达成一致意见。合同的总金额为8万美元，最迟不应晚于2月10日发运。甲公司对产品的质量保证期为货物到达目的地后12个月。2月7日，甲公司向乙公司提供合同规定的产品。

2月20日，货到后乙公司请检验公司进行了检验，出具了检验证明。2001年3月25日，乙公司在使用过程中，发现部分产品有质量问题，致函甲公司，要求换货，如不能换货，则要求退货，并要求甲公司承担有关费用损失。甲公司回函称，乙公司在货物入库前已详细检查、核对，且已投入使用，因而拒绝赔偿。

由于乙公司对合同项下的货物的品质存在异议，2021年4月2日，即在收货13个月后，自行将合同项下的货物送交中国商品检验机构检验。检验机构出具的检验证书证明，该批货物有5项存在缺陷，发货前已存在，系制造不良所致。4月5日，乙公司据此提起仲裁，要求甲公司赔偿5万美元。甲公司认为，乙公司不能证明第二次送检的产品系交货时的产品，且第二次商检的时间已经超过索赔有效期，商检证书不能发生效力。

任务一 商品检验的概述

一、商品检验的含义

商品检验（Commodity Inspection）又称商检，是指在国际货物买卖中，对卖方交付给买方货物的质量、数量和包装进行检验检疫，以确定合同标的是否与合同的规定一致，有时还对装运技术条件或货物在装卸运输过程中发生的残损、短缺，进行检验或鉴定，以明确事故的起因和责任归属。货物的检验还包括根据一国的法律或行政法规对某些进出口货物或有关的事项进行质量、数量、包装、卫生、安全等方面的强制性检验或检疫。我国《商检法》明确规定，进出口商品必须经过检验。进口商品未经检验或检验不合格的，不准销售、使用。

二、商品检验的作用

商品检验具有以下作用：

（1）把关作用。商品检验一方面可以将质量不符合标准和合同规定的国外商品拒之于国门之外，避免劣质商品流入我国，对国内生产、生活造成不良影响。另一方面，可以将质量不符合标准和合同规定的国内商品控制在国内，避免这些商品进入国际市场，维护和提高我国对外贸易的信誉。

（2）保障作用。在国际贸易中，贸易双方往往要求由官方或权威的非当事人，对进出口商品的质量、重量、包装、装运技术条件提供检验合格证明，作为出口商品交货、结算、计费、计税和进口商品处理质量与残损、短缺、索赔问题的有效凭证，以确保交易各方的权益得到合理公正的保护。

(3) 促进作用。商检促进了国内生产、出口企业不断提高产品的质量。减少、防止伪劣商品流向国外市场，使国家遭受经济损失，造成不良影响，从而对稳定和繁荣国内外市场起到积极的促进作用。

三、买方的检验权

在国际货物买卖过程中，根据交易双方的约定，卖方需按合同规定的质量、数量、包装等向买方交付货物。买方“收到”(Received) 货物并不等于他已经“接受”(Accepted) 货物。如果他收到货物后经检验，认为与买卖合同的规定不符时，他可以拒收 (Rejection)。如果未经检验就接受了货物，即使事后发现货物有问题，也不能再行使拒收的权利。对此，各国法律和有关的国际条约均有明确规定。

按照英国《货物买卖法》第 34 条规定：除另有约定者外，当卖方向买方交货时，根据买方的请求，卖方应向其提供一个检验货物的合理机会，以便能确定其是否符合合同的规定。

美国《统一商法典》规定，凡属下列情况均表明买方接受货物：在有合理机会对货物进行检验检疫之后，买方向卖方表示货物符合合同，或表示尽管货物不符合合同，他仍将收取或保留货物；在买方有合理机会对货物检验之后，未做出有效的拒收；买方做出任何与卖方对货物的所有权相抵触的行为。

《德国民法典》规定，卖方如果对所出售的货物不知其含有隐蔽的瑕疵，仍负有担保责任。这实际上是默示了买方在收到货物后对货物进行检验检疫的权利。

《联合国国际货物销售合同公约》(以下简称《公约》) 规定：买方必须在情况实际可行的最短时间内检验检疫货物或委托他人检验检疫货物；如果合同涉及货物的运输，检验检疫可推迟到货物到达目的地后进行；如果货物在运输途中改运或买方须再发运货物，没有合理机会加以检验检疫，而卖方在订立合同时已知道或理应知道这种改运或再发运的可能性，检验检疫可推迟到货物到达新目的地后进行。由此可见，《公约》不仅明确规定了卖方对货物负有责任的具体界限，即凡是货物不符合同的情形于风险移转到买方的时候就已存在的，应由卖方负责，而且还明确规定了买方对货物有检验的权利。

我国《合同法》对此也做了相应的规定，即买方收到标的物时应当在约定的检验检疫期间内检验检疫，没有约定检验检疫期间的，应当及时检验检疫。当事人约定检验检疫期间的，买方应当在检验检疫期内将标的物的数量或者质量不符合同约定的情形通知卖方。买方怠于通知的，视为标的物的数量或者质量符合约定。当事人没有约定检验检疫期间的，买方应当在发现或者应当发现标的物的数量或者质量不符合同约定的合理期间内通知卖方。

上述法律和国际条约都说明，除双方另有约定者外，买方有权对自己所购买的货物进行检验。如发现货物不符合同规定，而且确属卖方责任者，买方有权采取要求卖方予以损害赔偿等补救措施，直至拒收货物。但是，必须指出，买方对货物的检验权并不是表示对货物接受的前提条件，买方对收到的货物可以进行检验，也可以不进行检验，假如买方没有利用合理的机会对货物进行检验，就是放弃了检验权，他也就丧失了拒收货物的权利。

四、关检合一、单一窗口、查验“一次就好”海关通关迎来新变化

在国际贸易实践中，商品如果同时需要报关和检疫两项操作，这对于外贸业务员和相应的海关、检验部门都增加了不少的工作压力，鉴于此2018年8月1日我国政府实行关检融合政策。关检融合指的是报关和报检的融合。在我国政府的推动之下，随着关检融合步伐的深入推进，企业原有的繁琐的报关历程和海关工作模式得到了很大的简化和提升，从而便利了企业和海关部门相应工作的顺利开展。

关检融合主要包括以下内容：

（1）在通关作业方面，通过“单一窗口”实现报关报检一次申报，对进出口货物实施一次查验，凭海关放行指令一次放行。检验检疫作业的全面融入，优化了作业流程，减少了非必要的作业环节和手续。

（2）在快件和跨境电商监管方面，原有的关检9项监管环节，优化整合为申报、动植物检疫、查验、放行4个环节，作业现场、设施设备统一整合使用。

（3）在报关报检企业资质注册以及对外“一个窗口”办理方面，原来已经单方面取得报关或报检资质的企业，自动拥有报关报检双方资质，新企业在海关注册登记或备案后，同时取得报关报检资质。报关报检企业资质注册服务窗口统一整合到“一个窗口”，不需企业再专门办理报检企业资质注册。

（4）在国门安全管控方面，海关将在原有安全准入（出）、税收征管风险防控基础上，增加卫生检疫、动植物检疫、商品检验、进出口食品安全监管等职责，通过建立信息集聚、优化高效、协调统一的风险防控体系，推行全链条式管理，强化智能监管、精准监管，将更好地贯彻总体国家安全观。

关检合一由原来两支队伍融为一支队伍，两套印章减为一套印章，两个窗口合为一个窗口，两次执法并为一次执法。“一口对外、一次办理”优化了通关作业流程，大大缩短通关时间，降低企业通关成本，提高通关效率，为企业进一步释放海关改革红利，继续助力中国开放型经济更好更快发展。

任务二 检验条款的时间和地点

尽管国际上一般都承认买方在接受货物前，有权检验货物，但应在何时何地检验，

各国法律并无统一规定，而货物的检验权直接关系到买卖双方在货物交接过程中的权利和义务。因此，为了明确责任，买卖双方通常都在买卖合同中就买方是否行使和如何行使检验权的问题，做出明确规定，其中的关键就是检验的时间和地点。检验的时间和地点关系着买卖双方的切身利益，因为它涉及检验权、检验机构以及有关的索赔问题。而检验的时间和地点通常又与合同中使用的贸易术语、商品的特性、使用的包装方式以及当事人所在国的法律、行政法规的规定等有密切的联系。

在国际贸易中，商品检验时间和地点的规定方法概括起来有以下三种。

1. 在出口国检验

（1）工厂检验，是指由工厂的检验单位或买方的检验人员在工厂进行检验或验收，卖方只承担货物离厂前的责任，离厂后的品质变化和货损货差概不负责，这是对卖方最有利的一种做法。

（2）装船前或装船时在装运港检验。这种检验是以离岸品质和重量（或数量）为准的。条款规定，货物在装船前或装船时由双方约定的商检机构验货后出具品质、重量证书，作为确定交货品质与重量的最后依据。卖方对货物在运输途中的品质变化和重量短少，均不负责，买方对此一般也无权提出异议。

2. 在进口国检验

（1）目的港（地）检验。目的港（地）检验是以到岸品质、重量（Landing Quality, Weight）为准，这种条款规定，商品的品质、重量应在目的港卸货后进行检验，以目的港的商检机构签发的品质、重量证明书为准。买方可据此向卖方提出品质或数量上的任何异议。

（2）买方营业处所或最终用户所在地检验，并以此作为决定交货品质和重量的最后依据。这种做法显然是对买方有利。

3. 在出口国检验，在进口国复验

这种做法的特点，是把品质与数量分别处理。交货的数量，以卖方所委托的装运口岸的商检机构出具的重量检验证明书作为最后依据。货到目的港后，买方有权对商品的品质进行检验，并以目的口岸商检机构出具的品质检验证明书作为检验或索赔的依据。

以上三种做法各有特点，前两种方式均由当事人中的一方所提供的检验证书为准，而第三种做法则对买卖双方来说，都比较方便而且公平合理，因为它既承认卖方所提供的检验证书是有效的文件，从而作为交接货物和结算货款的依据之一，又可以让买方有复验权。这种做法在国际贸易中已为大多数当事人所接受，因而已成为一条公认的原则。即除合同另有规定外，买方有权在货物到达目的港或目的地后复验，如果复验证明在货物的风险转移到买方时已存在任何不符合同规定的情形，卖方应负责任。目前我国对外贸易基本上都采用这一做法。

任务三 检验机构和检验证书

有进出口贸易的国家或地区都有自己的商品检验机构和公证鉴定机构。有官方机构，也有经当地法律承认的社团组织和民间机构；有的属于综合性的，有的属于专业性的。这些商品检验机构都是为进出口商品的检验提供服务的，是独立于外贸企业之外的服务性部门，是与合同买卖双方无利害关系的第三方。

一、国际上的检验检疫机构

国际上著名的检验检疫机构由于其检验检疫比较公正、合理、科学，已被许多国家所认可，其鉴定结果亦成为商品进入国际市场的通行证。国际上著名的官方检验检疫机构有：美国食品药物管理局（FDA）、美国粮谷检验检疫署（FGES）、瑞士日内瓦通用鉴定公司（SGS）、日本海事鉴定协会（NKKK）、新日本鉴定协会（SK）、劳氏船级社（Lloyd's Register of Shipping）、英之杰检验检疫集团（IITS）、英国劳合氏公证行（Lloyd's Surveyor）等。

二、中国的国家出入境检验检疫机构

在我国官方的商品检验机构是中华人民共和国商品检验检疫局及其设在各地的进出口商品检验检疫机构，其是主管出入境卫生检疫、动植物检疫、商品检验、鉴定、认证和监督管理的行政执法机构。此外，还有经国务院批准的中国进出口商品检验总公司及其设立在各地的分公司，以民间第三方的地位承办进出口商品检验和公证鉴定业务。商检公司是国家商检局指定的独立检验机构。

根据我国《商检法》的规定，我国检验检疫机构的职能有以下三项：

（1）法定检验检疫。根据国家法律法规规定，对规定的进出口商品进行强制性的检验检疫。

（2）办理鉴定业务。接受委托，办理规定范围内的进出口商品鉴定业务，签发各种鉴定证书，作为办理进出口商品的交接、结算、计费、理算、清关、纳税和处理争议索赔的有效凭证。鉴定业务凭申请或委托办理，属非强制性的。

（3）监督管理。通过行政和技术手段对进出口商品进行控制管理和监督。

进出口商品经过商检机构检验后，都要由检验机构发给一定的证明书，以证明商品的品质和数量是否符合合同的规定，这种证书称为商检证书。

检验检疫证书的作用：

在国际货物买卖中，检验检疫证书是具有法律约束力和经济效用的重要证明文件。

根据申请人的要求，检验检疫机构在检验检疫鉴定工作完成之后，不论合格与否，都要签发相应的证书或放行通知单。由于检验检疫证书关系到对外贸易关系人的经济利益，所以是有关各方面极为关注的重要证书之一。

检验检疫机构对进出口商品检验检疫或鉴定后，根据不同的检验检疫结果或鉴定项目签发的各种检验检疫证书、鉴定证书和其他证明书统称为检验检疫证书或鉴定证书。在国际贸易中，检验检疫证书是有关各方履行契约义务、处理争议及索赔、仲裁、诉讼举证的有效证件，也是海关验放、征收关税和优惠减免关税的必要证明，具有重要的法律地位。

虽然检验检疫证书类别不一，但作用基本相同，主要表现在以下四个方面：

◇ 公证证明。

◇ 作为买卖双方交接货物、结算货款和进行索赔和理赔的依据之一。

◇ 是通关、征收关税和优惠减免关税的有效凭证。

◇ 结算运费、出口收汇的有效凭证。

三、检验检疫证书的种类

目前在国际贸易中常见的检验证书主要有以下几种：

（1）品质检验证书（Inspection Certificate of Quality）：证明进出口商品的品质、规格、等级等。

（2）重量检验证书（Inspection Certificate of Weight）：根据不同的计重方式证明进出口商品的重量。

（3）数量检验证书（Inspection Certificate of Quantity）：根据不同的计量单位证明商品的数量。

（4）兽医检验证书（Veterinary Inspection Certificate）：证明出口动物产品检疫合格，适用于冻畜肉、冻禽、皮张、绒类、毛类等商品。

（5）卫生（健康）检验证（Sanitary Certificate）：证明出口供食用的动物产品、食品的卫生检验检疫合格，适用于罐头食品、蛋制品、乳制品、冻鱼等商品。

（6）消毒检验证书（Disinfection Inspection Certificate）：证明出口动物产品已经过消毒处理，适用于猪鬃、马尾、羽毛、山羊毛等商品。

（7）产地检验证书（Inspection Certificate of Origin）：证明出口商品的原产地。

（8）价值检验证书（Inspection Certificate of Value）：证明商品的价值或发票所开列的商品单价和总值真实正确。

（9）验残检验证书（Inspection Certificate Damaged Cargo）：证明进口商品残损情况，供索赔时使用。

（10）熏蒸证书（Inspection Certificate of Fumigation）：证明一些出口商品已经过药物、熏蒸、灭虫处理，适用于粮谷、豆类、油籽、皮张、木质包装箱等商品。若对方不提出单列证明，则可归入品质检验证书内容中。

在国际贸易中，买卖双方应根据成交商品的种类、性质、有关国家的法律和贸易惯例来确定交易中应取得何种商品检验证书，并在合同中加以规定。

任务四 进出口合同中的商品检验条款

进出口合同中的商检条款同其他条款一样，也是十分重要的。商检条款订得如何，直接或间接地关系到交易的成败、经济的得失和信誉的优劣，影响是非常大的。

国际货物买卖合同中的商检条款一般包括下列内容：有关检验权的规定；检验或复验的时间和地点；检验机构；检验方法和检验标准、检验项目和检验证书等。

检验方法和检验标准涉及检验工作中许多复杂的技术问题。同一商品，如用不同的检验方法和标准进行检验，其结果也会不同。因此，在对外签订合同时，应注意确定适当的检验方法和检验标准。

在出口方面，我国的出口商品一般应按我国有关标准规定的方法进行检验。如对方要求按对方或第三国的标准进行检验时，应和商检部门研究，征得有关部门同意后再定。但不宜接受与我国不进行贸易的国家的标准进行检验或复验。

1. 商品检验原则

在进口方面，对进口商品的检验一般可按下列原则办理：

（1）按生产国的标准进行检验。

（2）按买卖双方协商同意的标准和方法进行检验，但原则上不能接受在合同中规定与我国不进行贸易的国家的标准进行检验。

（3）按国际标准或国际习惯进行检验。

无论是出口商品还是进口商品的检验方法或标准，在合同中均应订明以一种标准或方法为限，不要采用“某种或某种均可”这类含糊性的条款，以免引起不必要的纠纷。

具体商检条款示例：

（1）以装运港检验证书为最后依据。例如：“双方同意以装运港中华人民共和国国家质量监督检验检疫总局[①]所签发的品质/数量检验证书为最后依据，对双方具有约束力。”

(It is mutually agreed that the Certificate of Quality/Quantity issued by the General Administration of Quality Supervision, Inspection and Quarantine of the People's Republic of China at the port of shipment shall be regarded as final and binding upon both parties.)

---

① 现国家市场监督管理总局。

（2）以装运港检验证书为议付货款的依据，货到目的港后买方有权复验。例如："双方同意以装运港中华人民共和国国家质量监督检验检疫总局签发的品质和数量（重量）检验证书作为信用证项下议付所提交单据的一部分。买方有权对货物的品质或数量（重量）进行复验。复验费由买方负担。如发现品质和数量（重量）与合同不符，买方有权向卖方索赔，但须提供经卖方同意的公证机构出具的检验报告。索赔期限为货到目的港××天内。"

（It is mutually agreed that the Certificate of Quality and Quantity（weight）issued by the AQSIQ at the port of shipment shall be part of the documents to be presented for negotiation under the relevant L/C. The Buyers shall have the right to re－inspect the Quality and Quantity（weight）of the cargo. The reinsertion fee shall be borne by the Buyers. Should the Quality and/or Quantity（weight）be found not in conformity with that of the contract, the Buyers are entitled to lodge with the Sellers a claim which should be supported by survey reports issued by a recognized surveyor approved by the Sellers. The claim, if any, shall be lodged within ×× days after arrival of the cargo at the port of destination.）

（3）出口合同中的检验条款。

It is mutually agreed that the Inspection Certificate of quality and quantity（weight）issued by the China Import and Export Commodity Inspection Bureau at the port of shipment shall be part of the documents to be presented for negotiation under the relevant L/C. The Buyers shall have the right to reinspect the quantity（weight）of the cargo. The reinspection fee shall be borne by the Buyers. Should the quantity and/or quantity（weight）be found not in conformity with that of the contract, the Buyers are entitled to lodge with the sellers a claim which should be supported by survey reports issued by a recognized surveyor approved by the sellers. The claim, if any, shall be lodged with in ×× days after arrival of the cargo at the port of destination.

（4）进口合同中的检验条款。

Inspection：It is mutually agreed that the certificate of quality or weight issued by the manufacturer（or ×× surveyor）shall be part of the document for payment under the relevant L/C. However, the inspection of quality and quantity or weight shall be made in accordance with the following：

In case the quality, quantity or weight of the goods be found not in conformity with those stipulated in this contract after reinspection by the China Import and Export Commodity Inspection Bureau within ×× days after arrival of the goods at the port of destination, the Buyers shall return the goods to or lodge claims against the sellers for compensation of losses upon the strength of Inspection Certificate issued by the said Bureau, with the exception of those claims for which the insurers or the carriers are liable. All expenses（including insurer fees）and losses arising from the return of the goods or claims should be borne by the sellers. In such case, the buyers may, if so requested, send a sample of the goods in question to the sellers, provided that the sampling is feasible。

2. 订立商品检验条款应注意的事项

（1）品质条款应定得明确、具体，不能含糊其词，模棱两可，致使检验工作失去确切依据而无法进行，或只能按照不利于出口人的最严格的质量标准检验。

（2）凡以地名、牌名、商标表示品质时，卖方所交合同货物既要符合传统优质的要求，又要有确切的质量指标说明，为检验提供依据。

（3）出口商品的抽样、检验方法，一般均按中国的有关标准规定和商检部门统一规定的方法办理，如买方要求使用他的抽样、检验方法时，应在合同中具体定明。

（4）对于一些规格复杂的商品和机器设备等的进口合同，应根据商品的不同特点，在条款中加列一些特殊规定，如详细具体的检验标准、考核及测试方法、产品所使用的材料及其质量标准、样品及技术说明书等，以便货到后对照检验与验收。凡样品成交的进口货，合同中应加订买方复验权条款。

（5）进出口商品的包装应与商品的性质、运输方式的要求相适应，并详列包装容器所使用的材料、结构及包装方法等，防止采用诸如“合理包装”“习惯包装”等定法。如果采用这种定法，检验工作将难以进行。

知识扩展：
英汉短语集萃

项目八
任务训练

参考答案

项目九　争议、索赔、不可抗力和仲裁

项目导语

在国际贸易交易过程中，买卖双方往往因彼此间权利与义务等问题产生业务纠纷，引起争议，并有可能导致索赔、仲裁和诉讼等问题的发生。为了防止争议的产生，或者出现争议时能够得到妥善和圆满的解决，买卖双方在磋商交易时就应明确各方的责任和义务，特别是对于容易产生争议的条款都应做出明确和详细的规定。除此之外，还要在合同中对于违约后的补救，如索赔、罚金和仲裁以及不可抗力等问题作为合同条款予以详细规定。

知识目标：

- 了解违约和争议的含义
- 掌握争议产生的原因，理解索赔和理赔的含义
- 国际货物销售合同解决争议的国际惯例
- 正确理解不可抗力条款下的免责内涵

能力目标：

- 学会运用争议解决条款保护自己的合理权益不受损害
- 会用合同中的不可抗力条款

素质目标：

- 培养学生通晓国内外贸易规则政策，在复杂多变的国际环境中坚持“祖国利益高于一切”的原则和信念
- 培养学生能灵活处理进出口业务中的贸易纠纷，具备良好的团队合作精神和协调能力，同时具有乐观向上的性格，善于交流沟通
- 培养学生具备自主学习能力和分析能力，善于总结经验和创新

案例（任务）导入

案例（任务）描述：

2009 年 4 月，我某外贸公司与加拿大进口商签订了一份茶叶出口合同，并要求采用合适的包装运输，成交术语为 CIF 渥太华，向中国人民保险公司投保一切险。

生产厂家在最后一道工序将茶叶的湿度降低到了合同规定值，并用硬纸筒盒作为容器装入双层纸箱，在装入集装箱后，货物于2009年5月到达渥太华。检验结果表明：全部茶叶变质、湿霉，总共损失价值达10万美元。但是当时货物出口地温度与湿度适中，进口地温度与湿度也适中，运输途中并无异常发生，完全为正常运输。试问以上货物的损失该由谁来赔偿，为什么？

国际货物销售合同在执行过程中，贸易双方由于各种各样的因素而发生纠纷是不可避免的。需要引起重视的是出现纠纷后缺乏合理的解决办法，或在处理纠纷中处于被动的局面，而预防和妥善解决纠纷的最好途径就是事先在合同中订好争议处理的条款。

任务一 争议和索赔

一、争议的含义

争议（Disputes），是指交易的一方认为另一方未能全部或部分履行合同规定的责任而引起的业务纠纷。在国际贸易中，业务上的纠纷是屡见不鲜的，其原因是多方面的，主要有以下几种情况：合同是否成立，双方国家法律和国际贸易惯例解释不一；合同条款规定不明确，双方对合同条款解释不一致；在履行合同时产生了双方不能预见和无法控制的情况，导致合同无法履行或无法按时履行，但双方对发生的不可抗力的法律后果解释不一致；买方不按时开证、不按时付款赎单、无理拒收货物、不按时派船等；卖方不按时交货、不按合同规定的品质、数量、包装交货，卖方不提供合同和信用证规定的单据等。诸如此类，都可能引起双方的争议。

产生争议，应该采取适当的方法予以解决。双方应该在平等的基础上进行友好协商、互相谅解，不能为一时的业务纠纷而影响正常的贸易关系；如果经过友好协商，争议不能得到圆满解决，要在分清责任的基础上，由承担责任一方向对方作出一定的补救表示，或者双方自愿将有关争议提交第三者裁决。

二、违约、索赔与理赔

国际货物买卖合同对合同双方当事人具有法律约束力，任何一方当事人都必须按照合同规定严格履行其合同义务，否则，即构成违约。在国际贸易中，对违约行为又有重大违约和非重大违约之分：重大违约，即指违反“要件”（Conditions）；非重大违约，即指违反“担保”（Warranties）。如果违反要件，受害方有权解除合同并要求损害赔偿；如果违反担保，受害方不能解除合同，只能要求损害赔偿。当然受害方有权把违反要件作为违反担保处理，即只要求损害赔偿，不主张解除合同。

违约的一方当事人应承担相应的违约责任，双方有权提出赔偿要求，甚至解除合同。只有当履约中发生不可抗力的事故，致使一方不能履约或不能按期履约时，才可根据合同规定或法律规定免责。

而违约的一方对索赔进行处理，即为理赔（Claim Settlement）。索赔和理赔是一个问题的两个方面。对受损方而言，称作索赔；对违约方而言，称作理赔。索赔是处理违约的一种最常见的补救措施。此外，还可按具体情况，采取其他补救措施，如退货、更换、修理、延迟履行、替代履行和解除合同等。按照世界上大多数国家法律和惯例的一般规定，在采取其他违约补救措施时，都不影响受损害的一方向违约方提出索赔的权利。但受损害的一方提出索赔时可否同时要求解除合同，则要视违约的具体情况而定。

三、索赔的对象

对于索赔应该负责的对象主要有卖方、买方、船公司（或承运人）和保险公司。他们所负的责任根据造成损失的原因和有关合同的规定而有所不同：

1. 属于卖方的责任

①货物品质、规格不符。

②原装货物数量短少。

③包装不善致使货物受损。

④延期交货。

⑤卖方不符合合同条款规定的其他行为致使买方受到损失。

2. 属于买方的责任

①付款不及时。

②订舱或配船不及时（指按 FOB 条款成交的合同）或延迟接货。

③买方不符合合同条款规定的其他行为致使卖方受到损失。

3. 属于船公司（或承运人）的责任

①数量少于提单载明的数量。

②收款人持有清洁提单而货物发生残损短缺。

4. 属于保险公司的责任

①在承保范围以内的货物损失。

②船公司（或承运人）不予赔偿的损失或赔偿额不足以补偿货物的损失而又属承保范围以内的。

以上是各个索赔对象应负的单独责任。如果损失的发生牵涉几方面，例如保险的货物到达目的港后发生短卸，由于船公司对每件货物的赔偿金额有一定的限制，往往不能赔足，其不足部分就应由保险公司负责。这里涉及船公司和保险公司两方面，因此收货人应向船公司和保险公司同时提出索赔。

四、合同中的索赔条款

贸易索赔条款及示例为了买卖双方在履约中有所遵循，一般在合同中订立索赔条款。其订立方式有两种：一种是异议与索赔条款；另一种是罚金条款。进出口合同中的索赔条款主要内容有索赔的期限、索赔必须具备的证据、出证的机构以及解决索赔的办法等。有时索赔条款还同检验条款合并订在一起。对于买卖大宗商品的机械设备合同往往还订有罚金条款（Penalty Clause）。

（一）异议与索赔条款（Discrepancy and Claim Clause）

一般是针对卖方交货品质、数量或包装不符合合同规定而订立的，主要包括：

1. 索赔依据一方当事人提出索赔时，必须要有充分的索赔依据

索赔的证据就索赔情形、对象而定，通常包括法律依据和事实。就法律依据而言，向贸易对方索赔，销售合同为主要依据；向承运人索赔须提供运输合同；向保险公司索赔，保险单据为主要凭证，而检验证书则是任何索赔均须出具的。关于检验证书的出具机构，买卖双方也须事先在合同中约定。对于规定买方有复验权的出口合同，则应在合同中规定，要以卖方同意的检验机构出具的检验报告作为索赔的依据。

2. 索赔期限是指索赔的一方向违约方提出索赔要求的有效期

按照法律和国际惯例，受损害一方只能在一定的索赔期限内提出索赔，否则即丧失索赔权。索赔期限的长短应结合不同商品的特性、运输、检验的繁简等情况而定。对于易变质的商品，索赔的期限应规定得短一些；一般商品的索赔期限可定得长一些，为30~45天；成套设备的索赔期则可更长一些，按照全套设备安装、调试所需时间而定。在规定索赔期限时，应对索赔期限的起算时间做出具体规定，通常有以下几种：

（1）货物到达目的港后××天起算。

（2）货物到达目的港卸离海轮后××天起算。

（3）货物到达买方营业场所或用户所在地后××天起算。

（4）货物经检验后××天起算。

[条款示例1：]

买方对于装运货物的任何异议，必须于装运货物的船只到达提单所订目的港后30天内提出，并须提供经卖方同意的公证机构出具的检验报告。

Any claim by the Buyers regarding the goods shipped shall be filed within 30 days after the arrival of the goods at the port of destination specified in the relative Bill of Lading and supported by a survey report issued by a surveyor approved by the Sellers.

[条款示例2：]

买方对于装运货物的任何索赔，必须于货物到达提单及/或运输单据所订目的港

(地) 之日起 ××天内提出，并必须提供卖方同意的公证机构出具的检验报告。属于保险公司、轮船公司或其他有关运输机构责任范围内的索赔，卖方不予受理。

Any claim by the Buyer regarding the goods shipped should be filed within ××, days after the arrival of the goods at the port/place of destination specified in the relative Bill of Lading and/or transport document and supported by a survey report issued by a surveyor approved by the Seller. Claims in respect of matters within responsibility of insurance company, shipping company/other transportation organization will not be considered or entertained by the Seller.

(二) 罚金条款 (Penalty Clause)

罚金条款的主要内容是一方如果未能履约或未完全履约应向对方支付一定金额作为罚金以补偿对方的损失。这种条款常用于卖方延期交货或买方延期接货。如我国某进出口公司在进口合同中就“迟交和罚金条款”作如下规定：

“如延迟交货除人力不可抗拒者外，卖方应付给买方每周按迟交货物总值的 0.5% 的迟交罚款，不足 1 周的迟交日数作为 1 周计算。此项罚款总额不超过全部迟交货物总值的 5%。在议付货款时，由银行代为扣除，或由买方在付款时进行扣除。如延迟交货超过原定期限 10 周时，买方有权终止合同，但卖方仍应向买方缴付以上规定之罚款。”罚金的支付并不解除违约方继续履行的义务，因此，违约方除支付罚金外，仍应履行合同规定的义务。

关于合同的罚金条款，各国法律规定不尽相同。德国等国的法律承认罚金条款并予以保护。而英、美、澳大利亚、新西兰等国家的法律则对罚金有异议，它们认为对于违约行为只能要求赔偿，而不能惩罚。英、美的法院对于合同中固定赔偿金额条款首先要区别这一金额是属于预定的损害赔偿金额，还是属于罚款。如果法院认为属于损害赔偿金额则可按合同规定的固定金额判给；如果认为属于惩罚性的罚金，法院不予承认，而只能按照受损害一方所受损失的证据另行确定其金额。因此我们在与英、美等国商人订立合同时，如需规定罚金或损害赔偿金条款，应注意约定的金额是否合宜，以免在发生纠纷时，使我方处于被动。

[条款示例 1:]

如果卖方不能在合同规定期限内把整批或一部分货物装上船，除非不可抗力原因或取得买方同意而修改合同规定外，买方有权在合同装船期满 30 天后撤销未履行部分的合同。如果货至目的口岸买方对品质有异议时，可以凭卖方同意的公证机构出具的检验报告，在货到目的口岸 30 天内向卖方提出索赔，卖方将根据实际情况考虑理赔或不理赔，一切损失凡由于自然原因或属于船方或保险公司责任范围内者，卖方概不负赔偿责任。

Discrepancy and Claim: in case the Sellers fail to ship the whole lot or part of the goods within the time stipulated in this contract, the Buyers shall have the right to cancel the part of the contract which has not been performed 30 days following the expiry of the stipulated time of shipment, unless there exists a Force Majeure cause of the contract or stipulation has been modified with the Buyers consent. In case discrepancy on the quality of the goods is found by the Buyers arrival of the goods at the port of destination, the Buyers may, within 30 days after arrival of the goods at the port of destination, lodge with the Sellers a claim which should be supported by an Inspection Certificate issued by a public surveyor approved by the Sellers. The Sellers shall, on the merits of the claim either make good the loss sustained by the Buyers, or reject their claim, it being agreed that the Sellers shall not be held responsible for any loss or losses due to natural causes or causes falling within the responsibility of Ship – owners of the Underwriters.

[**条款示例 2:**]

买方对于装运货物的任何索赔，必须凭卖方同意的公证机构出具的检验报告，在货物到达目的港之日起 45 天内提出。属于保险公司、船公司等责任范围内的索赔，卖方不予受理。如买方不能如期索赔，在卖方同意付款行从议付货款中扣除罚金的条件下，买方可同意延期交货。罚金率为每周收取延期交货部分总金额的 0.5%，不足一周按一周算。但罚款金不得超过延期交货部分总价值的 5%。如果卖方延期超过合同规定期限 10 周，买方有权解除合同，卖方仍应按上述规定立即向买方支付罚金。

Any claim by the Buyer regarding the cargo shall be supported by a survey report issued by a surveyor approved by the Seller and lodged within 45 days after the arrival of the cargo at the port of destination. The Seller will not consider claims in respect of matters within responsibility of insurance company or shipping company. Should the Seller fail to make delivery on time, the Buyer shall agree to postpone the delivery on the condition that the Seller agrees to pay a penalty which shall be deducted by the paying bank at the time of payment. The rate of penalty is charged at 0.5% of the total value of the cargo whose delivery has been delayed for every week, odd days less than a week should be counted as a week. But the total amount of penalty shall not exceed 5% of the total value of the cargo involved in the late delivery. In case the Seller fail to make delivery 10 weeks later than the time of shipment stipulated on the contract, the Buyer shall have the right to cancel the contract and the Seller shall still pay the aforesaid penalty to the Buyer without delay.

五、索赔、理赔注意事项

索赔、理赔是一项政策性、技术性很强的工作，也是一项维护国家权益和信誉的重要涉外工作。要做好这项工作必须对发生的每一事件认真调查研究，弄清事实，在贯彻我国对外贸易方针政策前提下，利用国际惯例和有关法律实事求是地予以合理解决。

进口工作中的对外索赔，按照目前的做法，属于船方和保险公司责任的，由外运公司代办；属于卖方责任的，由各进出口公司自行办理。如向卖方提出索赔应注意以下问题：

①按照合同的规定提供必要的索赔证件，其中包括商检机构出具的检验证书，检验证书内容要与合同的检验条款要求相一致。

②合理确定索赔金额。如合同预先约定损害赔偿的金额，则按约定的金额索赔。如未预先约定，则按实际所受损失情况确定适当的金额。退货时提出索赔金额，除货价外，还应包括运费、保险费、仓储费、利息以及运输公司和银行手续费等。倘因品质差而要求减价，则索赔金额应是品质差价；如果卖方委托我方整修，则索赔金应包括合理的材料费和加工费。

③在规定的有效期内向卖方提出索赔。如果估计检验工作不能在有效期内完成，则应及时向国外要求延长索赔期并取得我方同意，以免影响我方行使索赔权。索赔函的内容应包括：到货与合同不符的情况，索赔的理由和证据，索赔的项目、金额和解决的办法，附寄索赔证件的名称和份数等。为了做好索赔工作，应做好索赔方案。方案应列明索赔案情和证件、索赔的理由、索赔的措施等，如情况变更应对方案及时作出修改。在索赔工作结案后应做好登记，并总结经验教训。

在出口理赔工作中应注意下列问题：

①认真审查买方提出的索赔要求，其理由是否充分，出证机构是否合法，证据与索赔要求是否一致，索赔是否在有效期内提出等。

②如属于船公司或保险公司的责任范围应分别转请相关公司处理。如确属我公司的责任，在合理确定对方损失后，应实事求是地予以赔偿；对于不该赔的也要根据事实向对方说明理由。

任务二　不可抗力

一、不可抗力的含义

不可抗力（Force Majeure）或称人力不可抗拒，是指在合同签订以后，不是由于当事人的过失或疏忽，发生了当事人所不能预见的、无法预防的意外事故，以致不能履行合同或不能如期履行合同。遭受意外事故的一方可以据此免除履行合同的责任或延迟履行合同，对方无权要求损害赔偿。构成这类事件需要具备三个条件：

①事件是在签订合同后发生的。

②事件的发生不是由于任何一方当事人的故意或过失造成的。

③事件的发生及其造成的结果是当事人不能预见、不能避免和不能克服的。

二、不可抗力的法律后果

目前，各国对不可抗力的法律解释不尽相同。例如，法国的法律称这类事件为“不可抗力”；英美法律称之为“合同落空”，指合同签订后，不是由于当事人的过失，而是发生了当事人意想不到的事件，致使订约目的受到挫折，发生事件的一方可免除责任；大陆法系国家称之为“情势变迁”或“契约失败”，其意思与“合同落空”基本一致；《公约》则称之为“履行合同的障碍”，规定若是在合同签订之后发生了合同当事人订约时无法预见和事后不能控制的障碍，以致不能履行合同义务，则可免除责任。

不可抗力事件所引起的后果主要有两种：一种是解除合同，一种是延迟履行合同。至于在什么情况下可以解除合同，在什么情况下不能解除合同而只能延迟合同的履行，要看意外事件对履行合同的影响。当然也可由买卖双方在合同中作具体规定。如合同中未有规定，一般解释为：如不可抗力事件使合同的履行成为不可能，则可解除合同；如不可抗力事件只是暂时阻碍了合同的履行，则只能延迟履行合同。

三、不可抗力事件的范围

不可抗力事件的范围一般包括两类，一类是自然原因引起的，如水灾、旱灾、雪灾、海啸、雷电等；另一类是政治或社会原因引起的，如战争、罢工、政府封锁与禁运、贸易政策调整等。对于不可抗力事件范围的认定，进出口双方非常容易在这个问题上产生异议。在实际业务中，我们不能任意理解不可抗力事件的范围，而应把它和一般的商业风险区别开来，如签约后发生的价格涨跌、汇率升降变化、买方无力偿还贷款等正常的贸易风险。

四、合同中的不可抗力条款

不可抗力条款对买卖双方都是同样适用的。在进出口合同中订立了不可抗力条款，一旦发生意外事件影响到合同的履行时就可根据合同规定确定发生的意外事件是否属于不可抗力，防止对方任意扩大或缩小对不可抗力的解释。这对于维护买卖双方的正当利益是有好处的。

不可抗力条款的内容一般有：不可抗力事件的范围；不可抗力事件发生后，通知对方的期限；出具证明文件的机构；不可抗力事故的后果。

不可抗力条款的订法常见的有三种：

1. 概括式规定

概括式规定即对不可抗力事件范围只作笼统规定，而不具体规定哪些事件属于不可抗力事件的范围。这种规定方法过于含糊，买卖双方容易因解释上的差异而产生纠纷，因此较少使用。

[条款示例1:]

如果由于不可抗力的原因导致卖方不能履行合同规定的义务时，卖方不负责任，但卖方应立即电报通知买方，并须向买方提交证明发生此类事件的有效证明书。

If the fulfillment of the contract is prevented due to force majeure, the Seller shall not be liable. However, the Seller shall notify the buyer by cable and furnish the sufficient certificate attesting such event or events.

[条款示例2:]

由于不可抗力的原因，致使卖方不能全部或部分装运或延迟装运合同货物，卖方对于这种不能装运或迟缓装运本合同货物不负有责任。但卖方须用电报或电传通知买方，并须在15天内以航空挂号信件向买方提交由中国国际贸易促进委员会出具的证明此类事件的证明书。

If the shipment of the contracted goods is prevented of delayed in whole of in part due to Force Majeure, the Seller shall not be liable for non – shipment of late shipment of the goods of this contract. However, the Seller shall notify the Buyer by cable or telex and furnish the latter within 15 days by registered airmail with certificate issued by the China Council for the Promotion of International Trade attesting such event or events.

2. 列举式规定

列举式规定即逐一证明不可抗力事件的种类。例如：“由于战争、洪水、水灾、地震、暴风、大雪的原因而不能履行合同规定义务的一方可不负责任。”这种规定方法比较明确，但灵活性差，对于不可抗力事件范围定得过死，如果发生的事件超过此范围，就没有更多的回旋余地。

[条款示例:]

由于战争、地震、水灾、火灾、暴风雨、雪灾的原因，致使卖方不能全部或部分装运或延迟装运合同货物，卖方对于这种不能装运或迟缓装运本合同货物不负有责任。但卖方须用电报或电传通知买方并须在15天内以航空挂号信件向买方提交由中国国际贸易促进委员会出具的证明此类事件的证明书。

If the shipment of the contracted goods is prevented or delayed in whole or in part by reason of war, earthquake, flood, fire, storm, heavy snow, the Seller shall not be liable for non – shipment or late shipment of the goods of this contract. However, the Seller shall notify the Buyer by cable or telex and furnish the latter with 15 days by registered airmail with a certificate issued by the China Council for the Promotion of International Trade attesting such event or events.

3. 综合式规定

综合式规定即将上述列举式和概括式规定方法结合起来，在合同中列明通常容易出现的一些不可抗力事件的同时，还加上“以及双方当事人所同意的其他意外事件”的字样。这种规定办法既明确具体，又有一定的灵活性，是比较切实可行的。当前，在我国进出口合同中，一般都采取这种规定办法。

[条款示例:]

由于战争、地震、水灾、火灾、暴风雨、雪灾或其他不可抗力的原因，致使卖方不能全部或部分装运或延迟装运合同货物，卖方对于这种不能装运或迟缓装运本合同货物不负有责任。但卖方须用电报或电传通知买方，并须在15天内以航空挂号信件向买方提交由中国国际贸易促进委员会出具的证明此类事件的证明书。

If the shipment of the contracted goods is prevented of delayed in whole or in part by reason of way, earthquake, flood, fire, storm, heavy snow or other causes of Force Majeure, the Seller shall not be liable for non - shipment or late shipment of the goods of this contract. However, the Seller shall notify the Buyer by cable or telex and furnish the latter within 15 days by registered airmail with a certificate by the China Council for the Promotion of International Trade attesting such event or events.

任务三 仲裁

在国际货物买卖中，由于贸易情况复杂多变，买卖双方在履行过程中发生争议是难以避免的。解决争议的方式通常有协商、调解、仲裁、诉讼等。采用友好协商或通过第三方调解的方式解决争议，气氛比较好，有利于贸易双方的长期交往，但这两种方式有其局限性，尤其当双方争议较大时，采用协商或调解就显得乏力。当前，国际贸易中解决争议通常采用仲裁的方式，而只有在双方矛盾激烈、不得已的情况下才采用法律诉讼方式解决争议。

一、仲裁的含义与特点

仲裁是解决对外贸易争议的一种重要方式。它是指买卖双方达成协议，自愿将有关争议交给双方所同意的仲裁机构进行裁决，而这个裁决是终局的，对双方都有约束力，双方必须遵照执行。经过长期实践，目前包括我国在内的不少国家已通过立法规定仲裁为解决争议途径之一的制度。

在国际贸易中，买卖双方发生争议后的解决方式有友好协商、调解、仲裁和诉讼等。采用友好协商的方法或第三者调解的方式，可以节省仲裁或诉讼的费用，有利于双方贸易的开展。这是买卖双方解决争议所常用的两种方法。如果这两种方式不能解决时，才采用仲裁或诉讼的方式。

凡采用仲裁方式处理争议时，双方当事人必须订有仲裁协议（Arbitration Agreement)。仲裁协议是双方当事人表示愿意将他们之间的争议交付仲裁解决的一种书面协议。它是仲裁机构受理争议案件的依据，仲裁协议可在争议发生前订立，一般是包括在买卖合同的仲裁条款（Arbitration Clause）中的，但也可在争议发生后由双方达成。目前大多数国家都承认这两种协议具有同样的效力。仲裁协议的主要作用是使双方当事人在发生争议时，只能用仲裁方式解决而不得向法院起诉，这就排除了法院对有争议案件的管辖权。这个原则是被国际上多数国家所承认的。

仲裁不同于司法诉讼，仲裁庭也不同于法庭。仲裁必须有双方当事人的仲裁协议才能进行，是自愿性的。而司法诉讼不需要双方当事人的协议，只要一方按照司法程序向有管辖权的法院提出诉讼，另一方就必须应诉，因此是强制性的。仲裁机构一般都是民间性组织，仲裁员不是由政府任命，而是由买卖双方当事人指定的。法院则是国家机器的重要组成部分，法官都是由国家任命的。采用仲裁方式解决争议有以下几个优点：程序简单、费用较少、处理案件时间较短，更重要的是可以较少影响双方之间的关系。因此，在国际贸易合同中大多订有仲裁条款，以便在争议无法协商解决时提交仲裁。

二、仲裁机构

仲裁机构有临时仲裁机构与常设仲裁机构两种。

1. 临时仲裁机构

临时仲裁机构是指由争议双方共同指定的仲裁员自行组织成临时仲裁庭所进行的仲裁。临时仲裁庭是为审理某一具体案件而组成的，案件审理完毕，仲裁庭即自动解散。采用临时仲裁机构，仲裁协议需要就指定仲裁员的办法、人数、是否需要首席仲裁员以及采用的仲裁规则等问题作出明确规定。

2. 常设仲裁机构

常设仲裁机构仲裁是指向一个由双方当事人约定的常设仲裁机构提出申请，并按照这个仲裁机构的仲裁规则或双方选定的仲裁规则所进行的仲裁。所谓常设仲裁机构是指根据一国的法律或者有关规定设立的，有固定名称、地址、仲裁员设置和具备仲裁规则的仲裁机构。仲裁规则规定进行仲裁的程序和具体做法，一般地说，双方当事人约定由哪个常设仲裁机构仲裁，就按照该机构仲裁规则进行仲裁。但不少国家也允许双方当事人自由选用他们认为合适的仲裁规则。常设的仲裁机构能为仲裁工作提供必要的服务和便利，有利于仲裁工作的顺利进行。因此，近年来，国际商事仲裁绝大部分采用仲裁机构。双方当事人如约定采用仲裁方式解决争议的，应当明确在哪个仲裁机构进行仲裁。

3. 国际商事仲裁机构

国际商事仲裁就是指国际商事关系的双方当事人在争议发生之后，依据仲裁条款或仲裁协议，自愿将争议提交某一临时仲裁机构或某一国际常设仲裁机构审理，由其根据法律或公平合理原则作出裁决，从而解决争议。世界上很多国家、地区和一些国际性、区域性组织都设有从事国际商事仲裁的常设机构。这些机构一般是民间组织。主要有：设在法国巴黎国际商会总部的国际商会国际仲裁院（成立于 1923 年）、设在瑞典斯德哥尔摩的斯德哥尔摩商会仲裁院（成立于 1917 年）、设在瑞士苏黎世的苏黎世商会仲裁院（成立于 1911 年）、设在美国纽约的美国仲裁协会（成立于 1926 年）和中国香港的国际仲裁中心等。国际商事仲裁机构一般是民间组织。

4. 中国常设仲裁机构

我国常设的涉外商事仲裁机构是中国国际经济贸易仲裁委员会，隶属于中国国际贸易促进委员会。仲裁委员会设在北京，在深圳经济特区和上海分别设有分会。应当指出的是，我国《仲裁法》自 1995 年 9 月 1 日施行以来，不少城市根据该法的规定先后成立了地方仲裁委员会。这些仲裁委员会不仅可以受理国内仲裁案件，也可以受理涉外仲裁案件。因此，我国各涉外企业在订立国际货物买卖合同中的仲裁条款时，如双方同意在我国仲裁，既可以规定由中国国际经济贸易仲裁委员会仲裁，也可规定由地方仲裁委员会仲裁。

如双方同意在中国仲裁，合同内应订明争议由中国国际贸易促进委员会的中国国际经济贸易仲裁委员会仲裁。该委员会受理的案件可分四类：

①对外贸易契约和交易中所发生的争议，特别是外国商号、公司或者其他经济组织同中国商号、公司或者其他经济组织间的争议。

②外国商号、公司或者其他经济组织间的争议。

③中国商号、公司或者其他经济组织间的争议。

④有关中外合资经营企业、外国来华投资建厂、中外银行相互信贷等各种对外经济合作方面所发生的争执。

三、仲裁地点

仲裁地点是进行仲裁的所在地。根据一些资本主义国家的法律解释，在哪个国家仲裁就适用哪个国家的仲裁规则或程序法。因此，确定仲裁地点是仲裁条款的重要内容。国际上对仲裁地点的选择一般有以下几种情况：在买方国家，在第三国，在被诉方国家或原诉方国家，在货物所在地。

我国各进出口公司在规定仲裁地点时主要有三种方式：

①在我国仲裁。

②在被诉方所在国仲裁。

③在双方所同意的第三国仲裁。

一般来说，首先应当争取在我国进行仲裁，其次才考虑在被诉方所在国仲裁或在第三国仲裁。在选择第三国仲裁时，应注意所选择的国家必须在政治上对我方友好，仲裁机构有一定的业务能力，审理公平合理，我方对该国仲裁程序有所了解。

四、仲裁程序

仲裁程序主要指进行仲裁的手续和做法，包括仲裁的申请、仲裁员的指定、仲裁条件的审理、仲裁裁决的效力和仲裁费用的支付等内容。各国常设的仲裁机构都订有自己的仲裁程序规则。为便于仲裁进行，仲裁条款应明确规定采用哪个仲裁机构的仲裁规则进行仲裁。我国各进出口公司的通常做法是规定在哪个国家的仲裁机构仲裁，就规定按哪个仲裁机构的仲裁规则办理。在资本主义国家，采用哪个仲裁规则则可由双方当事人自由选择。

进行仲裁时涉及两种法律：一是上述仲裁程序规则，即程序法（Adjective Law）；另一是确定双方当事人权利与义务的实体法（Substantive Law）。关于实体法问题，资本主义国家一般也允许双方当事人在合同中加以订明。如果没有订明，除仲裁所在国另有规定外，一般由仲裁员按仲裁所在国的法律冲突规则（Conflict of Laws）来确定。我国各进出口公司通常不在合同中规定适用的实体法。这就意味着由仲裁员按照上述法律冲突规则予以确定。根据这一原则，既有适用我国法律的可能，也有适用对方国家法律或第三国法律的可能。这点必须引起我们注意。

仲裁程序规则一般对仲裁的申请、仲裁员的指定、仲裁案件如何审理都有具体规定。例如，关于仲裁员的指定，我国的仲裁规则规定：仲裁员可由当事人在仲裁委员会委员中选出，也可委托仲裁委员会代为选定。仲裁裁决的效力一般都规定为终局性的，对双方当事人都有约束力，但有些国家的法律允许当事人对明显违背法律的裁决可向法院上诉。仲裁费用一般规定由败诉的一方负担。仲裁的裁决应由当事人自动执行。对于由我国的经济贸易仲裁委员会做出的裁决，一方如果逾期不予执行，另一方可申请中国人民法院依法执行。外国仲裁机构的裁决可以根据具体情况向仲裁所在地国家的法院或向与仲裁地国家订有相互承认和执行仲裁公约或条约的国家申请执行。

五、合同中的仲裁条款

国际货物买卖合同中的仲裁条款，一般包括仲裁的争议范围、仲裁地点、仲裁规则、仲裁机构和裁决的效力等项内容。具体业务中，这一条款有以下三种规定方法。

1. 规定在我国的仲裁条款

[条款示例：]

凡因执行本合同所发生的或与本合同有关的任何争议，双方应通过友好协商解决。如果协商不能解决，应提交北京中国国际经济贸易仲裁委员会或其深圳或上海分会，根据其仲裁规则进行仲裁。仲裁裁决是终局的，对双方都有约束力。

All disputes arising out of relating to this contract shall be settled amicably through negotiation. In case no settlement can be reached through negotiation the case shall then be submitted to the China International Economic and Trade Arbitration Commission, Beijing, or its Shenzhen or Shanghai Commission for arbitration in accordance with the Rules of Arbitration. The arbitral award is final and binding upon both parties.

2. 规定在被诉方所在国仲裁的条款

[条款示例:]

凡因执行本合同所发生的或与本合同有关的一切争议，双方应通过友好协商解决。如果协商不能解决，应提交仲裁。仲裁在被诉方所在国进行。如在中国，由北京中国国际经济贸易仲裁委员会或其深圳或上海分会，根据其仲裁规则进行仲裁。如在××(对方所在国名称)，由××(对方所在国仲裁机构名称) 根据该仲裁机构的仲裁规则进行仲裁。仲裁裁决是终局的，对双方均有约束力。

All disputes arising out of relating to this contract shall be settled amicably through negotiation. In case no settlement can be reached through negotiation the case shall then be submitted for arbitration. The location of arbitration shall be in the country of the domicile of the defendant, in China, the arbitration shall be conducted by the China International Economic and Trade Arbitration Commission, Beijing, or its Shenzhen or Shanghai Commission for arbitration in accordance with its Rules of Arbitration. In ××, the arbitration shall be conducted by ×× in accordance with its Rules of Arbitration. The arbitral award is final and binding upon both parties.

3. 规定在双方同意的第三国仲裁

[条款示例:]

凡因执行本合同所发生的或与本合同有关的一切争议，双方应通过友好协商解决。如果协商不能解决，应提交××(国)××(地)××(仲裁机构)，根据其仲裁规则进行仲裁。仲裁裁决是终局的，对双方均有约束力。

All disputes arising out of relating to this contract shall be settled amicably through negotiation. In ease no settlement can be reached through negotiation the case shall then be submitted to ×× for arbitration in accordance with its Rules of Arbitration. The arbitral award is final and binding upon both parties.

知识扩展：
英汉短语集萃

项目九
任务训练

参考答案

项目十 国际贸易交易的磋商和合同签订

项目导语

在国际贸易中，交易磋商占有十分重要的地位，因为它是贸易合同订立的基础。国家间任何一笔商品买卖，都从进口方和出口方建立业务关系开始。具体说来，从交易前的准备到交易磋商的过程包括询盘、发盘、还盘和接受，直到贸易合同的签订和履行。所以，交易磋商工作的好坏，直接影响合同的签订及以后的履行，直接关系双方的经济利益。本项目将对国际贸易交易的磋商过程和合同的签订作简要介绍，包括每一个阶段中的工作要点和要注意的事项。

知识目标：

- 了解交易前的准备工作
- 掌握交易磋商的一般程序及内容，掌握构成有效发盘和接受的条件
- 掌握国际货物买卖合同成立的条件、书面合同的形式及内容

能力目标：

- 能分析国外目标市场的特点及其发展趋势
- 能选择相应的对策，能撰写进出口经营方案
- 能掌握磋商谈判的原则、策略及方法，能撰写贸易函电及草拟合同

素质目标：

- 培养学生具备良好的思想政治素质，充分认识到经济效益和社会效益的双重作用，在对外交往中坚守我国的政治信仰和方针政策
- 培养学生具备市场开拓意识、成本效益意识、风险规避意识
- 培养学生具备吃苦耐劳、团结协作精神，具备良好的交流沟通能力、心理素质、抗压能力和商务礼仪素养

案例（任务）导入

案例（任务）描述：

2019年11月4日顺达公司应瑞典TG公司的请求，报价棉花500公吨，每公吨CIF斯德哥尔摩340欧元，即期装运实盘，要约有效期至11月24日。TG公司接收

到报盘后，请求顺达公司："降低价格；延长要约有效期"。顺达公司曾将价格每公吨减至320欧元，延长要约有效期至11月30日。TG公司接收到顺达公司来电后，又请求顺达公司："增加数量；再次延长要约有效期"。顺达公司再将数量增至800公吨，延长要约有效期至12月10日。TG公司于12月6日来电接受该盘。顺达公司在接到TG公司承诺电报时，发现国际市场因受灾影响棉花产量，市场价格暴涨。顺达公司不愿意成交，复电称："由于世界市场价格变化，在接到承诺电报前已将货物售出，不能提供货物"。TG公司不同意这一说法，认为：承诺在要约有效期内做出是有效的，坚持要求顺达公司按要约的条件履行合同。提出："执行合同或者赔偿差价损失6万欧元，否则将起诉至法院"。试问：双方间的买卖合同是否成立？TG公司有无正当理由提起诉讼？为什么？

任务一　交易前的准备

交易前的准备阶段主要要完成的工作是：选派洽谈人员、国际商品市场调研、制定方案和建立业务联系。

一、选派得力的经贸洽谈人员

这是保证洽商交易顺利进行的前提条件。尤其是对那些重要交易或者内容复杂的交易，更要注意选配精明能干的洽谈人员甚至组织一个坚强的谈判班子。在这个谈判班子中，除了包括掌握洽谈技巧的商务人员，还应该包括技术、法律和财务方面的专业人员。

二、国际商品市场调研

国际商品市场调研是为了获得与贸易有关的各种信息。通过对信息的分析，得出国际市场行情特点，判定贸易的可行性并进而据以制订贸易计划。调研范围和内容包括环境调研、市场调研、客户调研。

1. 环境调研

一国或地区的市场环境是客观存在的，要进入该市场并得到发展，就必须要适应它。环境调研的目的在于了解一个国家或地区的总体经济状况、生产力发展水平、产业结构特点、宏观经济政策、货币制度、经济法律和条约、消费水平和基本特点等。总之，是对经济大环境有一个总体的了解，预估可能的风险和效益情况。

2. 市场调研

市场调研主要是针对某一具体选定的商品，调查其市场供需状况、市场价格、国内生产能力、生产的技术水平和成本、产品性能、特点、该产品市场的竞争和垄断程度等内容。其目的在于确定该商品贸易是否具有可行性、获益性。

3. 客户调研

客户调研在于了解欲与之建立贸易关系的国外厂商的基本情况，包括它的历史、资金规模、经营范围、组织情况、信誉等级等自身总体状况，还包括它与世界各地其他客户以及与我国客户开展对外经济贸易关系的历史和现状。只有对国外厂商有了一定的了解，才可以与之建立外贸联系。在我国对外贸易实际工作中，常有因对对方情况了解不清，匆忙与之进行外贸交易活动而造成重大损失的事件发生。因此，在交易磋商之前，一定要对国外客户的资金和信誉状况有十足的把握，不可急于求成。

调研信息的主要来源有：

（1）一般性资料，如一国官方公布的国民经济总括性数据和资料，内容包括国民生产总值、国际收支状况、对外贸易总量、通货膨胀率和失业率等。

（2）国内外综合刊物。

（3）委托国外咨询公司进行行情调查。

（4）通过我国外贸公司驻外分支公司和商务参赞处，在国外进行资料收集。

（5）利用交易会、各种洽谈会和客户来华做生意的机会了解有关信息。

（6）派遣专门的出口代表团、推销小组等进行直接的国际市场调研，获得第一手资料。

【实例分析】

美国饮料公司的失败

美国一家大型的软饮料公司决定，在东南亚地区选择印尼作为公司最畅销饮料的目标销售市场。印尼是世界第5大人口大国，人口近1.8亿。美国饮料公司的管理阶层认为无法拒绝这一巨大潜在市场的诱惑，因此，决定与印尼达成瓶装与分销协议来服务于这一市场。公司决定把软饮料汁卖给一家瓶装商，由后者负责饮料的瓶装与分销。但不幸的是，销售状况非常糟糕，饮料根本不畅销。虽然公司的初期调研，包括对当地竞争和政府态度的调研结果都非常乐观，但营销活动仍一蹶不振。后经了解，这是因为公司董事会主席和其项目经理忽视了两个重要因素。其一，印尼虽拥有近1.8亿人口，但绝大多数住在农村，处于前工业化阶段；其二，大多数印尼人喜欢甜饮料和以椰子汁为主要原料的软饮料，他们对美国风味的碳酸化合饮料甚感不习惯。在印尼，虽存在着一个美国饮料市场，但这几乎全部限于主要城市。欣赏美国风味并有足够可自由支配收入购买美国风味饮料的市场上总共才 800 万人。请根据本项目所学到的知识，对此案作出评析。

案例分析

三、制定进出口商品经营方案

制定进出口商品经营方案，是指有关进出口公司根据国家的政策、法令，对其所经营的进出口商品作出一种业务计划安排。它是交易有计划、有目的地顺利进行的前提。

（一）出口商品经营方案

出口商品经营方案是在一定时期内对外推销商品和安排出口业务的具体安排，是对外洽商交易的依据。其主要内容包括：

（1）国内货源情况：主要包括国内生产能力、可供出口的数量，以及商品的品质、规格和包装等情况。

（2）国外市场情况：主要包括国外市场需求情况、供求和价格变动情况。

（3）出口经济效益：包括核算出口成本、出口盈亏率和出口换汇成本等。通过核算同类商品在不同时期的出口经济效益，有助于出口商改进经营管理；而对同类商品出口到不同国家和地区的经济效益的比较，则可以为选择市场提供依据。

（4）销售计划和措施：包括分国别和地区、按品种数量与金额列明销售的计划进度，以及按销售计划采取的措施，如贸易方式、收汇方式的应用，对价格佣金和折扣的掌握等。

此外，出口商在出口交易前，还应在国内外进行商标注册，及时做好广告宣传等工作。

（二）进口商品经营方案

进口商品经营方案主要包括以下内容：

（1）数量的掌握。根据国内需要的轻重缓急和国外市场的具体情况，综合考虑订货成本和仓储成本以及卖方的数量、折扣等因素，适当安排订货数量和进度。在保证满足国内需要的情况下，争取在有利的时机成交。

（2）采购市场的安排。根据国别/地区政策和国外市场条件，合理安排进口国别/地区，既要选择对我们有利的市场，又不宜过分集中在某一市场，力争使采购市场的布局合理。

（3）交易对象的选择。要选择资信好、经营能力强并对我们友好的客户作为交易对象。为了减少中间环节和节约外汇，一般应向厂家直接采购。

（4）价格的掌握。根据国际市场近期价格，并结合采购意图，拟定出价格掌握的幅度，以作为谈判交易的依据。同时，在初步确定交易价格时，还要充分考虑融资成本以及汇率变动的因素，尽量计算出不同报价实际的本币价格。

（5）贸易方式的运用。贸易方式有很多种，我们可以采用招标方式采购，也可以按补偿贸易方式，同时可以采用一般的单边进口方式订购。具体如何选择，应根据采购的数量、品种、贸易习惯做法等酌情掌握。

（6）交易条件的掌握。综合考虑各方面因素，选择合适的贸易条件。

应当注意的是，有些商品是受国家进口管制的，进口商必须先从有关国家机构办理进口许可证方能办理进口手续。

四、建立业务关系

进出口业务关系的建立（Establishing Business Relations），是双方进行交易的前提。国际贸易中建立业务关系主要是通过信函、电传、电子邮件等方式完成的，其目的是有效传递商务信息，向对方介绍本公司经营特点和产品特色，表达期望与对方建立和发展业务关系的意愿。因此，这类函电应简洁、明晰、完整，语气要友好、礼貌。一封建交函电一般应包括以下内容：

a. 信息来源。首次主动与对方进行交往，说明信息来源非常必要。作为进出口商，贸易信息来源的渠道很多，主要有通过驻外商务参赞、商会、银行、第三家公司介绍；通过书刊、互联网获悉；在交易会上结识等。b. 去函目的。一般为预扩大交易地区及对象、建立长期业务关系、拓宽产品销路等。c. 公司基本情况介绍。主要是介绍本公司的性质、业务范围、宗旨以及某些相对优势。d. 公司产品介绍。一般是对本公司经营产品的整体情况的介绍，也可以是对对方感兴趣的某类特定产品进行推荐性的介绍。产品介绍一般包括产品质量、价格水平、销路等，同时，为使对方更详细地了解本公司产品，通常还附上产品目录、价目单或另邮样品等。e. 结尾部分。表达希望能与对方建立业务关系的愿望或者希望对方能尽快回信、下定单或告知意见并表示敬意等语句。

建交函电举例：

China National Food Stuffs Imp. &Exp. Corp.，Dalian Branch

19 Ren'min Road ZhongShan District Dalian，China，June. 1，2010

ABC TRADING Co. Ltd.

6 AKALAHOMA AVENUE

Osaka，Japan.

Dear Sirs，

Through the courtesy of our Commercial Counselor's Office in Japan，we notice that you are interested in doing business with us.

Our lines are mainly exp. & imp. of food stuffs. We wish to establish business relations by some practical transactions. To give you a general idea of the various kinds of textiles now available for exp. , we are enclosing a catalogue and a price list for your information. We would appreciate receiving your specific enquiries.

We look forward to receiving your good news.

任务二 交易磋商

一、交易磋商的概念

买卖双方就买卖商品的有关条件进行协商以期达成交易的过程，称之为交易磋商(Business Negotiation)，通常又称作贸易谈判。

(一) 交易磋商的形式

交易磋商在形式上可分为口头和书面两种。

1. 口头磋商

口头磋商主要是指在谈判桌上面对面地谈判，如参加各种交易会、洽谈会，以及贸易小组出访、邀请客户来华洽谈等。另外，还包括双方通过国际长途电话进行的交易磋商。

2. 书面磋商

书面磋商是指通过信件、电报、电传、传真及国际互联网等通信方式来洽谈交易。

(二) 交易磋商的内容

交易磋商的内容涉及拟签订的买卖合同的各项条款，其中包括品名、品质、数量、包装、价格、装运、保险、支付等主要交易条件以及商检、索赔、仲裁和不可抗力等一般交易条件。从理论上讲只有就以上条款逐一达成一致意见，才能充分体现“契约自由”的原则。

然而在实际业务中，并非每次洽商都需要把这些条款一一列出、逐条商讨。这是因为，在普通商品交易中，一般都使用固定格式的合同，而上述条款中的一般交易条件已经印在合同中，只要对方没有异议，就不必逐条重新协商。这些条件也就成为双方进行交易的基础。在许多老客户之间，事先已就“一般交易条件”达成协议，或者双方在长期交易过程中已经形成一些习惯做法，或者双方已订有长期的贸易协议，就无须在每笔交易中对所有条款一一重新协商。这对于缩短洽商时间和节约费用开支是有益的。

二、交易磋商的程序

交易磋商的程序包括询盘（Inquiry）、发盘（Offer）、还盘（Counter Offer）和接受（Acceptance）四个环节，其中发盘和接受是达成交易、合同成立的不可缺少的两个基本环节和必经的法律步骤。

（一）询盘

询盘亦称询价，在法律上称为要约邀请，是准备购买或出售商品的人向潜在的供货人或买主探询该商品的成交条件或交易的可能性的业务行为，是买卖双方交易磋商的开始。询盘的函电，应以简明切题和礼貌诚恳为原则，以求对方能够很高兴地迅速作出报盘反映。

询盘的内容可以是某种商品的品质、规格、数量、包装、价格和装运等成交条件，也可以索取样品，其中多数是询问成交价格，所以也叫询价。如果发出询盘的一方，只是想探询价格，并希望对方开出估价单，则对方根据询价要求所开出的估价单，只是参考价格，并不是正式的报价，因而也不具备发盘的条件。

询盘一般不直接使用询盘一词，而常用“请告（Please Advise）”“请报价（Please Quote）”“可供（Can Supply）”等词句。询盘仅表示买卖双方交易的一种愿望，对于询盘人和被询盘人均无法律上的约束力。

询盘不是每笔交易必经的程序，如交易双方彼此都了解情况，不需要向对方探询成交条件或交易的可能性，则不必使用询盘，可直接向对方作出发盘。

询盘可分为买方询盘和卖方询盘两种。

买方询盘举例：

Interested in northeast soybean please telex CIF London lowest price

对东北大豆有兴趣，请电告 CIF 伦敦最低价

卖方询盘举例：

Can Supply Soybean 1, 000 M/T, Please Bid

可以提供大豆 1 000 公吨，请递盘

（二）发盘

1. 发盘的含义

发盘又称发价或报价，在法律上称为要约。根据《联合国国际货物销售合同公约》第 14 条第 1 款的规定：“凡向一个或一个以上的特定的人提出的订立合同的建议，如果其内容十分确定并且表明发盘人有在其发盘一旦得到接受就受其约束的意思，即构成发盘。”发盘可由卖方提出，叫售货发盘；也可由买方提出，叫购货发盘或递盘（Bid）。发盘示例：

OFFER HEBEI WHEAT FAQ 2009 CROP 50MT, NW25KG PER BAG, US$540/MT CFR KOBE SHIPMENT OCT., SIGHT L/C, SUBJECT TO YOUR REPLY REACHING HERE BY THE 16TH

报河北小麦大路货 2009 年产 50 公吨，净重 25 千克，麻袋包装，每公吨 540 美元，CFR 神户，10 月份装运，即期信用证支付，限本月 16 日复至有效。

2. 构成发盘的条件

构成一项发盘，必须具备下列各项条件：

①发盘应向一个或一个以上特定的人提出。向特定的人提出，即是明确向某有名有姓的公司或个人提出。提出此项要求的目的在于，把发盘同普通商业广告及向广大公众散发的商品价目单等行为区别开来。对广大公众发出的商业广告是否构成发盘的问题，各国法律规定不一。大陆法规定，发盘需向一个或一个以上特定的人提出，凡向公众发出的商业广告，不得视为发盘。如北欧各国认为，向广大公众发出的商业广告，原则上不能作为发盘，而只是邀请看到广告的公众向登广告的人提出发盘。英美法的规定则与此相反，如英国的判例认为，向公众作出的商业广告，只要内容确定，在某些场合下也可视为发盘。《公约》对此问题持折中态度，该《公约》第 14 条第 2 款规定："非向一个或一个以上特定的人提出的建议，仅应视为邀请发盘，除非提出意见的人明确地表示相反的意向。"根据此项规定，商业广告本身并不是一项发盘，通常只能视为邀请对方提出发盘。但是，如商业广告的内容符合发盘的条件，而且登此广告的人明确表示它是作为一项发盘提出来的，如在广告中注明"本广告构成发盘"或"广告项下的商品将售给最先支付货款或最先开来信用证的人"等，则此类广告也可作为一项发盘。

鉴于《公约》对发盘的上述规定既原则又具体，具有一定的灵活性，加之世界各国对发盘又有不同的理解，因此，在实际应用时要特别小心。我方对外作广告宣传和寄发商品价目单，不要使对方理解我方有"一经接受，即受约束"的含义。在寄发商品价目单时，最好在其中注明"可随时调整，恕不通知"或"须经我方最后确认"等字样。

②发盘内容必须十分确定。根据《公约》第 14 条第 1 款的规定："发盘的内容必须十分确定。"所谓内容十分确定，指在提出的订约建议中，至少应包括下列三项基本要素：标明货物的名称，明示或默示地规定货物的数量和价格或规定如何确定货物的数量和价格的方法。凡包括上述三项基本要素的订约建议，即可构成一项发盘。如该发盘被对方接受，买卖合同即告成立。应当指出，这三项基本要素，只是构成发盘的起码要求。关于发盘应包括的内容，各国法律规定不一。有些国家的法律要求对合同的主要条件，如品名、品质、数量、包装、价格、交货时间与地点以及支付办法等，都有完整、明确、肯定的规定，并不得附有任何保留条件，以便受盘人一旦接受即可签订一项对买卖双方均有约束力的合同。另外，在实际业务中，如发盘的交易条件太少或过于简单，会给合同的履行带来困难，甚至引起争议。因此，在对外发盘时，最好将品名、品质、数量、包装、价格、交货时间、地点和支付办法等主要交易条件一一列明。

③必须表明发盘人对其发盘一旦被受盘人接受即受约束的意思。发盘必须表明订约意旨（Contractual Intent），如：发盘、实盘（Firm Offer）、递实盘或订货等。若发盘中附有保留条件，如"以我方最后确认为准"或"有权先售"等则不能构成发盘，只能视为邀请发盘（Invitation for Offer）。

我国合同法对发盘及构成要件的规定同上述《公约》的规定与解释基本上是一致的。我国《合同法》第14条规定：要约是希望和他人订立合同的意思表示，该意思表示应当符合下列规定：内容具体确定；表明经受要约人承诺，要约人即受该意思表示约束。

④必须送达受盘人。送达受盘人的时间也就是发盘生效的时间。尚未生效的发盘是没有约束力的。

3. 发盘的有效期

在通常情况下，发盘都具体规定一个有效期，作为对方表示接受的时间限制，超过发盘规定的时限，发盘失效，发盘人即不受约束。这一期限有双重意义：一方面它约束发盘人，使发盘人承担义务，在有效期内不能任意撤销或修改发盘的内容，过期则不再受其约束；另一方面也约束受盘人，只有在有效期内做出接受，才有法律效力。当发盘未具体列明有效期时，受盘人应在合理时间内接受才能有效。何谓“合理时间”，需根据具体情况而定。根据《公约》的规定，采用口头发盘时，除双方另有约定外，受盘人只能当场表示接受，方为有效。采用函电成交时，发盘人一般都明确规定发盘的有效期，其规定方法有以下两种：第一种，规定最迟接受的期限。例如，限3月31日复到有效；第二种，规定一段接受的期限。例如，发盘有效期为6天，或发盘限6天内复到。采取此类规定方法，其期限的计算按《公约》规定，应从电报交发时刻或信上载明的发信日期起算。如信上未载明发信日期，则从信封所载日期起算。采用电报、电传发盘时，则从发盘送达受盘人时起算。如果由于时限的最后一天在发盘人营业地时正遇假日或非营业日，则应顺延至下一个营业日。

【实例分析】

我方违约否？

美国商人到我处访问时，我方业务员向他口头发出实盘，客户当时未回复，后回到本国后认为此价格合理，又表示接受，我方拒绝，对方以我方违约为由要求索赔。

案例分析

4. 发盘生效的时间

根据《公约》第15条规定，发盘送达受盘人时生效。明确发盘生效的时间，具有重要的法律实践意义，这主要表现在下列两方面：第一，关系到受盘人能否表示接受。第二，关系到发盘人何时可以撤回发盘或修改其内容。因撤回通知或更改其内容的通知，必须在受盘人收到发盘之前或同时送达受盘人。发盘的撤回（Withdrawal）与撤销（Revocation）是两个不同的概念。前者是指发盘送达受盘人之前，将其撤回，以阻止其生效；后者是指发盘已送达受盘人，即发盘生效之后将发盘取消，使其失去效力。

5. 发盘的撤回

根据《公约》的规定，一项发盘（包括注明不可撤销的发盘），只要在其尚未生效以前，都是可以修改或撤回的。因此，如果发盘人的发盘内容有误或因其他原因想改变主意，可以用更迅速的通信方法，将发盘的撤回或更改通知赶在受盘人收到该发盘之前或同时送达受盘人，则发盘即可撤回或修改。

6. 发盘的撤销

发盘的撤销不同于撤回，它是指发盘已经送达受盘人，即已生效后，发盘人再取消该发盘，解除其效力的行为。关于发盘能否撤销的问题，英美法与大陆法存在严重的分歧。英美法认为，在受盘人表示接受之前，即使发盘中规定了有效期，发盘人也可以随时予以撤销，这显然对发盘人片面有利。这种观点在英美法国家中也不断受到责难。有些国家已在不同程度上放弃了这种观点。大陆法国家认为发盘人原则上应受发盘的约束，不得随意将其发盘撤销。有些国家（如法国）则认为发盘在其受盘人作出接受之前可以撤销，但若撤销不当，发盘人应承担损害赔偿责任。

《公约》采取了折中的办法。规定在发盘已送达受盘人，即发盘已生效，但在受盘人表示接受之前这一段时间内，只要发盘人及时将撤销通知送达受盘人，仍可将其发盘撤销。但下列两种情况下不得撤销：第一，在发盘中规定了有效期，或以其他方式（如 Firm/Irrevocable 等）表示该发盘是不可撤销的。第二，受盘人有理由信赖该发盘是不可撤销的，并本着对该发盘的信赖采取了行动。

7. 发盘效力的终止

任何一项发盘，其效力均可在一定条件下终止。发盘效力终止的原因，一般有以下几个方面：

①在发盘规定的有效期内未被接受，或虽未规定有效期，但在合理时间内未被接受，则发盘的效力即告终止。

②发盘被发盘人依法撤销。

③被受盘人拒绝或还盘之后，即拒绝或还盘通知送达发盘人时，发盘的效力即告终止。

④发盘人发盘之后，发生了不可抗力事件，如所在国政府对发盘中的商品或所需外汇发布禁令等。在这种情况下，按出现不可抗力可免除责任的一般原则，发盘的效力即告终止。

⑤发盘人或受盘人在发盘被接受前丧失行为能力（如公司破产、当事人患精神病等），则该发盘的效力也可终止。

（三）还盘

还盘又称还价，在法律上称为反要约，是指受盘人不同意或不完全同意发盘提出的各项条件，并提出了修改意见，建议原发盘人考虑，即还盘是对原发盘条件进行添加、限制或其他更改的答复。其实质是在对原发盘拒绝的同时提出了一个新的发盘。

此外，对发盘表示有条件的接受，也是还盘的一种形式。例如受盘人在答复发盘人时，附加有“以最后确认为准”“未售有效”等规定或类似的附加条件，这种答复只能视作还盘或邀请发盘。还盘的内容，凡不具备发盘条件，即为“邀请发盘”。如还盘的内容具备发盘条件，就构成一个新的发盘，还盘人成为新发盘人，原发盘人成为新受盘人，他有对新发盘做出接受、拒绝或再还盘的权利。

还盘不一定是还价，对付款方式、装运期等主要交易条件提出不同的建议，也都属于还盘的性质。还盘举例：

针对上面的发盘，国外客户做如下还盘：

Your offer price is too high counter offer US$480/MT shipment Sept. Reply 12th.

你方发盘价格太高，每公吨480美元，9月份装运，限12日复到。

【实例分析】

是还盘还是接受？

光明厂向东方公司发盘，发盘中说“供应50台计算机、每台1 500美元CIF香港，订立合同后2个月内装船，以不可撤销L/C付款。请复电”。东方公司收到发盘后，立即复电：“接受你方发盘，在订立合同后立即装船”。但光明厂未作任何答复，也未交货。于是东方公司以光明厂违约为由向其索赔。

案例分析

（四）接受

1. 接受的含义及其应具备的条件

接受在法律上称为承诺，它是指受盘人在发盘规定的时限内，以声明或行为表示同意发盘提出的各项条件。可见，接受的实质是对发盘表示同意。这种同意，通常应以某种方式向发盘人表示出来。一项有效的接受应具备以下条件：

（1）接受必须由受盘人作出。

【实例分析】

我方的做法合理吗？

香港中间商大通公司，就一批陶瓷器具以电传方式邀请我方发盘，我方于6月8日向其发盘并限6月15日复到有效。12日我方收到美国F商按我方发盘条件开来的信用证，同时收到中间商大通公司的来电称：“你8日发盘已转美国F商”。经查该商品的国际市场价格猛涨，于是我方将信用证退回开证银行，再按新价直接向美国F商发盘，而美国F商以信用证于发盘有效期内到达为由，拒绝接受新价并要求我方按原价发货，否则将追究我方的责任。

案例分析

（2）接受必须是同意发盘所提出的交易条件。

受盘人的接受，如果在实质上变更了发盘条件，就构成了对发盘的拒绝，其法律后果是否定了原发盘，原发盘即告失效，原发盘人就不再受其约束。

（3）接受必须在发盘规定的时限内作出。

当发盘规定了接受的时限时，受盘人必须在发盘规定的时限内作出接受。如发盘没有规定接受时限，则受盘人应在合理的时间内表示接受。但是何谓“合理时间”往往有不同的理解。为了避免争议，最好在发盘中明确规定接受的具体时限。

（4）接受的传递方式应符合发盘的要求。

发盘人在发盘时，有的具体规定接受传递的方式，也有未作规定的，如发盘没有规定传递方式，则受盘人可按发盘所采用的或采用比发盘更快的传递方式将接受通知送达发盘人。

受盘人表示接受的方式有：用声明（Statement）做出表示，即受盘人用口头或书面形式向发盘人表示同意发盘；用做出行为（Performing an Act）来表示，通常指由卖方发运货物或由买方支付价款来表示。

需要注意的是，沉默或不行为本身并不等于接受，但是，如果沉默或不行为与其他因素结合在一起，足以使对方确信沉默或不行为是同意的一种表示，即可构成接受。假定交易双方有协议或按业已确认的惯例或习惯做法，受盘人的缄默也可变成接受。比如交易对象为老客户。根据原协定协议、惯例或习惯做法，几年来卖方一直按买方定期订货单发货，并不需要另行通知对方表示接受其订货单。若有一次卖方收到买方订货单后，既不发货也不通知买方表示拒绝其订货单，在此情况下卖方的缄默就等于接受，买方就可以控告卖方违约。

2. 接受生效的时间

在接受生效的时间问题上，英美法与大陆法存在着严重的分歧。英美法采用“投邮生效”的原则，即接受通知一经投邮或交给电报局发出，则立即生效；大陆法采用“到达生效”的原则，即接受通知必须送达发盘人时才能生效。《公约》第18条第2款明确规定，接受通知送达发盘人时生效。如接受通知未在发盘规定的时限内送达发盘人，或者发盘没有规定时限，但在合理时间内未曾送达发盘人，则该项接受称作逾期接受（Late Acceptance）。按各国法律规定，逾期接受不是有效的接受。

此外，接受还可以在受盘人采取某种行为时生效。《公约》第8条第3款规定，如根据发盘或依照当事人业已确定的习惯做法或惯例，受盘人可以做出某种行为来表示接受，并须向发盘人发出接受通知。

3. 逾期接受

逾期接受又称迟到接受（Late Acceptance），虽然各国法律一般认为逾期接受无效，它只能视作一个新的发盘，但《公约》却对这个问题做了灵活的处理。按该《公约》规定，只要发盘人毫不迟延地用口头或书面通知受盘人，认为该项逾期接受可以有效，愿意承受逾期接受的约束，合同仍可于接受通知送达发盘人时订立。如果发盘人对逾期接受明确表示拒绝或不立即向受盘人发出上述通知，则该项逾期接受就是无效的，合同就不能成立。该《公约》还规定，如果载有逾期接受的信件或其他书面文件显示依照当地寄发情况，只要传递正常，它本是应该能够及时送达发盘人的，则此项逾期接受应当有效，合同于接受通知送达发盘人时订立，除非发盘人毫不迟延地用口头或书面通知受盘人他的发盘因逾期接受而失效。也就是说，逾期接受是否有效，关键要看发盘人如何表态。

【实例分析】

合同是否成立？

大兴公司于4月15日向香港宏发公司发盘，限20日复到，宏发公司于17日上午发出电传，但该电传在传递中延误，21日才到达。大兴公司以对方答复逾期为由，不予置理。当时该货物的市价已上涨，大兴公司遂以较高价格于22日将货物售予美商史密斯公司。25日史密斯公司来电称：信用证已开出，要求尽早装运。大兴公司立即复电宏发公司：接受逾期，合同不成立。

案例分析

4. 条件接受

条件接受即受盘人在做出接受的同时对发盘的内容作了增加、限制或修改，这种情况原则上不能成为有效的接受，应属于还盘。但是《公约》对此做了较灵活的规定，即对原发盘进行了修改的“接受”应分为两种情况来处理：实质性修改（Material Alteration）即对商品的价格、付款、质量、数量、交货地点和时间、索赔、争端的解决等提出了修改意见，这样的接受无效，而是构成了还盘。另外就是非实质性修改（Non-material Alteration），即受盘人表示接受时对发盘内容提出某些非实质性的添加、限制和更改，比如要求增加重量单、装箱单、原产地证明或某些单据的份数等，除非发盘人在不过分延迟时间表示反对其间的差异外仍可构成有效的接受，从而使合同成立。在此情况下，合同的条件就以该发盘条件以及接受中所提出的某些更改为准。

【实例分析】

有条件接受

2018年2月1日巴西大豆出口商向我国红星外贸公司报出大豆价格，在发盘中除列出各项必要条件外，还表示“编织袋包装运输”。在发盘有效期内红星公司复电表示接受，并称：“用最新编织袋包装运输”。巴西方收到上述复电后即着手备货，并准备在双方约定的7月份装船。之后3月份大豆价格从每公吨420美元暴跌至350美元左右。于是红星公司对对方去电称："我方对包装条件做了变更，你方未确认，合同并未成立。"而巴西出口商则坚持认为合同已经成立，双方为此发生了争执。

案例分析

5. 接受的撤回或修改

在接受的撤回或修改问题上，《公约》采取了大陆法"送达生效"的原则。该《公约》第22条规定："如果撤回通知于接受原发盘应生效之前或同时送达发盘人，接受得予撤回。"由于接受在送达发盘人时才产生法律效力，故撤回或修改接受的通知，只要先于原接受通知或与原接受通知同时送达发盘人，则接受可以撤回或修改。如接受已送达发盘人，即接受一旦生效，合同即告成立，就不得撤回接受或修改其内容，因为这样做无异于撤销或修改合同。

接受举例：

Yours 10th Accepted "Green Peony" Dycd Poplin 40,000 yards in wooden cases, HK$3.00 Per yard CIFC 3 Singapore shipment during May payment in sight irrevocable L/C

你方10号电接受"绿牡丹"染色丝绸40 000码木箱装，每码3.00港元CIF新加坡佣金3%，5月份交货，不可撤销即期信用证支付。

【实例分析】

接受的撤回

新阳公司在5月11日上午用航空信件形式邮出一份发盘给日本大川公司。发盘中规定在5月20日前答复有效。但新阳公司又于5月13日下午发出撤回发盘的通知（用电报）。该通知于5月14日上午到达大川公司；而5月15日大川公司才收到那封发盘的航空信。由于大川公司考虑到该商品价格对其有利，所以立即做出接受，并用电报发出接受通知。问合同能否成立？

案例分析

任务三 合同的订立

依法成立的合同，具有法律约束力，合同自成立时生效。但在这里需要说明的是，合同成立与合同生效是两个不同的概念。合同成立的判断依据是接受是否生效；而合同生效是指合同是否具有法律上的效力。在通常情况下，合同成立之时，就是合同生效之日，二者在时间上是同步的。但有时，合同虽然成立，却不立即产生法律效力，而是需要其他条件成立时，合同才开始生效。

一、合同成立的时间

在国际贸易中，合同成立的时间是一个十分重要的问题。根据《公约》的规定，合同成立的时间为接受生效的时间，而接受生效的时间，又以接受通知到达发盘人或按交易习惯及发盘要求做出接受的行为为准。由此可见，合同成立的时间有两个判断标准：一是有效接受的通知到达发盘人时，合同成立；二是受盘人做出接受行为时，合同成立。此外，在实际业务中，有时双方当事人在洽商交易时约定，合同成立的时间以订约时合同上所写明的日期为准，或以收到对方确认合同的日期为准。另外，在现实经济生活中，有些合同成立的时间有特殊规定。如我国《合同法》第 32 条规定："当事人采用合同书形式订立合同的，自双方当事人签字或者盖章时合同成立。签字或盖章不在同一时间的，最后签字或者盖章时合同成立。"

二、合同有效成立的条件

买卖双方就各项交易条件达成协议后，并不意味着此项合同一定有效。根据各国合同法规定，一项合同，除买卖双方就交易条件通过发盘和接受达成协议后，还需具备以下要件，才是一项有效的合同，才能得到法律上的保护。

（一）当事人必须具有签订合同的行为能力

签订买卖合同的当事人主要为自然人或法人，按各国法律的一般规定，自然人签订合同的行为能力，是指精神正常的成年人才能订立合同；未成年人、精神病人、禁治产人订立合同必须受到限制。关于法人签订合同的行为能力，各国法律一般认为，法人必须通过其代理人，在法人的经营范围内签订合同，即越权的合同不能发生法律效力。

我国《合同法》第 9 条规定："当事人订立合同，应当具有相应的民事权利能力和民事行为能力。"由此可见，在订立合同时，注意当事人的缔约能力和主体资格问题是十分重要的。

【相关链接】

禁治产人

（二）合同必须有对价或约因

按照英美法和法国法的规定，合同只有在有对价或约因时，才是法律上有效的合同，无对价或无约因的合同，是得不到法律保障的。所谓对价（Consideration）是指双方当事人之间存在着相互给付的关系，即我给你是为了你给我的关系，也就是合同的一方当事人必须从合同中得到某种权利（Right）、利益（Advantage）、利润（Profits）或是他方当事人克制自己不行使某项权利或遭到某项损失或承担某项义务等。约因（Cause），即当事人签订合同的直接目的。

（三）合同的内容必须合法

许多国家往往从广义上解释“合同内容必须合法”，其中包括不得违反法律、不得违反公共秩序或公共政策，以及不得违反善良风俗或道德三个方面。

根据我国《合同法》第7条规定：“当事人订立、履行合同应当依照法律、行政法规，尊重社会公德，不得扰乱社会经济秩序，损害社会公共利益。”

（四）合同必须符合法律规定的形式

世界上大多数国家，只对少数合同才要求必须按法律规定的特定形式订立，而对大多数合同，一般不从法律上规定应当采取的形式。我国《合同法》第10条规定：“当事人订立合同，有书面形式、口头形式和其他形式。”

（五）合同当事人的意思表示必须真实

合同是双方当事人意思表示一致的结果。如果当事人意思表示的内容有误解（Mistake），或者在受欺诈（Fraud）、胁迫（Duress）、不当影响（Unduc Influence）的情况下订立了合同，这时双方当事人虽然达成了协议，但这种合同是不真实的，因而当事人可以以此为抗辩（Defence）理由，主张该合同无效或可撤销。

三、书面合同的签订

买卖双方经过磋商，一方的发盘被另一方有效接受，交易达成，合同成立。但在实际业务中，按照习惯做法，买卖双方达成协议后，通常还要制作书面合同将各自的权利和义务用书面方式加以明确，这就是签订合同。

（一）书面合同的意义

1. 是合同成立的证据

根据法律的要求，凡是合同必须能得到证明，提供证据，包括人证和物证。在用信件、电报或电传磋商时，往来函电就是证明。口头合同成立后，如不用一定的书面形式加以确定，那么它将由于不能被证明而不能得到法律的保障，甚至在法律上成为无效。

2. 是合同生效的条件

一般情况下，合同的成立是以接受的生效为条件的。但在有些情况下，签订书面合同却成为合同生效的条件。我国《合同法》第10条规定：“法律、行政法规规定采用书面形式的，应当采用书面形式。当事人约定采用书面形式的，应当采用书面形式。"

【实例分析】

我方的做法是否有理?

我外贸公司与外商洽商进口某商品一批，经往来电传洽谈，已谈妥合同的主要交易条件，但我方在电传中表明交易于签订确认书时生效。事后对方将草拟的合同条款交我方确认，但因有关条款的措辞尚需研究，故我方未及时给对方答复。不久该商品的市场价格下跌，对方电催我方开立信用证，而我方以合同未成立为由拒绝开证。

案例分析

3. 是合同履行的依据

国际货物买卖合同的履行涉及很多部门，如以分散的函电为依据，将给履行合同造成很多不便。所以买卖双方不论通过口头，还是信件、电报磋商，在达成交易后将谈定的完整的交易条件，全面清楚地列明在一个书面文件上，这对进一步明确双方的权利和义务，以及为合同的履行提供更好的依据，具有重要意义。

4. 是仲裁、诉讼的依据

如果双方后来发生争议，合同就成了仲裁、诉讼的重要依据。

（二）书面合同的形式

在国际上，对书面合同的形式没有具体的限制，买卖双方既可采用正式的合同（Contract）、确认书（Confirmation）、协议（Agreement），也可采用备忘录（Memorandum）等多种形式。

在我国进出口业务中，书面合同主要采用两种形式：

1. 合同（Contract）

合同或称正式合同，一般适用于大宗商品或成交金额大的交易，其内容比较全面详细，除了包括交易的主要条件如品名、规格、数量、包装、价格、装运、支付、保险外，还包括商检、异议索赔、仲裁和不可抗力等条款。这种合同可分为"销售合同"（Sales Contract）和"购货合同"（Purchase Contract）两种。使用的文字是第三人称的语气。

2. 确认书（Confirmation）

这是合同的简化形式，一般适用于成交金额不大、批数较多的轻工产品或土特产品，或者已订有代理、包销等长期协议的交易。成交确认书也可分为售货确认书（Sales Confirmation）和购货确认书（Purchase Confirmation）两种。无论是合同还是确认书在法律上具有同等的效力。

在实际业务中，当面成交的，由买卖双方共同签署；函电往来成交的，由一方签署后，将正本一式两份寄送对方签署，对方签署后寄回一份，以备存查，同时附函说明。

示例一：卖方寄出合同函

ABC TRADING CORPORATION

115 Hangzhou Road，Chaoyang District，Changchun，China

TEL：（0431－8656627）　FAX：（0431－8678777）

DATE：FEB. 15, 2020

Dear Mr. Villard Henry,

With reference to our exchanged faxes, we are pleased to come to a deal on working boots of 50, 000 pairs at the price of USD19. 00 per pair CIFC3% New York for shipment in May. Enclosed you will find our Sales Confirmation No. 01JCMA1234 in duplicate of which, please countersign and return one copy to us for our file. We trust you will open the relative L/C at an early date.

We look forward to receiving your further enquiries.

Yours faithfully,

Huang Helong

Shoes Department

示例二：买方回寄合同函

DEF INTERNATIONAL TRADING CO.

G. street，H box 1234，California USA.

TEL：（001－212－782－5345）FAX：（001－212－789－1678）

Mr. Huang Helong

ABC Trading Corporation

115 Hangzhou Road，Chaoyang District，

Changchun，China

Date：Feb. 23, 2020

Dear Mr. Huang,

We have duly received your Sales Confirmation No. 01JCMA1234 covering 50, 000 pairs working boots we have booked with you. Enclosed please find the duplicate with our counter - signature. The relative L/C will be established with Bank of China, New York Branch in your favor in a few days. It will reach you in due course.

Yours sincerely,

Villard Henry

Purchasing Division

除了上面常用的合同形式外，定单和委托订购单有时也被采用。定单（Order）是指由进口商或实际买主拟制的货物订购单；委托订购单（Indent）是指由代理商或佣金商拟制的代客购买货物的订购单。业务中，国外客户往往将定单或委托订购单寄来一式两份，要求我方签署后退回一份。这种经磋商成交后寄来的订单或委托订购单，是国外客户的购货合同或购货确认书。但是对未经磋商客户径自寄来的订单或委托订购单，我方应按照内容区别其是发盘还是询盘，研究是否与其交易，并及时答复对方。

（三）书面合同的内容

1. 约首

约首是指合同的序言部分，其中包括合同的名称、订约双方当事人的名称和地址（要求写明全称）。除此之外，在合同序言部分常常写明双方订立合同的意愿和执行合同的保证。该序言对双方均具约束力。因此，在规定该序言时，应慎加考虑。

2. 本文

这是合同的主体部分，具体列明各项交易的条件或条款，如品名、品质、规格、数量、单价、包装、交货时间与地点、运输与保险条件、支付方式以及检验、索赔、不可抗力和仲裁条款等。这些条款体现了双方当事人的权利和义务。

3. 约尾

一般列明合同的份数、使用的文字及其效力，订约的时间和地点及生效的时间。我国出口合同的订约地点一般都写在我国。有时，有的合同将“订约时间和地点”在约首订明。

以下分别是合同和销售确认书的样本。

A. 合同样本：

合同	No.
Contract	Date：
签约地点：	
Signed At：	
卖方：Sellers：	买方：Buyers：
地址：Address：	地址：Address：
传真：Fax：	传真：Fax：

兹买卖双方同意成交下列商品订立条款如下：

The undersigned Sellers and Buyers have agreed to close the following transactions according to the terms and conditions stipulated below：

1. 货物名称及规格，包装及装运唛头 Name of commodity & specification， packing and shipping marks	2. 数量 Quantity	3. 单价 Unit price	4. 金额 Amount

4. 总值（Total Value）

数量及总值均得有×%的增减，由卖方决定。

With ×% more or less both in amount and quantity allowed at the Seller's option.

5. 包装（Packing）

6. 装运期限：收到可以转船及分批装运之信用证×天内装出

Time of Shipment：Within×days after receipt of L/C allowing transshipment and partial shipments.

7. 装运口岸（Port of Loading）

8. 目的港（Port of Destination）

9. 付款条件：开给我方100%不可撤销即期付款及可转让可分割之信用证，并须注明可在上述装运日期后15天内在中国议付有效

Terms of Payment：By 100% confirmed，Irrevocable，Transferable and Divisible Letter of Credit to be available by sight draft and to remain valid for negotiation in China until the 15th day after the aforesaid Time of Shipment.

10. 保险：按中国保险条款，保综合险及战争险（不包括罢工险）

Insurance：Covering all risks and war risk only（excluding S. R. C. C.）as per the China Insurance Clauses.

由客户自理。

To be effected by the buyers.

11. 装船标记（Shipping Mark）

12. 双方同意以装运港中国进出口商品检验局签发的品质和数量（重量）检验证书作为信用证项下议付所提出单据的一部分。买方有权对货物的品质和数量（重量）进行复验，复验费由买方负担。如发现品质或数量（重量）与合同不符，买方有权向卖方索赔。但须提供经卖方同意的公证机构出具之检验报告

It is mutually agreed that the Inspection Certificate of Quantity（Weight）issued by the

China Import and Export Commodity Inspection Bureau at the port of shipment shall be part of the documents to be presented for negotiation under the relevant L/C. The Buyers shall have the right to reinspect the Quality and Quality（Weight）of the cargo. The reinspection fee shall be borne by the Buyers. Should the Quality and/or Quantity（Weight）be found not in conformity with that of the contract，the Buyers are entitled to lodge with the Sellers a claim which should be supported by survey reports issued by a recognized Surveyor approved by the Sellers.

13. 备注（remarks）

（1）买方须于×年×月×日前开到本批交易的信用证（或通知售方进口许可证号码），否则，售方有权不经通知取消本确认书，或接受买方对本约未执行的全部或一部分，或对因此遭受的损失提出索赔。

The Buyers shall have the covering Letter of Credit reach the Sellers（or notify the Import License Number）before ________ otherwise the Sellers reserve the right to rescind without further notice or to accept whole or any part of this Sales Confirmation not fulfilled by the Buyers，or to lodge a claim for losses this sustained of any.

（2）凡以 CIF 条件成交的业务，保额为发票的 110%，投保险别以本售货确认书中所开列的为限，买方要求增加保额或保险范围，应于装船前经售方同意，因此而增加的保险费由买方负责。

For transactions concluded on CIF basis it is understood that the insurance amount will be for 110% of the invoice value against the risks specified in the Sales Confirmation. If additional insurance amount of coverage is required，the Buyers must have the consent of the Sellers before Shipment and the additional premium is to be borne by the Buyers.

（3）品质数量异议：如买方提出索赔，凡属品质异议须于货到目的口岸之日起 3 个月内提出，凡属数量异议须于货到目的口岸之日起 15 日内提出，对所装运物所提任何异议属于保险公司、轮船公司及其他有关运输机构或邮递机构所负责者，售方不负任何责任。

QUATLITY/QUANTITY DISCREPANCY：In case of quality discrepancy，claim should be filed by the Buyers within 3 months after the arrival of the goods at port of destination，while of quantity discrepancy，claim should be filed by the Buyers within 15 days after the arrival of the goods at port of destination. It is understood that the Sellers shall not be liable for any discrepancy of the goods shipped due to causes for which the Insurance Company，Shipping company，other transportation，organization/or Post Office are liable.

（4）本确认书所述全部或部分商品，如因人力不可抗拒的原因，以致不能履约或延迟交货，售方概不负责。

The Sellers shall not be held liable for failure or delay in delivery of the entire lot or a portion of the goods under this Sales Confirmation on consequence of any Force Major incidents.

（5）买方开给售方的信用证上请填注本确认书号码。

The Buyers are requested always to quote THE NUMBER OF THIS SALES CONFIRMATION in the Letter of Credit to be opened in favour of the Sellers.

（6）仲裁：凡因执行本合同或与本合同有关事项所发生的一切争执，应由双方通过友好的方式协商解决。如果不能取得协议时，则在被告国家根据被告仲裁机构的仲裁程序规则进行仲裁。仲裁决定是终局的，对双方具有同等约束力。仲裁费用除非仲裁机构另有决定外，均由败诉一方负担。

Arbitration：All disputes in connection with this Contract or the execution thereof shall be settled by negotiation between two parties. If no settlement can be reached，the case in dispute shall then be submitted for arbitration in the country of defendant in accordance with the arbitration regulations of the arbitration organization of the defendant country. The decision made by the arbitration organization shall be taken as final and binding upon both parties. The arbitration expenses shall be borne by the losing party unless otherwise awarded by the arbitration organization.

（7）买方收到本售货确认书后立即签回一份，如买方对本确认书有异议，应于收到后5天内提出，否则认为买方已同意本确认书所规定的各项条款。

The Buyers are requested to sign and return one copy of this Sales Confirmation immediately after receipt of the same. Objection，if any，should be raised by the Buyers within five days after the receipt of this Sales Confirmation，in the absence of which it is understood that the Buyers have accepted the terms and conditions of the Sales Confirmation.

卖方　　　　　　　　　　买方

THE SELLERS　　　　　　　　THE BUYERS

B. **售货确认书样本：**

SALES CONFIRMATION　　　　编号：　　No：

日期：　　DATE：

地点：　　PLACE：

卖方：　　　　买方：

The Seller：　　　　The Buyer：

Address：　　　　Address：

确认售予你方下列货物，其条款如下：

We hereby confirm having sold to you the following goods on terms and conditions as stated below：

(1) 货物名称及规格，包装及装运唛头 Name of commodity & specification, packing and shipping marks	(2) 数量 Quantity	(3) 单价 Unit price	(4) 金额 Amount

(1) 装运：
Shipment:
(2) 保险：
Insurance:
(3) 付款：
Payment:
备注：
Remarks:
请签退一份以存档。
Please sign and return one for our file.
(买方 Buyers)　　　　　　　　　　(卖方 Sellers)

【课堂活动】

模拟谈判

规则：

①将学生分为买方和卖方，并分配谈判代表、法律专家、技术人员和财务人员等角色；其余同学担当裁判，对每个同学在谈判中的表现及团体合作程度进行评分。

②其中一方在认真核算的基础上提出主要交易条件。

③另一方仔细考虑并协商后还盘，要求有理有据、合情合理。

④数次还盘后，双方达成一致意见。

⑤签订成交合同。

结论：

一笔合同的成交，能达成怎样的交易条件，获得怎样的利益，受诸多因素的影响。本次模拟谈判综合测评了学生对贸易条件的掌握，包括影响价格的各个因素，以及谈判员的素质和谈判技巧。

知识扩展：
英汉短语集萃

项目十
任务训练

参考答案

项目十一　出口合同的履行

项目导语

国际货物买卖合同一旦达成，交易双方均应按照合同规定履行自己的义务，出口方的基本义务是交货、交单和转移货物的所有权。履行出口合同的环节，概括起来可分为货（备货、报检）、证（催证、审证、改证以及利用信用证融资）、运（托运、保险、报关）、款（制单结汇）四个基本环节。这些环节有些是平行展开的，有些是相互衔接的，在履行合同时，必须严格按照合同规定和法律、惯例的要求，做好每一步工作。同时还需要密切注意进口方的履约情况，以保证合同得以圆满执行，实现预期的经济目的。

出口业务流程图如图 11 - 1 所示。

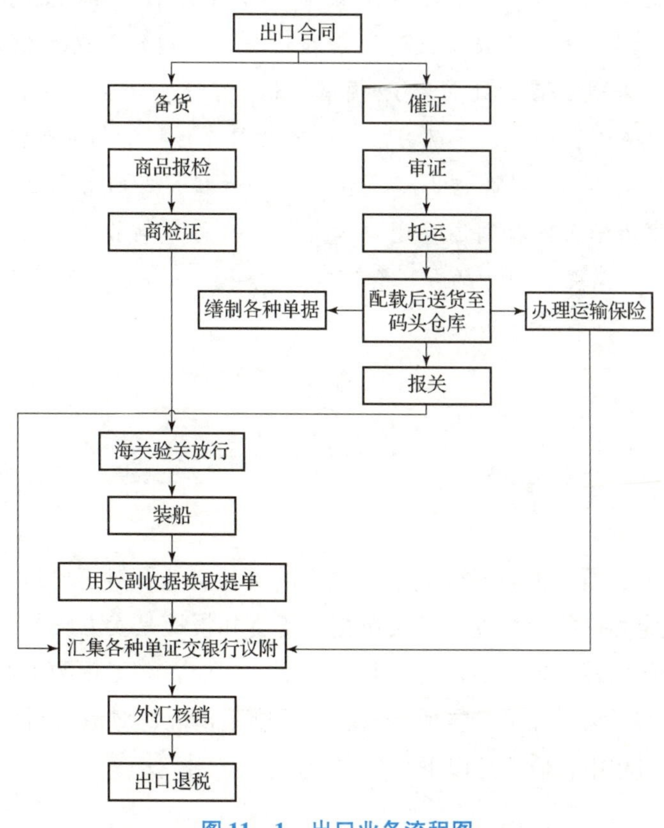

图 11 - 1　出口业务流程图

知识目标：

- 掌握出口合同履行的具体环节及其内容
- 理解国际贸易单证制作的重要性

能力目标：

- 能正确履行出口合同
- 了解各国出口业务操作流程的异同

素质目标：

- 培养学生具备严谨细致的工作作风，诚实守信的道德品格
- 培养学生具备良好的法制意识，通晓并遵守各国法律法规
- 培养学生具备良好的思想政治素质，充分认识到经济效益和社会效益的双重作用，在对外交往中坚守我国的政治信仰和方针政策

案例（任务）导入

案例（任务）描述：

我国长远公司与外国某公司签订出口合同，规定某商品数量 1 200 万米，7—12 月每月各装运 200 万米，不可撤销即期议付信用证付款，装运月份开始前 15 天买方负责将信用证开至卖方。进口方按约如期于 6 月 15 日将信用证开给长远公司，经审查信用证总量与总额以及其他条款均与合同规定一致，但装运条款仅规定“允许分批”和最后装运日期为 12 月 31 日。由于出口企业备有库存现货，为争取早出口、早收汇，遂先后于 7 月 20 日和 10 月 5 日将货物分两批各 600 万米装运出口，由于提交的单据符合信用证条款规定，付款行及时履行了付款义务。但事后不久，收到国外进口方电传，声称我国长远公司违反了合同并提出索赔。对方的要求合理吗？

任务一　出口货物的准备

合同的当事人必须严格履行合同中所规定的各项义务，对于出口方来说，主要就是交付与合同规定相符的货物以及相关单据。备货和报检是卖方履行出口合同的首要环节，备货工作的内容主要包括按合同和信用证的规定，督促货物生产加工或仓储部门组织货源，核实货物的加工、整理、包装以及刷唛情况，对应交付的货物进行验收和清点。在备货过程中，应注意以下几个问题。

一、有关货物的问题

1. 货物的品质应符合合同的规定和法律的要求

（1）货物品质须符合合同的规定。合同中表示货物品质的方法，有“凭文字说明”和“凭样品”两种类型。对于“凭文字说明”成交的合同，出口方所交货物必须与文字说明相符。对于“凭样品”成交的合同，出口方交付的货物的内在质量和外观都必须与样品一致。如果在合同中既规定“凭文字说明”，又规定与样品一致，则出口方所交货物必须同时与文字说明以及样品相符，若出现任何不一致，都构成违约。

（2）货物品质应符合法律要求。法律对货物品质的要求，主要表现在三个方面。

①货物应适合同一规格货物的通常用途，即具有可销性。

②货物应适用于订立合同时进口方曾明示或默示地使卖方知道的特定用途。这也是法律所要求的默示担保责任。当进口方事先使出口方知道购买货物的特定用途时，出口方若不能保证所交货物适用于该特定用途，应于订约前通知进口方。

③货物应符合进口国法律法规所要求的品质标准。世界各国都对数以万计的商品规定了严格的品质标准和技术标准，例如，欧盟规定低于2欧元的打火机必须安装防止儿童开启的安全锁（CR装置），且必须通过欧盟相关认证部门的实验。法国禁止果汁内含有葡萄糖，黎巴嫩规定巧克力的含水率不超过1.6%等，这些强制性的要求，即使合同中没有规定，出口方也必须保证货物达到标准，否则无法进入进口国市场。

2. 交货数量应符合合同规定

交货数量是合同的一个重要交易条件，对于出口方在交货数量上具体的规定，各个国家法律都不一致。由于世界各主要贸易国都是《联合国国际货物销售合同公约》的缔约国，因而，不论其国内法如何规定，我国企业在与其交易时，均按照公约的规定处理。

公约规定，如果出口方多交货物，则进口方对于多交的部分，可以拒收，也可以接受一部分或者全部。如果出口方少交货物，则进口方有权要求出口方补交，并要求赔偿。如果出口方少交货物的后果构成了根本违反合同，则进口方可宣告合同无效并有权索赔。

在实际操作过程中，进出口双方也可以根据具体情况在合同中规定数量的机动幅度。《跟单信用证统一惯例》规定：信用证未规定数量不得增减，货物数量仅以度量衡制计量单位表示，未计包装单位，也不是以个数计算，则在支取现金不超过信用证金额的前提下，可以有5%的增减。如，日本向我方订购50吨大豆，则我方在交货数量上可有5%的增减，但总金额不超过信用证金额为限。若日方订货时规定，50吨大豆，每0.1吨1包，共500包，加上了包装单位，就不能适用5%的机动幅度规定。

信用证以大约（Approximate）、近似（About）等词语用于信用证金额、数量或单价时，应解释为允许有关指标有 10% 的增减。

为保证满足合同和信用证的要求，备货的数量应适当留有余地，以防发生意外或损失用作调换。

二、有关货物的包装问题

出口货物要经过各个环节的长途运输，中途还可能经多次搬运和卸载甚至转换运输工具。为尽可能地保护货物，应注意以下包装问题。

合同中对包装的要求繁简不一，凡是合同中有明文规定，则以合同要求办理。若合同中没有明确规定，则需注意符合法律的要求。

（1）公约规定，“货物按照同类货物通用的方式装箱或包装，如果没有此种通用方式，则按照足以保全和保护货物的方式装箱或包装”。在合同包装条款不明确时，这是对出口方在包装方面的最低要求。

（2）各国国内法对包装及包装上的文字说明规定不尽相同，出口方必须在包装方面遵守这些强制性的规定。

（3）为最大限度地保护货物，尽量安排将货物装运到集装箱中或牢固的托盘上，使用集装箱时应注意使货物充满集装箱并做好铅封工作，且集装箱中的货物应放置均匀，使受力均匀。

三、有关货物外包装运输标志问题

在包装的明显部位，应按约定刷制标志。此外，正确刷制运输标志应注意以下方面。

1. 刷制运输标志应符合有关进出口国家的规定

有些国家对包装箱上运输标志有特别要求，比如，某些国家要求包装箱必须单独注明重量和尺寸，甚至用公制；有的国家对使用的语言有特别的要求等。出口方对进口国的规定要特别注意。

2. 包装上的标志应与所有出口单据上对运输标志的描述一致

这些单据包括：提单或空运单、码头收据、装箱单、商业发票、报关单等。

3. 运输标志应满足既简洁又能够提供充分的运输信息的要求

运输标志要注意大小适中，并用防水墨汁刷写，使相关人员在一定距离能够看清楚。根据国际上通行的做法，对于一般的标准箱包装，刷制的运输包装字母的尺寸至少为 4 厘米高，运输标志应至少在包装箱的四面均刷制，以防货物丢失。

四、货物交货的问题

交货时间是买卖合同的重要条件。延迟装运或提前装运都可能导致对方拒收或索赔。为保证按时交货，出口方应根据合同和信用证对装运期的规定，结合船期安排，做好船货衔接工作，避免出现“船等货”或“货等船”等情况。

合同中若未规定允许分批装运或转运，则应理解为不允许分批装运或转运。合同中若规定了允许分期或分批装运，但同时又规定了每批的数量，则出口方必须严格按照要求执行。如果其中某一期出现了未按规定装运的情况，进口方可按违约情况进行处理。

五、报检

出口商品的检验检疫是国际贸易业务流程中的重要环节。根据《中华人民共和国出口商品检疫法》，一切出口商品必须经过检验，未经检验或检验不合格的，不准出口。这里的检验既包括国家商检机构的检验，也包括生产、经营单位的自行检验。

凡属法定检验的商品，或合同规定必须经过中国进出口商品检验检疫局检验的出口商品，在货物备齐后，应向商品检验局申请检验。检验的申请一般应在商品出运前一周内提出，填写“出口报验申请单”（图 11－2），并提交相关单证。对于检验合格的货物，海关凭商检局发给的合格的检验证书放行。经检验不合格的货物，一律不得出口。出境货物检验检疫流程如图 11－3 所示。

中华人民共和国出入境检验检疫

出境货物报检单

报检单位（加盖公章）： 编 号：

报检单位登记号： 联系人： 电话： 报检日期：

<table>
<tr><td rowspan="2">发货人</td><td colspan="5">（中文）</td></tr>
<tr><td colspan="5">（外文）</td></tr>
<tr><td rowspan="2">收货人</td><td colspan="5">（中文）</td></tr>
<tr><td colspan="5">（外文）</td></tr>
<tr><td>货物名称（中/外文）</td><td>H. S. 编码</td><td>产地</td><td>数/重量</td><td>货物总值</td><td>包装各类及数量</td></tr>
<tr><td></td><td></td><td></td><td></td><td></td><td></td></tr>
<tr><td>运输工具名称号码</td><td></td><td>贸易方式</td><td></td><td>货物存放地点</td><td></td></tr>
<tr><td>合同号</td><td></td><td>信用证号</td><td></td><td>用途</td><td></td></tr>
<tr><td>发货日期</td><td></td><td>输往国家（地区）</td><td></td><td>许可证/审批号</td><td></td></tr>
<tr><td>启运地</td><td></td><td>到达口岸</td><td></td><td>生产单位注册号</td><td></td></tr>
<tr><td>集装箱规格、数量及号码</td><td colspan="5"></td></tr>
</table>

图 11－2 出口报验申请单

<table>
<tr><td>合同、信用证订立的检验
检疫条款或特殊要求</td><td>标记及号码</td><td colspan="2">随附单据（划“√”或补填）</td></tr>
<tr><td></td><td></td><td>□合同
□信用证
□发票
□换证凭单
□装箱单
□厂检单</td><td>□包装性能结果单
□许可/审批文件
□
□
□
□</td></tr>
<tr><td colspan="2">需要证单名称（划“√”或补填）</td><td colspan="2">检验检疫费</td></tr>
<tr><td rowspan="3">□品质证书 _正_副
□重量证书 _正_副
□数量证书 _正_副
□兽医卫生证书 _正_副
□健康证书 _正_副
□卫生证书 _正_副
□动物卫生证书 _正_副</td><td rowspan="3">□植物检疫证书 _正_副
□熏蒸/消毒证书 _正_副
□出境□货物通关单①或
□出境货物换证凭单②
□
□
□</td><td>总金额
（人民币）</td><td></td></tr>
<tr><td>计费人</td><td></td></tr>
<tr><td>收费人</td><td></td></tr>
<tr><td colspan="2" rowspan="3">报检人郑重证明：
1. 本人被授权报检。
2. 上列填写内容正确属实，货物无伪造或冒用他人的厂名、标志、认证标志，并承担货物质量责任。
签名：</td><td colspan="2">领取证单</td></tr>
<tr><td>日期</td><td></td></tr>
<tr><td>签名</td><td></td></tr>
</table>

图 11－2　出口报验申请单（续）

非法定检验的商品、出口合同也未规定由商检机构出证的商品，应视不同情况，委托商检机构、生产部门或供货部门进行检验，或者由外贸企业自行检验，合格后装运出口。国家商检机构定期或不定期抽查，抽查不合格的，不允许出口。

属危险货物的，其包装容器应由生产该容器的企业向商检机构申请包装容器性能的鉴定。包装容器经商检机构鉴定合格，并取得性能鉴定证书后，方可用于包装危险货物。

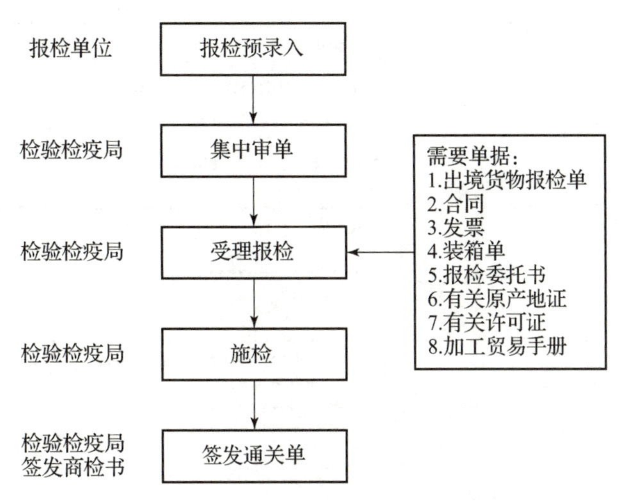

图 11－3 出境货物检验检疫流程图

任务二 信用证的审核与修改

信用证是银行做出的有条件付款承诺，银行承诺在规定的时间内，凭信用证规定的单据付款。因此，要能够顺利收汇，必须做到所有单据在表面上与信用证规定的条款严格相符。要做到严格相符，除了出口方要达到规定的要求，一个重要的前提条件是信用证本身正确无误（图 11－4）。

因此，出口方作为信用证的受益人应当及时获得信用证，并对信用证的各项条款仔细审核，如果发现信用证与合同不符，或尽管信用证正确，但出口方在履行合同时出现困难，无法满足信用证的要求，则应及时提出，要求开证人修改信用证。

出口方落实信用证主要包括三方面内容：催证、审证和改证。

一、催证

催证是催开信用证的简称，具体而言，是指在凭信用证支付的贸易合同中，通过信件、电报、电传或传真等方式催促国外进口方及时办理信用证手续并将信用证送达我方，以便我方及时装运货物出口，履行义务。

在凭信用证支付的合同中，买方应按照合同要求按时开立信用证，并通过银行将信用证送达卖方。但在实务中，买方可能因为种种原因拖延开证或故意不开证，因此卖方有必要催促对方办理开证手续。

催证不是每个出口合同都必须做的一项工作，通常在以下情况下才有必要进行。

（1）如果合同的签订日期和履约日期相隔较远，出口方可在合同规定开证日之前，去信表示对交易的重视，并催促对方开证。

Name of Issuing Bank:开证行	Irrevocable Documentary Credit Number 不可撤销跟单信用证 号码
Place and Date of Issue: 开证地点、日期 Applicant:申请人	Expiry Date and Place for Presentation of Documents Expiry Date: 到期日 Place for Presentation: 到期地点
Advising Bank: Reference No. 通知行 业务备查号	Beneficiary:受益人 Amount:金额
Partial shipments □allowed 分运 □not allowed Transshipments □allowed 转运 □not allowed □ Insurance will be covered by buyers 投保人	Credit available with Nominated Bank:付款方式 □by payment at sight □by deferred payment at: □by acceptance of drafts at: □by negotiation
Shipment as defined in UCP 500 Article 46 From: 起运港 For transportation to: 目的港 Not later than: 最迟装船期	Against the documents detailed herein:汇票 □and Beneficiary's draft(s) drawn on:
单据要求	
Documents to be presented within □ days after the date of shipment but within the validity of the Credit. 交单期	
We hereby issue the Irrevocable Documentary Credit in your favour. It is subject to the Uniform Customs and Practice for Documentary Credit(1993 Revision, International Chamber of Commerce, Paris, France, Publication No.500) and engages us in accordance with the terms thereof. The number and the date of the Credit and the name of our bank must be quoted on all drafts required. If the Credit is available by negotiation, each presentation must be noted on the reverse side of this advice by the bank where the Credit is available. 开证行保证付款条款;议付金额背批条款 开证行签名 Name and Signature of the Issuing Bank This document consists of □ signed page(s)	

图 11-4 信用证

(2) 如果出口方货已备妥，打算提前装运，可去信征求对方同意，提前开证。

(3) 如果开证期限未到，但进口方资信状况不好，或国际市场出现变化，则可催促对方开证。

(4) 如果在合同规定的时间内进口方未按时开证，而出口方希望继续交易，则可在保留索赔权的基础上，催促对方开证。

二、审证

信用证是独立于商品买卖合同的新契约，采用信用证支付时，出口方对信用证的内容必须仔细审核。细致审核信用证关系到出口方能否及时地安全地收到货款。在实际业务中，由于工作的疏忽、电文传递的错误、贸易习惯的不同、国际市场行情的变动，甚至进口方故意添加条款，往往会出现信用证条款与合同规定不符的情况，甚至在信用证中添加某些出口商看似无妨但是实际上根本不可能完成的条款，导致出口方不能提供满足信用证条款的单证，致使收汇失败。

出口方审核信用证的主要依据是国内的有关政策、规定，交易合同、国际商会的《跟单信用证统一惯例》以及实际业务中出现的困难情况。实践中，银行和出口方共同承担审证的任务。银行重点审核信用证的真实性、开证行的资信状况、付款责任等内容，银行对审核后确认真实的信用证，加盖“印鉴相符”的字样，若不能确认其真实性，必须及时告知出口方。出口方收到银行传来的信用证后，重点审核信用证是否与合同一致。对于信用证的审核，主要包括以下几个方面。

1. 信用证的各项条款是否符合我国有关方面的方针政策

2. 开证行的资信情况

开证行的资信应与其付款责任相匹配。对于我国政策上规定不能与之相往来的银行开来的信用证，应拒绝接受，并请进口方另行委托我方允许往来的银行开证。对于实行外汇管制或国际支付能力薄弱或国内金融秩序混乱的国家开来的信用证，要更为严格地审核开证行的资信状况。对于资信较差的银行，出口方可采取适当保险措施，如要求银行保兑，要求分批出运、分批收汇等。

3. 信用证的性质

出口方在审核信用证时应特别注意：

（1）信用证是否写明“不可撤销（Irrevocable）”字样，我国规定只能接受不可撤销信用证。

（2）信用证中是否有保证付款的字句。

（3）信用证是否未生效或有限制性生效的条款。

（4）信用证是否漏列适用国际商会UCP规则的条款。

（5）信用证是否未按要求保兑。

4. 信用证有无保留或限制性条款

开证人在信用证中规定有保留或限制性条款的情况比较常见，受益人对这些字句应特别注意。如，“开证申请人取得进口许可证才能生效”或“本证仅在受益人开具回头信用证并经本证申请人同意接受后才生效”这类信用证，必须等到附带条件满足后才能生效。还有一类条款是不合理的，带有明显的欺诈性。如规定受益人提交的单据中包括“由买方签发的提货证明”等，这类信用证实际上是受申请人控制的，收款人很可能无法获得这些单据，因此是不能够接受的。

5. 信用证的金额

信用证的金额应与合同规定一致，若合同上定有溢短装条款，则信用证上的金额应有相应的机动条款。信用证的支付货币应与合同规定相同，若不同，则应按我国银行颁布的“人民币市场汇价表”折算成合同货币，在不低于或相当于原合同货币总金额时才能接受。否则，要求开证申请人改证。

6. 信用证的日期和到期地点

信用证日期的审核包括有效期（即到期日）、交单期和最迟装运日期。未规定有效期的信用证是无效信用证，不能够接受。信用证中规定的最迟装运期应与合同中装运条款规定的日期相符，运输单据的出单日期或上面加注的装船或启运日期，不得迟于最迟装运期。如果信用证没有规定最迟装运期，则信用期的到期日即为最迟装运期。信用证还应规定在货物装运后必须向银行提交所有规定的单据的日期，即交单期。规定的交单期应为受益人装运后制单留有充分的时间。若信用证未规定交单期，则理解为装运日之后21天之内必须交单，交单期无论如何不得迟于信用证到期日。另外，信用证的到期地点也很重要，如果到期地点不是在受益人所在地而在国外，则通常情况下不应接受。

7. 运输

要注意审核信用证中规定的装运港与目的港、装运期、分批装运以及转运的要求是否与合同一致。

8. 货物

审核时应注意货物品名、规格是否与合同相符；货物数量是否相符；货物包装要求是否相符；贸易术语是否相符；货物价格是否相符；信用证中援引的合同号码和日期是否相符。

9. 单据条款

单据条款是审证的重点和难点之一，对来证中规定的单据种类、份数、填制方法和签发人等，要仔细审核，发现不正常的规定，应慎重对待。

三、改证

信用证的修改主要遵循以下流程：

1. 受益人（出口方）要求修改信用证

受益人审证后，发现内容与合同不一致的地方，应及时向开证申请人（进口方）提出，要求改证。要求改证时需注意，要修改的内容应一次性全部通知开证申请人，以节约对方改证的费用。

2. 开证申请人向开证行提出修改申请。开证申请人就需要修改的内容填写修改申请书，递交原开证行，要求修改信用证

3. 原开证行发出信用证修改书并通过原通知行传递给受益人

开证行的改证通知书，须通过通知行传递，以保证其真实性，对于改证通知书的内容，受益人应及时检查内容是否符合要求，如果发现有一部分不能接受，则应把修改通知书退回，待全部改妥后才能接受。修改通知书要么全部接受，要么全部拒绝，

部分接受修改中的内容无效。受益人应明确表示接受或拒绝修改。如果受益人未明确表示，但在实际交单时按照修改后的规定行事，则视为受益人已接受修改的信用证。

任务三 出口货物的运输和报关

出口货物的运输，是整个出口业务环节中重要的一环，由哪方负责办理运输手续并支付费用，是由买卖合同中的贸易术语决定的。在 CFR、CIF、CIP 条件下，出口方应办理租船订舱并支付运费，提交海运单据。以 CIF、CIP 条件成交的合同，出口方还应办理货物的保险。同时，出口方还应办理出口货物的报关手续。在电子商务环境下，装运、保险和报关手续可以在电子商务网上完成。

一、租船定舱

（1）一旦信用证收妥无误，货物备妥，则应立即办理托运手续，根据合同规定，在货物托运前一段时间，填制订舱单（图 11－5），随附商业发票等其他单据，向船公司或其代理人申请订舱。

海运出口货物订舱委托书

年 月 日

预配船名： 委托编号：

合同号： 船名：

信用证号： 提单号：

标记及号码	件数	货物及规定	重量	体积（英制）及规格
			全重	
			货物	
发货单位名称：			装船日期：	月 日
提单抬头：			结汇日期：	月 日
起运港：	目的港：	转运港：	可否转船：	
被通知人（正本）			可否分批：	
详细地址（副本）			提单份数	正 副
特殊条款：			运费支付	
其他事项：			货证情况	
外运记载事项：				

委托单位 复核 制单

图 11－5 订舱单

（2）签发装货单。船公司根据具体情况，如果接受出口商的订舱，则确定订舱，同时将配舱回单、装货单（图 11－6）等与托运人有关的单据退还给托运人，并告知出口商实际承运的船名和航次。装货单是船公司或其代理人签发给货物托运人的一种通知船方装货的凭证。

装货单

船名　　　　　　　　目的港

S/S ______________ For ____________

托运人

Shipper

兹将下列完好状况之货物装船后签署收货单。

Receive on board the under mentioned goods apparent in good order and condition and sign the accompanying receipt for the same.

标记及号码 Marks & Nos.	件数 Quantity	货名 Description of Goods	毛重量（公斤） Gross Weight in Kilos
共计件数（大写） Total Number of Packages in Writing			

日期　　　　　　　　时间

Date ______________ Time ______________

装仓

Stowed ________________________________

实收

Received ________________________________

理货员　　　　　　　经办员

Tallied By ____________ Approved By ____________

图 11－6　装货单

（3）安排运输。船公司在接受托运后，签发装货单，分送集装箱堆场或集装箱货运站，据以安排空箱办理货运交接。

（4）货物装船。出口商向海关办理出口报关手续，海关放行后，货物装船。

（5）获取提单。货物装船后，由船长或船上大副根据装货实际情况，签发大副收据，又称收货单（图 11－7），表明货物已装船。出口企业凭此单据向船公司换取提单。如果装运货物外表无不良情况或包装没有缺陷，则承运人会签发清洁提单，以便出口方结汇。但若货物外表不良或包装有缺陷，承运人只能签发不清洁提单，不清洁提单通常情况下不被进口方接受。因而，出口方通常的做法是，重新使货物表面清洁，以获取清洁提单。

收货单

船名　　　　　　　目的港

S/O ______________ For ______________

托运人

Shipper

下列完好状况之货物已收妥无损。

Receive on board the following goods apparent in good order and condition.

标记及号码 Marks & Nos.	件数 Quantity	货名 Description of Goods	毛重量（公斤） Gross Weight in Kilos
共计件数（大写） Total Number of Packages in Writing			

日期　　　　　　　时间

Date ______________ Time ______________

装仓

Stowed ______________________________

实收

Received ______________________________

理货员　　　　　　大副

Tallied By ____________ Chief Officer ____________

图 11－7　收货单

二、投保

对于以 CIF、CIP 条件成交的合同，出口方在货物启运前应按照合同规定及时向保险公司办理投保手续。出口货物的保险，采用逐笔投保的方式，在取得配舱回单后，即可办理。投保人在投保时，应将投保人名称、货物名称、投保金额、运输路线、运输工具、开证日期、投保险别、赔款地点等一一列明。保险公司在接受投保后，签发保险单据。

按 FOB、FCA、CFR、CPT 等条件成交的，保险应由进口方办理。但如果出口方同意接受进口方的委托代为办理，则应由买方承担风险和费用，投保手续同上，并在信用证上写明“保险费允许在信用证的额度以外超支”。

常见的保险单据有以下几种。

（1）保险单（Insurance Policy）又称大保单，是一种正规的保险合同，除详细载明投保单上各项内容之外，还列有保险公司的责任范围以及保险公司与被保险人双方各自的权利、义务等方面的详细条款。

（2）保险凭证（Insurance Certificate）又称小保单，是一种简化的保险合同，与保险单具有同样的法律效力，只是背面没有列明详细的保险条款。

（3）预约保单。为简化手续，防止漏保或来不及办理投保手续的情况，我国进口货物一般采取预约保险的做法。合同中规定承保货物的范围、险别、费率、责任、赔款处理等条款，凡属约定的运输货物，在合同有效期内自动承保。

（4）联合凭证（Combined Certificate），是把发票和保险单相结合的，比保险凭证更为简化的保险单据。

三、出口报关

根据《海关法》的规定，进出口货物需要办理报关手续，以便国家进行管理和征收关税。报关是指进出口货物、进出境物品和运输工具等在进出关境时，由货物所有人或其代理人向海关申报，交验规定的单据，请求海关办理进出口的有关手续。

货物出口报关的流程包括出口申报、配合查验、缴纳税费和提取或装运货物4个程序。

1. 出口申报

出口货物的申报期限为货物运抵海关监管区后，装货的24小时以前。报关时应向海关提交的单据有出口货物报关单（图11－8）、出口许可证（图11－9）、装货单或运单、商业发票、装箱单、出口收汇核销单以及其他海关认为必要的单证。

中华人民共和国海关出口货物报关单

预录入编号：　　　　海关编号：

<table>
<tr><td colspan="2">出口口岸</td><td colspan="2">备案号</td><td>出口日期</td><td>申报日期</td></tr>
<tr><td colspan="2">经营单位</td><td>运输方式</td><td colspan="2">运输工具名称</td><td>提运单号</td></tr>
<tr><td colspan="2">发货单位</td><td colspan="2">贸易方式</td><td>征免性质</td><td>结汇方式</td></tr>
<tr><td>许可证号</td><td colspan="2">运抵国（地区）</td><td colspan="2">指运港</td><td>境内货源地</td></tr>
<tr><td>批准文号</td><td>成交方式</td><td>运费</td><td colspan="2">保费</td><td>杂费</td></tr>
<tr><td>合同协议号</td><td>件数</td><td>包装种类</td><td colspan="2">毛重（公斤）</td><td>净重（公斤）</td></tr>
<tr><td>集装箱号</td><td colspan="4">随附单据</td><td>生产厂家</td></tr>
<tr><td colspan="6">标记唛码及备注</td></tr>
<tr><td colspan="6">项号　商品编号　商品名称、规格型号　数量及单位　最终目的国（地区）　单价　总价　币制　征免</td></tr>
</table>

图11－8　出口货物报关单

<table>
<tr><td colspan="3">税费征收情况</td></tr>
<tr><td>录入员　　录入单位</td><td rowspan="2">兹声明以上申报无讹并承担法律责任

申报单位（签章）</td><td>海关审单批注及放行日期（签章）
审单　　审价</td></tr>
<tr><td>报关员

单位地址
邮编
电话　　填制日期</td><td>征税　　统计

查验　　放行</td></tr>
</table>

温馨提醒：报关单、备案清单版式由竖版改为横版，纸质单证全部采用普通打印方式，取消套打，不再印制空白格式单证.
关检融合部分通关参数查询及下载：http://www.customs.gov.cn/customs/302427/302442/tgcs/gjrhbftgcscxjxz/index.html

图 11-8 出口货物报关单（续）

中华人民共和国出口许可证

EXPORT LICENCE OF THE PEOPLE'S REPUBLIC OF CHINA No.

<table>
<tr><td colspan="3">1. 出口商：
Exporter</td><td colspan="3">3. 出口许可证号：
Export licence No.</td></tr>
<tr><td colspan="3">2. 发货人：
Consignor</td><td colspan="3">4. 出口许可证有效截止日期：
Export licence expiry date</td></tr>
<tr><td colspan="3">5. 贸易方式：
Terms of trade</td><td colspan="3">8. 进口国（地区）：
Country/Region of purchase</td></tr>
<tr><td colspan="3">6. 合同号：
Contract No.</td><td colspan="3">9. 支付方式：
Payment conditions</td></tr>
<tr><td colspan="3">7. 报关口岸：
Place of clearance</td><td colspan="3">10. 运输方式：
Mode of transport</td></tr>
<tr><td colspan="6">11. 商品名称：　　商品编码：
Description of goods　　Code of goods</td></tr>
<tr><td>12. 规格、等级
Specification</td><td>13. 单位
Unit</td><td>14. 数量
Quantity</td><td>15. 单价
Unit price</td><td>16. 总值
Amount</td><td>17. 总值折美元
Amount in USD</td></tr>
<tr><td></td><td></td><td></td><td></td><td></td><td></td></tr>
<tr><td></td><td></td><td></td><td></td><td></td><td></td></tr>
<tr><td></td><td></td><td></td><td></td><td></td><td></td></tr>
<tr><td></td><td></td><td></td><td></td><td></td><td></td></tr>
<tr><td>18. 总计
Total</td><td></td><td></td><td></td><td></td><td></td></tr>
<tr><td colspan="3">19. 备注
Supplementary details</td><td colspan="3">20. 发证机关签章
Issuing authority stamp & signature
21. 发证日期
Licence date</td></tr>
</table>

图 11-9 出口许可证

2. 配合查验

海关查验是指海关依法确定进出境货物的性质、价格、数量、原产地、货物状况等是否与报关单上已申报的内容相符，对货物进行实际检查的行政行为。海关查验的过程中，申报单位应到场，配合海关查验，做好以下工作：按海关要求搬移货物，开拆包装，以及重新封装货物；协助海关提取需要作进一步检验、化验或鉴定的货样，收取海关出具的取样清单；查验结束后，阅读海关官员填写的货物查验记录单，确认无误后签字。

3. 缴纳税费

进出口货物收发货人或其代理人将报关单和随附单证提交给海关，海关对报关单进行审核，然后计算税费，开具税款缴款书和收费票据。纳税义务人持缴款书和收费票据向指定银行办理税费交付手续。

4. 提取或装运货物

出口货物在办理完上述手续后，海关在货运单据上签印放行，出口货物凭此装运出境。

任务四　制单结汇

当代国际贸易大部分采用凭单交货、凭单付款的方式。在信用证付款方式下，由于银行付款的依据是信用证和受益人所提交的单证，并不查验实际交易的货物，因此，国际贸易中对单证的要求非常严格，单证的完整与否、正确与否直接关系到企业能否正常收汇。在传统贸易方式下，在货物装船后，出口企业应当立即按照合同和信用证的规定缮制要求的单证，并在信用证的有效期内提交给银行办理结汇手续。在电子商务模式下，出口企业在装船后应缮制规定的电子单证，并通过电子数据交换的形式实现单证的传递，货款的结算也通过银行电子转账系统自动完成。

一、制作出口单证

1. 制作单证的基本要求

单证的制作应做到正确、完整、及时、简明和整洁。

（1）正确。正确是外贸单证工作的基本要求，只有制作正确的单证才能够保证及时收汇。这里的正确包括四个方面：单证与信用证相符；单证与单证相符；单证与合同相符；单证与所交货物相符。另外，单证的制作还必须符合有关国际惯例和进口国的相关法令和规定。

（2）完整。单证的完整性是构成单证合法性的重要条件之一，也是单证成为有价证券的基础。单证的完整性包括：

①单证内容必须完整。单证内容的完整是指每一种单证本身的内容（包括格式、项目、文字、签章、背书等）必须完备齐全，否则不能构成有效文件。

②单证种类必须完整。受益人在向银行提交单证时，必须提交成套的、齐全的单证，银行（或进口商）只有在收到完整的单证之后才可能付款。

③单证份数必须完整。出口商提供的单证份数必须按照信用证的规定如数交齐，不能短缺。

（3）及时。及时出单包括两方面的内容：

①各种单证的出单日期必须合理，即每种单证的出单日期不能超过信用证规定的有效期限或按商业习惯的合理日期。例如，保险单的日期必须早于或同于提单的签发日期；提单的日期不得迟于最迟装运日期等。如果这些日期出现错误，会造成单证不符，导致无法收汇。

②受益人向银行交单的日期不得超过信用证规定的交单日期，过期交单会造成银行拒付或造成利息损失。

（4）简明。单证的内容应按照信用证要求和国际惯例填写，力求简明，勿加列不必要的内容。

（5）整洁。单证的表面要清洁、美观、大方，单证内容应清楚易认。有些单证的重要项目，如金额、数量、重量等，一般不宜修改。单证上的更改处一定要盖校对章或简签，涂改过多的单证应重新缮制。

2. 结汇单证

在国际贸易中，单证份数的表达方式一般有三种：第一种是“Copy”表示法，in 1 copy，in 5 copies；第二种是“Fold”表示法，in 1 fold，in 5 fold；第三种是固定的表达方式：in duplicate（一式两份），in triplicate（一式三份），in quadruplicate（一式四份），in quintuplicate（一式五份），in sextuplicate（一式六份），in septuplicate（一式七份），in octuplicate（一式八份），in nonuplicate（一式九份），in decuplicate（一式十份）。

现对出口合同履行中涉及的几种主要结汇单证的内容以及制单时应注意的问题做简单介绍。

1）商业发票（Commercial Invoice）

商业发票是出口方向进口方开列的货物价目清单，是一笔业务的全面反映，内容包括商品的名称、规格、价格、数量、金额等。商业发票是全套出口单据的核心，其他单证都是参照发票内容缮制的。

商业发票没有统一的格式，其内容应符合合同和信用证的规定。发票的缮制如表 11－1 所示。

表 11－1　发票的缮制

项目	内容	要点
1. 出口商名称及地址	出口商名称、地址、电传、电话号码等	出口商名称及地址必须与信用证一致
2. 单据名称	应明确标明“INVOICE”（发票）或“COMMERCIAL INVOICE”（商业发票）	
3. 发票抬头（TO:...）	通常情况下为买方名称	除信用证有其他要求之外，发票抬头一般缮制为开证申请人（APPLICANT）
4. 发票号码（INVOICE NO.）、出票日期（INVOICE DATE）		发票日期不要晚于提单的出具日期
5. 唛头（SHIPPING MARKS）	如收件人简称、目的地、参考号、件号	若合同或信用证规定了唛头，则须严格按规定制作。若无规定，一般由卖方自行设计。若无唛头，应注明 N/M
6. 装运港和目的港	简单地表明运输路线及运输方式，如 FROM ×× TO ××BY SEA/AIR	按合同和信用证的规定填写，若有重名，应注明国别
7. 品名及货物描述（DESCRIPTION）	货物的名称、规格、型号等	必须与信用证中的货物描述（DESCRIPTION OF GOODS）完全一致，必要时要照信用证原样打印，不得随意减少内容
8. 数量（QUANTITY）	货物的数量、重量等	按合同标明装运货物数量，必须标明数量单位如 PIECE、SET、KG 或 METER 等
9. 价格	单价（UNIT PRICE）、总价（AMOUNT）	对应不同货物标明相应单价，注意货币单位及数量单位。总价即实际发货金额，应与信用证规定一致，同时还应注明贸易术语
10. 签字盖章	出口方名称及授权人签字	若信用证要求 SIGNED INVOICE，就要求出口商签字或加盖图章
11. 其他		有些国家对商业发票有特殊要求，如必须在商业发票上注明船名、重量、“无木制包装”等字样，需根据具体业务及信用证要求具体对待

2）装箱单

装箱单是商业发票的一种补充票据，有装箱单（Packing List）、重量单（Weight List）和尺码单（Measurement List）等不同名称和格式，具体制单应按照信用证要求的名称缮制，以便进口方在货物到达目的港时供海关检查和核对货物。装箱单对交易货物的包装、规格、重量、尺码等情况列明得更为详细，是进口方收货和海关验收时核对货物的主要依据。装箱单的主要内容如表 11－2 所示。

表 11－2 装箱单的主要内容

项目	内容要点
装箱单名称（Packing List）	按信用证规定填写
编号（No.）	与发票号一致
合同号（Contract No.）	标注此批货物的合同号
包装种类和件数、货物描述（Number and kind of packages，description of goods）	填写货物及包装的详细资料，包括：货物名称、规格、数量和包装说明等内容
唛头（Shipping Mark）	与发票一致
出单方（Issuer）	出单人的名称与地址。在信用证支付方式下，此栏应与信用证受益人的名称和地址一致
受单方（To）	受单方的名称与地址。多数情况下填写进口商的名称和地址，并与信用证开证申请人的名称和地址保持一致

3）汇票（Bill of Exchange，Draft）

在国际贸易中，主要使用的是跟单汇票。作为出口方要求进口方付款的凭证，汇票必须记载以下事项：“汇票”字样；无条件支付委托；确定的金额；付款人名称；出票日期；出票人签章等。以上事项必须一一列明，否则汇票无效。制作汇票时，应注意下列问题。

（1）出票条款。信用证名下的汇票，应填写出票条款，包括开证行名称、信用证号码和开证日期。

（2）汇票金额和币别。首先，除非信用证另有规定，汇票金额和币别应与发票所列金额和币别一致；其次，如果信用证规定采用部分托收、部分信用证方式结算，则几张汇票的金额各按规定填写，总和等于发票金额；再次，如果信用证明确规定汇票金额是发票金额的一定百分比，则按信用证规定填写。最后，汇票上的大小写必须一致，汇票金额不得涂改。

（3）付款人名称。在信用证方式下，以信用证开证行或其指定的付款行为付款人，若信用证未说明，则以开证行为付款人。

（4）收款人名称。汇票的收款人应当是银行。信用证方式下，收款人通常为议付行；托收方式下，也可以是托收行。收款人均作成指示性抬头，即“pay to the order of...”。

4）提单（Bill of Lading，B/L）

海运提单，简称提单，是证明海上运输合同和货物承运人接管或装船，以及承运人据以保证交付货物的凭证。

5）保险单据（Insurance Policy/Certification）

保险单是保险人与被保险人之间订立的保险合同的凭证，也是被保险人索赔和保险公司理赔的重要依据。保险单的被保险人可以通过空白背书办理保单转让。保险单是CIF、CIP条件下必须提交的结汇票据。

6）原产地证明（Certificate of Origin）

原产地证明是一种证明货物原产地或制造地的一种重要文件，也是海关计算关税，实行进出口管制的依据。我国出口商品所使用的产地证主要有以下几种：普通产地证；普惠制产地证；纺织品产地证。

7）检验证书（Inspection Certification）

检验证书是用来证明出口商品的品质、数量、重量、卫生等条件的证书。检验证书一般由国家指定的检验检疫机构出具，在合同或信用证未做规定的情况下，也可由出口企业或生产企业自行出具。值得注意的是，出证机构检验货物名称与检验项目必须符合信用证的规定，同时还要注意检验证书的有效期。货物在出口时若已超过有效期，则需要重新报检。

8）其他单证

根据合同和信用证的要求不同，有时还需要提供其他的单证，常见的有：装运通知（Shipping Advice）、寄样证明（Beneficiary's Certificate for Despatch of Shipment Sample）、寄单证明（Beneficiary's Certificate for Despatch of Documents）等。这些单证有的由出口商自己制作，有的由其他单位提供，但都应注意单证须符合信用证的要求。

二、交单结汇

交单结汇是货物出口程序的最后环节，也是出口合同履行情况的最后审核工作。

1. 交单

交单是指受益人在信用证规定的时间内向指定银行提交信用证规定的全套完整单证，这些单证经银行审核通过后，按信用证条款的不同规定付款方式，由银行办理结汇。

交单方式有两种：一种是两次交单又称预审交单，即在运输单证签发前，将其他已备妥的单证提交银行预审，以便如有问题能及时更正，在货物装运后收到运输单证再提交，这种方式可以实现当天议付并对外寄单。另一种方式是一次交单，即在全套单证收齐后一次性送交银行，银行审单后若发现不符点则需要退单修改，这种做法可能造成逾期交单而影响收汇安全。因此，出口方最好与银行密切配合，采用两次交单方式，加速收汇。

2. 结汇

银行在审单无误后，按信用证规定的付汇条件，将外汇按当日人民币市场汇价的银行买入价购入，然后结算为人民币支付给出口企业。在我国的出口业务中，通常有三种信用证的出口结汇方式。

（1）收妥结汇。收妥结汇是指出口地银行收到受益人提交的单证，经审核确认与信用证条款的规定相符后，将单证寄给外国付款行索偿，待付款行将外汇划拨到出口地银行后，再行支付款项给受益人。

（2）定期结汇。定期结汇是指议付行根据国外付款行所需时间，预先确定一个结汇期限，到期后主动将票款金额折算成人民币贷记受益人账户或交给受益人。

（3）出口押汇。出口押汇是指议付行在核实单证后确认受益人所交单证符合信用证条款规定的情况下，按信用证的条款买入受益人的汇票及单证，按照票面金额扣除从议付日到收到票款之日的利息，将净数按议付人民币市场汇价折算成人民币付给受益人。这是一种议付行向受益人提供资金融通的方式，可加速出口方资金周转，有利于扩大出口业务。

知识扩展：英汉短语集萃

项目十一任务训练

参考答案

项目十二　进口合同的履行

项目导语

我国进口货物，大多数是按 FOB 条件并采用信用证付款方式成交，因此，如果以 FOB 条件成交合同为例，假设合同规定的付款方式为信用证，则履行该进口合同的一般程序包括：催样、改样、确认样品，开立信用证，安排运输，办理保险，审单与付汇，提货、检验及报关和进口索赔等。具体流程如图 12－1 所示。

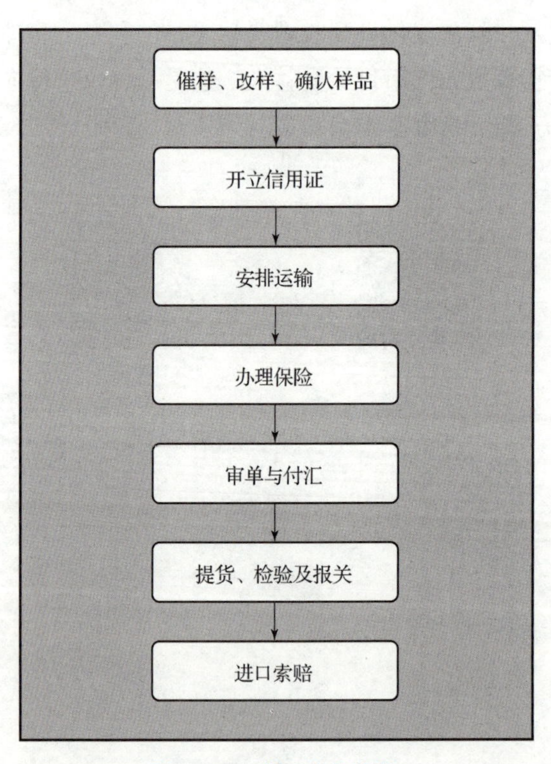

图 12－1　进口业务流程

知识目标：

- 掌握进口交易的基本程序
- 熟悉催样、改样、确认样品；开立信用证；安排运输；办理保险；审单与付汇；提货、检验及报关和进口索赔等环节的注意事项

- 了解国际贸易各环节可能涉及的单证

能力目标：

- 掌握信用证的开立及开证申请书的内容
- 掌握单据审核的要点

素质目标：

- 培养学生具备严谨的工作意识，诚实守信的道德品格
- 培养学生具备良好的法制意识，通晓并遵守各国法律法规
- 培养学生具备良好的思想政治素质，充分认识到经济效益和社会效益的双重作用，在对外交往中坚守我国的政治信仰和方针政策

案例（任务）导入

案例（任务）描述：

鲁申进出口公司和美国杰弗逊公司以CFR青岛条件订立了进口5 000公吨钾肥的合同，依合同规定我方公司开出以美国杰弗逊公司为受益人的不可撤销跟单信用证，总金额为200万美元。双方在合同中约定如发生争议则提交中国国际经济贸易仲裁委员会上海分会仲裁。2009年5月货物装船后，美国杰弗逊公司持包括提单在内的全套单据到银行议付了货款。货物到达青岛后，我方公司发现该批钾肥有严重质量问题，立即请当地商检机构进行了检验，证实该批钾肥中混有大量廉价饲料。于是，我方公司持商检证明要求银行追回已付款项，否则将拒绝向银行支付货款。根据上述情况，

试问：(1) 银行是否应追回已付货款，为什么？

(2) 鲁申进出口公司是否有权拒绝向银行付款？为什么？

(3) 中国国际经济贸易仲裁委员会是否有权受理此案？依据是什么？

(4) 鲁申进出口公司应采取什么救济措施？

任务一　催样、改样、确认样品

在国际贸易中，商品买卖合同中标的物的品质有的可以凭实物表示，有的可以凭文字说明表示。而如果成交的为服装、食品等对色彩、味道、外观造型有特殊要求的商品，则要求以实物来表示商品的品质，其中除了展卖、拍卖、寄售等少数方式采用看货买卖外，绝大部分此类商品的贸易方式采用凭样品成交。因此如果进口的商品是

凭样品成交的话，需要进口方催样、改样及确认样品。

一、催促样品

在凭样品成交的国际货物买卖中，进口方需要做的第一件事情就是敦促出口方将成交时双方约定的样品根据自己的要求进行进一步的修正，并尽快做好交予进口方确认。催样的同时，为了保证样品符合进口方的要求，进口方应积极配合出口方，将制作样品所需的原辅材料，样品的款式、尺寸、品种、颜色、包装以及应该注意的事项等，用文字、图案或表格等方法一一详细列明。

二、修改样品

进口方收到出口方提供的样品以后，应及时、认真地对其进行检测。有必要的话，还应对其做一些“破坏性试验”，以防止某些样品因为没有经过试用，某些隐性问题未能及时暴露出来，最终留下后患。若是遇到有些技术比较复杂、企业自己无法进行检测的商品，还可以支付一定的报酬请某些专业机构代为检测。此外，如果进口方为中间商，最好是将样品提交给最终的买家或用户亲自进行检测、鉴定和确认，以免出现中间商和最终买家的标准及看法不一致的情况，从而引起争议和索赔。

对于已经进行了检测的样品，若是发现任何问题或不尽如人意的地方，进口方需要以书面形式及时告知出口方，详细列明检测中样品存在的问题以及需要改进的项目和内容，以方便出口方尽快对其进行改进，并重新制作确认样品。

若是出口方修改后的样品经过检测仍然存在某些问题的，进口方需要按前述方法要求出口方继续改进样品，直至符合要求为止。在实际的交易过程中，样品修改这一环节往往会反复经历几次，才能最终确认样品，投入生产。

三、确认样品

出口方提供的样品经过检验合格以后，进口方需要向出口方作最终的确认，并将确认的样品存档，以备用作以后对货物的检测及对商品质量提出索赔与异议的依据。

在提出修改意见以及最终确认的时候，进出口双方应该注意两国文化、语言、环境、风俗习惯等各个方面可能存在的差异，以免出现对同一个问题、同一个事项的理解、认识和处理方法上出现某些偏差或误解。例如，中国人通常以点头表示同意，摇头表示否定，而在其他一些国家则刚好相反；又如，面对对方的肯定与赞扬的时候，中国人通常会以“当面否定别人对自己褒奖”的方式以表示自己的谦逊，而西方许多国家则认为这种当面否定自己褒扬的做法是在否定其判断能力及审美能力，是一种不礼貌的行为；此外，中国人常常会以“欢迎来我处做客”等话语表示客套，并没有进行实际的邀请，而在西方一些国家却认为说出来即视为是正式邀请……因此，在进行交流磋商的时候，应事先了解对方的文化、语言及风俗习惯，以避免出现不必要的误会，影响交易的顺利完成。

任务二　开立信用证

进口方开立信用证是履行合同的前提条件，因此，签订进口合同后，进口方应按合同规定向银行办理开证手续。信用证内容是以合同为依据开立的，因此其内容应当与合同一致。

一、申请开立信用证的程序

在以信用证为支付方式的进口贸易中，开立信用证是履行进口合同的第一步，也是进口业务的重要环节，进口方应当在规定的时间内，以合同为依据，到当地经营外汇业务的银行申请开立信用证。例如合同规定在收到出口方货物备妥通知或在出口方确定装运期后开证，进口方应在接到上述通知后及时开证。若合同规定在出口方领到出口许可证或支付履约保证金后开证，则进口方应在收到对方已领到许可证的通知或接到银行通知履约保证金已付讫后开证。总之，进口方应严格按照合同要求，及时开立信用证以保证进口合同的顺利履行。

1. 递交有关合同的副本及附件

进口方在向银行申请开立信用证时，要向银行提交其进口合同的副本以及所需附件，如进口许可证等。

2. 填写开证申请书

开证申请书是银行开立信用证的依据，同时也是进口方凭以审查其所收到的货运单据，并据此向开证行付款赎单的依据。因此，填写开证申请书必须按照合同的具体规定，写明对信用证的各项要求，内容要明确、完整。

3. 缴付保证金

根据有关国际惯例的规定，除开证行对开证申请人即进口方有授信额度外，一般情况下进口人申请开立信用证应向银行缴纳一定比例的保证金。其金额根据申请人的资信情况而订购，一般为信用证金额的百分之几到百分之几十。

4. 支付开证手续费

进口方申请开证时，除了需要缴付保证金外，还需要按规定向银行支付一定金额的开证手续费。

5. 银行开立信用证

进口方按规定缴付保证金并支付开证手续费后，开证行对其提交的开证申请书进行审核，同时对其资信度及开证时提供的有效文件如进口许可证、贸易进口付汇核销单等进行核查。审核无误后，接受进口方的申请，根据开证申请书开立信用证。

二、开证申请书的内容

开证申请书一般情况下为一式三份，填写后其中一份交给银行，一份由进口方业务部留底，一份由进口方财务部留底。开证申请书包含两个部分的内容：正面内容及背面内容。

1. 开证申请书正面内容

开证申请书没有统一的格式，但内容各银行大致相同。其正面内容繁多，样本如表 12－1 所示。

表 12－1　开证申请书正面内容

APPLICATION FOR LETTER OF CREDIT

TO:　　　　　　　　　　L/C No.　　　　　　　　Date:

<table>
<tr><td colspan="2">Applicant

Tel:
Fax:</td><td>Beneficiary (full name, address and tel.)

Tel:
Fax:</td></tr>
<tr><td>Partial shipments
(　) allowed
(　) not allowed</td><td>Transshipment
(　) allowed
(　) not allowed</td><td>issued by (　) teletransmission
(　) express delivery</td></tr>
<tr><td colspan="2">Loading on board/dispatch/taking in charge at/from</td><td>Contract No.:
Credit Amount (both in figures and words):
Trade Term: (　) FOB (　) CFR (　) CIF
(　) Others:</td></tr>
<tr><td colspan="2" rowspan="2">Description of goods:</td><td>Date of expiry:
Place of expiry:</td></tr>
<tr><td>Credit available with
(　) by sight payment (　) by acceptance
(　) by negotiation
(　) by deferred payment at against the documents detailed herein
(　) and beneficiary's draft for 100 % of invoice value at 90 DAYS AFTER B/L DATE
On issuing bank</td></tr>
</table>

续表

<table>
<tr><td colspan="2">Documents required: (marked with X)
1. ( ) Signed commercial invoice in 3 copies indicating L/C No. and Contract No. SMST/24116
2. ( ) Full set of clean on board Bills of Lading made out [ ] to order/ [ ] to the order of and blank endorsed, marked "freight [ ] prepaid/ [ ] to collect showing freight amount" notifying [ ] the applicant/ [ ]
3. ( ) Air Waybills showing "freight [ ] prepaid/ [ ] to collect indicating freight amount" and consigned to
4. ( ) Insurance Policy/Certificate in 3 copies for 110 % of the invoice value showing claims payable in China in currency of the draft, blank endorsed, covering ([ ] Ocean Marine Transportation/ [ ] Air Transportation/ [ ] Over Land Transportation) All Risks, War Risks. / [ ]
5. ( ) Packing list/Weight Memo in 3 copies indicating
6. ( ) Certificate of Quantity/Weight in 3 copies issued by [ ] manufacturer/ [ ] Seller/ [ ] independent surveyor at the loading port, indication the actual surveyed quantity/weight of shipped goods as well as the packing condition.
7. ( ) Certificate of Quality in 3 copies issued by [ ] manufacturer/ [ ] public recognized surveyor/ [ ]
8. ( ) Beneficiary's Certified copy of fax dispatched to the applicant within 2 days after shipment advising the contract number, name of commodity, quantity, invoice value, bill of loading, bill of loading date, the ETA date and shipping Co.
9. ( ) Beneficiary's Certificate certifying that extra copies of the documents have been dispatched to the [ ] applicant/ [ ]
10. ( ) Certificate of Origin in copies certifying.
11. ( ) Other documents, if any:
Additional instruction: (marked with X)
1. ( ) All banking charges outside the opening bank are for beneficiary's account.
2. ( ) Documents must be presented within 21 days after the date of issuance of the transport documents but within the validity of this credit.
3. ( ) Third party as shipper is not acceptable, Short Form/Blank B/L is not acceptable.
4. ( ) Both quantity and amount % more or less are allowed.
5. ( ) All documents to be forwarded in one lot by express unless otherwise stated above.
6. ( ) Other terms, if any:</td></tr>
<tr><td>For banks use only</td><td rowspan="2">我公司承担本申请书背面所列责任及承诺，并保证按照办理。
(申请人名称及印鉴章)
RMB A/C No.
USD or ( ) A/C No.
联系人： 电话：</td></tr>
<tr><td>Seal and/or Signature checked by ( )
L/C Margin % checked by ( )
Credit Facility checked by ( )
Ent ( ) Ver ( ) App ( )
Date:</td></tr>
</table>

This application for issuing letter of credit is subject to the UCP 600.

从样本中我们可以看出，尽管开证申请书正面内容繁多，但概括起来主要包含六个方面：

（1）对信用证本身的说明：如信用证的种类、性质、金额、到期地点及有效期等。

（2）对货物的描述：如货物的名称、品种规格、数量、包装、价格等。

（3）对运输的要求：如装运期限、装运港、目的港、运输方式、是否允许分批装运及转船等。

（4）对单据的要求：对单据的种类、名称、内容和份数等加以规定，涉及的单据主要有货物单据、运输单据、保险单据等。另外还有其他一些单据，如寄样证明、装船通知、电报副本等。

（5）附加条款：根据每笔具体业务的需要，此项可作出不同的规定，包括交单期，银行费用的说明，对议付行寄单方式、议付背书和索偿方法的指示等。

（6）开证行对受益人或汇票持有人保证付款的责任文句。

2. 开证申请书背面内容

信用证背面是开证申请人即进口方对开证行的申明，用以明确双方责任，主要内容如下：

（1）申明申请人同意按照有关国际惯例(《UCP 600》）办理该信用证项下一切事宜，并承担由此产生的一切责任。

（2）申明委托银行开立信用证，并保证银行会按时支付货款等相关费用。

（3）申明在收到单据后，申请人在×个工作日内复审单据，并在规定期限内通知银行是否接受。

（4）声明该信用证及其项下的函电、单据等如在邮电或其他传递过程中发生遗失、延误、错漏等银行概不负责。

（5）声明若信用证需要修改，申请人应及时通知银行并及时审核信用证副本或修改书副本是否与原申请书相符。

（6）申明如申请书字迹不清或词义含混，引起的后果由申请人自行负责。

三、信用证的修改

出口方在收到信用证后，会进行审核，如提出修改信用证的请求，经进口方同意后，即可向银行办理改证手续。最常见的修改内容有：延展装运期和信用证有效期、变更装运港口等。

修改信用证的时候，进口方应注意审时度势、量力而行，而不能“百依百顺”。对于出口方提出的改证要求，应对照原买卖合同条款，适当考虑出口方和自己的客观实际情况，对于进口方自己的利益没有损害或损害较小且比较合乎情理的要求，进口方在改证的时候可以满足；否则，应该直接予以拒绝。此外，由于修改信用证需要向相关银行缴纳一定的手续费，进口方应要求出口方将需要修改之处一次性提出，若修改后出口方继续提出一些修改意见，则额外增加的费用由出口方承担。

四、申请开立信用证应注意的问题

1. 开证时间

信用证的开证时间应按合同规定来办理，如合同规定在出口方确定交货期后开证，进口方应在接到出口方上述通知后开立信用证；如合同规定在出口方领到出口许可证或支付履约保证金后开证，则进口方应在收到对方已领到出口许可证的通知，或银行告知保证金已收到后开证。但要注意的是一定要让出口方在收到信用证后有足够的时间在合同规定的装运期内装运货物。

2. 信用证的内容必须符合合同的规定

如货物的名称、品质、数量、价格、装运日期、装运条件、保险险别等，均应以合同为依据，在信用证中明确加以记载。

3. 单据条款要明确

信用证的特点之一是单据买卖，银行凭单付款，不管货物质量如何。因此进口方在申请开证时，必须列明需要出口方提供的各项单据的种类、份数及签发机构，并对单据的内容提出具体要求。

4. 文字力求完整明确

进口方要求银行在信用证上载明的事项，必须完整、明确，不能使用含糊不清的文字，应避免使用“约”“近似”或类似的词语。这样做一方面可以使银行处理信用证时或出口方履行信用证的条款时有所遵循，另一方面也可以保护自己的权益。

5. 由于对第二受益人资信难于了解，特别是跨地区和国家的转让更难以掌握，我国的银行一般不开立可转让信用证

6. 进口方应尽量采取远期付款的信用证，这样可以为自己在付款之前争取足够的时间查询有关的装运信息，并采取一些必要的应对措施，从而避免或降低交易风险；此外采用远期信用证还可以为自己减轻即期付款的资金压力，为资金较为紧张的进口方提供了相应的缓冲期

任务三 安排运输与办理保险

我国的进口业务大多按 FOB 术语成交，而前面我们也提到本项目以 FOB 条件成交的合同为例。因此，在 FOB 合同下，进口方须自行安排货物运输，派船到国外港口接运货物，办理货物运输及投保手续。

一、租船订舱

在 FOB 合同项下，要注意船货衔接问题。因此出口方在交货前一定时间内，应将预计的装运日期通知进口方。进口方接到上述通知后，应及时办理或委托货运代理公司办理租船订舱手续。在办妥租船订舱手续后，在规定的期限内将船名、船期等信息及时通知出口方，以便对方备货装船。同时，为了防止船货脱节或出现船等货物的情况，进口方需注意催促对方按时装运。对于数量大或重要物资的进口，如有必要，进口方亦可请本国驻外机构就地督促外商履约，或派人员前往出口地点检验监督。

货物在国外装船后，出口方应及时向进口方发出装船通知，以便进口方及时办理保险和做好接货等项工作。根据海运方式的不同，主要需注意以下问题：

1. 班轮租船订舱

（1）洽商班轮舱位时，注意与信用证装船日期衔接，保证按时在装运港装运货物。

（2）在租船订舱前应查明相关费用，如班轮费率表有无附加费、有无折让回扣、其计价标准是尺码吨还是重量吨等。

（3）班轮运输装卸费条件有多种，应注意与进口合同中的费用负担条件相衔接。

（4）应确实了解所订班轮是否直达目的港、停靠港口多少、中途是否转船等。

2. 租用整船

（1）应注意运输市场的行情状况。

（2）必须了解装卸港口的情况。

（3）应根据实际情况选择船型，以保证货物安全运输和尽可能节约费用。

（4）应了解各航线港口的习惯、运输契约的格式。

二、办理保险

按 FOB、CFR 术语条件成交，货物在装运港越过船舷后，风险即由出口方转移给进口方，进口方须承担货物越过船舷以后在海上运输中发生的损坏灭失等一切风险。为转移这种风险，进口方需在货物装船、得到出口方装船通知后向保险公司办理进口货物海上运输投保手续。进口商（或收货人）向保险公司办理进口货物运输保险时，一般有两种做法：一种是预约保险方式，另一种是逐笔投保方式。

1. 预约保险

我国大部分外贸企业同保险公司订有预约保险合同。根据预约保险合同，投保单位接到国外出口企业的装船通知后，将船名、开航日期、航线、货物名称及数量等内容以装船通知或“国际运输预约保险起运通知书”的形式通过网络或其他方式发送给保险公司，保险公司即自动按预约保险合同所订条件开始承保。预约保险情况下，保险公司按月或季汇总，向投保单位一次性收取保险费。

在承保责任方面，预约保险合同一般规定，保险公司的承保责任从货物在国外装运港装上船时生效，到提单载明的目的地收货人仓库时终止。如果货物卸船后60天仍未到达目的地指定的仓库，则保险公司的承保责任终止。另外，预约保险合同对于一些特殊商品保险责任的起讫一般另行规定，例如活牲畜、新鲜蔬菜、水果等鲜活商品的保险责任均终止于货物卸船之时，而不实行国内转运期间和货物储存于装运港期间的责任扩展条款。进口方如需要扩大保险责任期限，应当在投保时提前作出相应的安排。

2. 逐笔投保保险

在没有与保险公司签订预约保险合同的情况下，进口货物需逐笔办理投保手续，具体做法是：进口方在接到国外出口方发来的装运通知后，立即通过计算机网络或其他方式向保险公司发送“进口货物国际运输起运通知书”，提供合同号、起运口岸、运输工具、起运日期、目的口岸、估计到达日期、货物名称、数量、保险金额等信息，保险公司接受承保，即向进口方签发正式保单，此种业务做法，主要适用于临时办理进口货物运输保险的单位。

进口保险货物从国外运抵进口国港口、机场或其他收货地，如发现保险公司承保责任范围内损失，收货人应向海运进口的口岸或其他运输方式的进口卸货地保险公司或其代理索赔。

任务四 审单与付汇

单据审核是进口合同履行过程中的一个重要环节。在进口业务中，如采用托收或汇付的方式，则由进口方负责对单据进行全面审核。如采用信用证方式，则由开证银行和进口方共同承担单据审核的责任。一般情况下，由开证行（付款行）对单据进行初审，进口方进行复审。

一、开证行和进口方的审单责任

1. 开证行审单责任

在信用证结算方式下，银行收到国外寄来的单据后，必须合理审慎地审核信用证规定的一切单据，在“单证一致”“单单一致”原则的基础上，按《UCP 600》及所反映的国际标准银行实务来审核单据。银行必须仅以单据为依据来确定其是否表面上与信用证条款相符，而不能参照合同。主要审核以下内容：

（1）单据的种类、份数是否与信用证规定相符。

（2）汇票、发票金额是否一致，与信用证上金额是否相符。

（3）提交的各种单据中的品名、数量、规格、包装是否描述一致，与信用证规定是否相符。

（4）货运单据的出单日期及内容是否与信用证规定相符。

（5）货运单据等相关单据的背书是否有效。

2. 进口方审单责任

进口方收到开证行交来的全套单据后，应根据合同和信用证的规定认真审核单据，首先应审核的是单据的内容是否与信用证要求相符，单据的种类及份数是否齐全，即单证是否一致。同时，还应以商业发票为中心，将其他缴付的单据与之逐一对照，审核单单是否一致。进口方审核单据后，如果没有提出异议，开证行即履行即期汇票付款或远期汇票承兑的义务。

二、主要单据的审核要点

1. 汇票

汇票的种类繁多，信用证项下的汇票一般为跟单汇票，票据中应列出信用证开证行、开证日期及信用证号码。在审核时，应注意以下问题：

（1）金额大小写应当一致，支取的金额应与信用证规定相符。

（2）汇票的付款人应为开证行或指定的付款行。若信用证未作规定，则应视为开证行，不应以申请人为付款人。

（3）出票人应为信用证的受益人，通常为出口方，收款人通常为议付银行。

（4）出票日期应该在信用证的有效期内，不应早于发票日期。

（5）付款期限应与信用证规定相符。

（6）出票条款以及票据相应当事人的名称、地址要正确无误。

2. 提单

提单是海洋运输的主要单据，它是一种物权凭证，持单人可以凭以提货，因此它是出口人凭以议付货款、进口人凭以付款赎单的最基本单据。在审核时应注意以下问题：

（1）提单必须按信用证规定全套提交，若信用证未进行规定，则只提交一份也可算作是全套。

（2）提单上应注明承运人名称，并且经承运人或其代理人签字。

（3）提单应为已装船的清洁提单，信用证有另行规定的除外。

（4）以 CFR、CIF 成交的提单上应注明“运费已付”字样，而以 FOB 成交的提单上应注明“运费到付”字样。

（5）提单日期不得早于信用证规定的最迟装运期。装船日期可以早于信用证日期，除非信用证另有规定。

（6）提单上所载的数量、唛头、船名等应与发票相一致。货物可用总称描述，但不得与发票货名相抵触。

3. 商业发票

商业发票是全套单据的中心和对交易情况的总说明。在审核时应注意以下问题：

（1）发票的开票人就是信用证的受益人，除非信用证另行规定，发票一般不需要签字。

（2）发票的开票日期不应迟于汇票的出票日期及信用证的议付有效期。

（3）发票的抬头人应该是信用证的开证申请人。

（4）发票上所记载的商品名称、数量、包装、价格条件等应与信用证保持一致。

（5）必须记载出票条款、合同号码和发票日期。

4. 保险单

如果合同以 FOB、CFR 成交则保险由进口方自己购买，但如果以 CIF 成交则由出口方负责办理保险并支付保险费。进口方需要对出口方提供的保险单据进行审核，主要注意以下问题：

（1）保险单的种类、正本份数必须与信用证规定相符。

（2）投保的险别、金额应与信用证规定相符。

（3）装运船名、航程、装运港、起运日等应与提单记载保持一致。

（4）货物名称、数量、唛头等应与提单、发票及其他单据保持一致。

5. 产地证

有时如果是进口享有普惠税、最惠国税等优惠的产品，想要享有优惠税率，在办理进口报关时还需要提供原产地证书。进口方在审核产地证书时应注意该证书是由信用证指定机构签署的；所载的商品名称、数量、品质等应与发票一致；签发日期不得迟于装船日期。

6. 检验证书

进口方在审核时应注意检验证书是否由信用证指定机构签发；项目及检验内容是否符合信用证的要求；检验结果如果有瑕疵者，可拒绝受理；检验证书签发日期不得迟于装运期。

三、付汇与拒付

单据经过银行及进口方审核无误，即单证一致、单单一致后，必须将货款支付给出口方。但如单据表面上与信用证条款不符，银行可以拒绝接受单据。在实际业务中，如开证行发现单据表面上与信用证条款不符，一般先与进口方联系，征求进口企业是否同意接受不符点。《UCP 600》规定，银行应在不超过收到单据次日起的 5 个银行工作日内审核和决定接受或拒绝接受单据。

此外，需要注意的是，《UCP 600》规定：如果开证行或其指定付款行决定拒绝接受单据，则必须在收到单据次日起的 7 个银行工作日内，以电信方式或其他快捷方式，通知寄单银行或出口方，同时说明拒付的原因，并表明单据是否保留以待交单人处理或退还交单人。如果开证行或其指定的付款行未能做到上述要求，或没能保管单据听候交单人处理，或退还交单人，则开证行及其指定的付款行就无权宣称单据与信用证条款不符。

任务五　提货、检验及报关

一、进口提货

在一般情况下，顺利结汇后，进口方凭出口方或银行提供的单据提货。但如果是远期信用证，进口方可使用信托收据先行提货，在尚未清偿远期信用证项下的汇票时，进口方可以向银行开出信托收据，银行凭此将货运单据提前“外借”给进口方，以利于其及时提货。进口方先行提取货物，汇票到期后再偿还货款。如果因为航程较短货物先于提货单到达，则进口方可以请求银行出具保函，向运输公司申请不凭运输单据提取货物，如果承运人因此蒙受损失，则由出具保函的银行承担赔偿责任。

1. 提货需要注意的问题

（1）确认承运船公司和换单地点。

进口方收到银行或者出口方寄送的全套单据（包括带背书的正本提单或电放副本、装箱单、发票、合同）后，要确定该进口货物承运的船公司及其船舶代理是谁，同时弄清楚在哪里可以换到供通关用的提货单。在清楚上述事宜后，进口方应该提前和船公司或船舶代理部门联系，确定船到港时间、地点，如需转船应确认第二程船名；与船公司或船舶代理部门确认换单费、押箱费、换单的时间等；联系好场站确认好提箱费、掏箱费、装车费、回空费等相关费用。

（2）换取提货单和设备交接单（集装箱运输使用）。

进口方凭正本提单去船公司或船舶代理部门换取提货单和设备交接单。提货单共分五联，分别是白色提货联、蓝色费用账单、红色费用账单、绿色交货记录、浅绿色交货记录；而设备交接单则是集装箱进出港区、场站时，用箱人、运箱人与管箱人或其代理人之间交接集装箱及其他机械设备的凭证，也是管箱人发放集装箱的凭证。换单时应仔细核对提单或电放副本与提货单上的集装箱箱号及封号是否一致；核对设备交接单内容是否与信用证保持一致等。

2. 验收与拨交

进口货物运达港口卸货时，港务局要进行卸货核对。卸货时如发现短缺，应及时填制“短卸报告”交由船方签认，并根据短缺情况向船方提出保留索赔权的书面声明。如发现残损，货物应存放于海关指定仓库，待保险公司会同商检机构检验后作出处理。对于法定检验的进口货物，必须向卸货地或到达地的商检机构报验，未经检验的货物不得销售和使用。如进口货物经商检机构检验，发现有残损短缺，应凭商检机构出具的证书对外索赔。对于合同规定的卸货港检验的货物，或已发现残损短缺或有异状的货物，或合同规定的索赔期即将届满的货物等，都需要在港口进行检验。

二、进口商品报检

1. 进口检验检疫的工作程序

进口检验检疫的工作程序一般先放行通关，再进行检验检疫。在法定检验检疫货物入境前或入境时，货主或其代理人（以下简称报检人）应首先到卸货口岸或目的地的检验检疫机构报检。报检时，报检人应按检验检疫有关规定和要求提供有关单证资料，检验检疫机构按有关规定审核报检人提供的资料，符合要求的，收取相关费用并受理报检；对来自疫区的、可能传播检疫传染病、动植物疫情及可能夹带有害物质的入境货物的交通工具或运输包装实施必要的检疫、消毒、卫生处理，然后签发《入境货物通关单》，以供报检人在海关办理通关手续。货物通关后，报检人应及时与检验检疫机构联系检验检疫事宜，未经检验检疫的，不准销售、使用；检验检疫合格的，检验检疫机构签发《入境货物检验检疫证明》，准予销售、使用；反之，经检验检疫不合格的，检验检疫机构签发《检验检疫处理通知书》，货主或其代理人应在检验检疫机构的监督下进行处理。无法进行处理或处理后仍不合格的，将做退运或销毁处理。需要对外索赔的，检验检疫机构签发检验检疫证书。

2. 报检时限与地点

进口植物、种子、种苗以及其他繁殖材料的，应在入境前 7 天报检；进口微生物、人体组织、生物制品、血液及其制品的，应在入境前 30 天报检；进口种畜、禽及其精液、胚胎受精卵等的，应在入境前 30 天报检；进口其他动物的，应在入境前 15 天报检；进口的货物需要对外索赔证明时，应在索赔有效期前不少于 20 天内向到货地的检验检疫机构报检。

审批、许可证等有关政府批文中规定检验检疫地点的，在规定的地点进行进口报检；进口大宗散装商品、易腐商品、废旧商品，须在卸货口岸检验检疫机构报检；卸货时发现包装破损、重量或数量短缺的商品，必须在卸货口岸检验检疫机构进行进口报检；进口需安装调试进行检验的成套设备、机电仪器等商品，以及在入境口岸开件后难以恢复包装的商品，应在收货人所在地检验检疫机构报检；其他入境货物，应在入境前或入境时向入境口岸检验检疫局报检；入境的运输工具及人员需要在入境前或入境时向入境口岸检验检疫机构申报。

3. 报检应提供的单据

申请入境货物报检时，应填写入境货物报检单并提供合同、发票、提单等有关单证。有下列情况，报检时还应按要求提供有关文件。

（1）进口报检时，应填写《入境货物报检单》，并提供合同、发票、运输单据等有关的单证。

（2）凡实施安全质量许可、卫生注册或其他需审批审核的货物，应提供有关证明。

（3）需进行进口商品品质检验的，还应提供国外品质证书或质量保证书、产品使用说明书及有关标准和技术资料；凭样成交的，须加附成交样品；以品级或公量计价结算的，应同时申请重量鉴定。

（4）报检入境废物时，应提供国家环保部门签发的《进口废物批准证书》，此外还应提供经认可的检验机构签发的装运前检验合格证书等。

（5）申请重量或数量鉴定的应提供重量明细单、理货清单等。

（6）申请残损鉴定的应提供理货残损单、铁路商务记录、空运事故记录或海事报告等证明货损情况的有关单证。

（7）货物经收、用货部门验收或其他单位检测的，应随附验收报告或检测结果以及重量明细单等。

（8）入境的动植物及其产品，在提供贸易合同、发票、产地证书的同时，还必须提供输出国家或地区官方的检疫证书；需办理入境检疫审批手续的，还应提供入境动植物检疫许可证。过境动植物及其产品报检时，应持货运单和输出国家或地区官方出具的检疫证书；运输动物过境时，还应提交国家检验检疫局签发的动植物过境许可证。

（9）运输工具、集装箱入境报检时，应提供检疫证明，并申报有关人员健康状况。

（10）入境特殊物品的，应提供有关的批件或规定的文件。

（11）入境旅客、交通员工携带伴侣动物的，应提供入境动物检疫证书及预防接种证明。

（12）因科研等特殊需要，输入禁止入境物的，必须提供国家检验检疫局签发的特许审批证明。

三、进口商品报关

进口报关是指进口货物收发货人、入境运输工具负责人、入境物品所有人或者他们的代理人向海关办理货物、物品或运输工具入境手续及相关海关事务的过程，包括向海关申报、交验单据证件，并接受海关的监管和检查等。进口报关是履行海关入境手续的必要环节之一。

1. 进口货物的申报

（1）进口货物申报时限。

我国《海关法》对进口货物的申报时限作了如下规定：“进口货物的收货人应当自运输工具申报进境之日起14日内向海关申报。进口货物的收货人超过14日期限未向海关申报的，由海关征收滞报金。对于超过3个月还没有向海关申报进口的，其进口货物由海关依法提取变卖处理。如果属于不宜长期保存的货物，海关可以根据实际情况提前处理。变卖后所得价款作扣除运输、装卸、储存等费用和税款后，尚有余款的，自货物变卖之日起一年内，经收货人申请，予以发还；逾期无人申请的，上缴国库。”

（2）进口报关需提供的单证。

①进口货物报关单。一般进口货物应填写一式两份；需要由海关核销的货物，如加工贸易货物、保税货物等，则应填写专用报关单一式三份。

②货物发票。要求提供的份数比报关单少一份，对于货物进口委托国内销售，结算方式是待货物销售后按实销金额向出口方结汇的，进口报关时可准予免交。

③陆运单、空运单和海运进口的提货单，海关在审单和验货后，在正本货运单上签章放行。

④货物装箱单，其提交份数与发票相同，但是散装货物或单一品种且包装内容一致的件装货物可免交。

⑤海关认为必要时，还应提交贸易合同、原产地证书等。

⑥其他有关单证。如经海关批准准予减税、免税的货物，应交验海关签章的减免税证明；已向海关备案的加工贸易合同进出口的货物，应交验海关核发的“登记手册”。

2. 进口货物的查验

海关以进口货物报关单、进口许可证等为依据，对进口货物进行实际的核对和检查，主要是为了确保进口货物的合法性，此外还可以确定货物的性质、规格、用途等，从而进行海关统计，准确计征进口关税。海关查验货物时，进口方或其代理人应当在场，并负责搬移、开拆和重封货物的包装。海关认为必要时，可以进行开验、复验或者提取货样。

3. 进口货物的征税

海关按照《中华人民共和国海关进出口税则》的规定，对进口货物计征进口关税。若进口方未如实上报、照章纳税，则会追究其法律责任。我国货物在进口环节由海关征收（包括代征）的税费主要有进口货物关税、增值税、消费税、进口调节税、海关监管手续费等，具体如表 12－2 所示。

表 12－2　中国海关进口税收主要税种

<table>
<tr><th colspan="4">进口税种</th><th>应纳税额</th></tr>
<tr><td rowspan="3">进口关税</td><td rowspan="3">关税</td><td>①</td><td>从价税</td><td>关税完税价格×从价关税税率</td></tr>
<tr><td>②</td><td>从量税</td><td>进口货物数量×单位税额</td></tr>
<tr><td>③</td><td>复合税</td><td>从价关税额＋从量关税额</td></tr>
<tr><td rowspan="4">进口环节税</td><td rowspan="3">消费税</td><td>①</td><td>从价税</td><td>（关税完税价格＋关税税额）÷（1－消费税税率）×从价消费税税率</td></tr>
<tr><td>②</td><td>从量税</td><td>消费品数量×单位税额</td></tr>
<tr><td>③</td><td>复合税</td><td>从价消费税额＋从量消费税额</td></tr>
<tr><td colspan="3">增值税</td><td>（关税完税价格＋关税税额＋消费税税额）×增值税税率</td></tr>
</table>

4. 进口货物的放行

进口货物在办完向海关申报、接受查验、缴纳税款等手续以后，由海关在货运单据上盖章放行。货物的放行是海关对一般进出口货物监管的最后一个环节，放行就是结关。但是对于担保放行货物、保税货物、暂时进口货物和海关给予减免税进口的货物来说，放行不等于办结海关手续，还要在办理核销、结案或者补办进出口和纳税手续后，才能结关。

任务六　进口索赔

一、索赔对象

进口商常因品质、数量、包装等不符合合同的规定，而需向有关方面提出索赔。根据造成损失原因的不同，进口索赔的对象主要有三个方面：

1. 向出口方索赔

凡属下列情况者，均可向出口方索赔。例如原装数量不足；货物的品质、规格与合同规定不符；包装不良致使货物受损；未按期交货或拒不交货等。

2. 向承运人索赔

进口的货物，如发生原装数量少于提单所载数量；提单是清洁提单，而货物有残缺情况，则表明货损、货差是承运人过失所致，进口方根据有关规定向承运人提出索赔。

3. 向保险公司索赔

凡属下列情况者，均可向保险公司索赔。例如由于自然灾害、意外事故或运输中其他事故的发生致使货物受损，并且属于承保险别范围以内的；凡轮船公司不予赔偿或赔偿金额不足抵补损失的部分，并且属于承保范围内的。

二、进口索赔应注意的事项

在进口业务中，办理对外索赔时一般应注意以下几个方面：

1. 索赔依据

对外提出索赔需要提供证据，首先应整理列出索赔清单，随附商检部门签发的检验证书、发票、装箱单副本等。其次，对不同的索赔对象还要另附有关证件。向出口方索赔时，应在索赔证件中提出确切根据及理由，若是 FOB 或 CFR 合同，还须随附保险单一份；向承运人索赔时，在海运方式中须另附由船长及港务局理货员签证的理货报告、船长签证的短缺或残损证明；向保险公司索赔时，须另附保险公司与进口方的联合检验报告等。

2. 索赔金额

对于索赔金额，除受损商品的价值外，有关的费用也可提出。如商品检验费、装卸费、银行手续费、仓租、利息等，都可包括在索赔金额内。至于包括哪几项，应根据具体情况确定。

3. 索赔期限

对外索赔必须在合同规定的索赔有效期限内提出，过期无效。如果商检工作可能需要更长的时间，可向对方要求延长索赔期限。

4. 出口方的理赔责任

进口货物发生了损失，除属于承运人及保险公司的赔偿责任外，如属出口方必须直接承担的职责，则应直接向出口方要求赔偿，防止出口方制造借口向承运人或保险公司等推卸理赔责任。

目前，我们的进口索赔工作，属于承运人（如海运中的船方）和保险公司责任的由外运公司代办；属于出口方责任的由进出口公司直接办理。为了做好索赔工作，要求进出口公司、外运公司、订货部门、商检局等各有关单位密切协作，要做到检验结果正确，证据属实，理由充分，赔偿责任明确，并要及时向有关方面提出，力争使货物所受到的损失如数获得补偿。

知识扩展：英汉短语集萃

项目十二任务训练

参考答案

项目十三　国际贸易的方式

项目导语

贸易方式是指国际贸易中采用的各种办法。常见的国际贸易做法，是一次性买断的一般贸易方式，又称为单边逐笔售定，即货物单边进口或单边出口，每一笔单边进口与单边出口之间没有必然的联系。除此之外，还有包销、代理、寄售、展卖、拍卖、招标与投标等传统贸易方式。随着社会进步、经济发展，一些新兴的国际贸易方式崭露头角，对外加工及装配、对销贸易、补偿贸易、直销等贸易方式日益普遍。本项目主要介绍我国惯常采用的一些传统贸易方式和新兴贸易方式。

知识目标：

- 掌握不同国际贸易方式的性质、特点及利弊
- 了解各种国际贸易方式的适用范围

能力目标：

- 掌握不同贸易方式的基本做法
- 掌握不同贸易方式在应用中的注意事项

素质目标：

- 培养学生通晓国内外贸易规则政策，在复杂多变的国际环境中坚持“祖国利益高于一切”的原则和信念
- 培养学生具备严谨的工作意识，诚实守信的道德品格

案例（任务）导入

案例（任务）描述：

2018年10月，川蜀公司与英国詹姆士进出口公司（以下简称詹姆士公司）签订代理出口协议一份。协议约定川蜀公司委托詹姆士公司代理出口花生果10 000公吨，协议总金额约为6 800万元人民币。川蜀公司的主要义务是：组织货源，并负责装船前的一切工作。詹姆士公司的主要义务是：对外签订出口合同；办理有关的出口手续；货物装船后，及时向银行提交有关单据，办理结汇手续，并根据当日银行汇率折

人民币（扣除代理费及可能出现的有关费用）划川蜀公司账户。在代理出口过程中，双方实际出口花生果12 000.362公吨，詹姆士公司先后共付给川蜀公司货款折算后约2 000万元人民币和3 000万元人民币，余款一直未付，川蜀公司遂于2019年将詹姆士公司诉诸法庭。

在审理过程中，川蜀公司向法庭提交了詹姆士公司报检时先后向商检提交的出口合同（合同显示的交货方式均为CIF，付款方式分别为L/C，D/P），证明其已全部履行了其义务。詹姆士公司则辩称，此笔代理出口业务的销售方式为寄售，并向法庭提交了一份其与荷兰纽比尔进出口公司签订的寄售协议。但是詹姆士公司无法证实曾将该协议送达川蜀公司并经川蜀公司确认该协议内容，也无法证实在代理出口协议履行过程中川蜀公司曾委托詹姆士公司以寄售方式销售其货物。在审理过程中，一审法庭根据詹姆士公司向法庭提交的海运提单依法从海关调取了詹姆士公司出口报关时所提交的7份外销合同，这些外销合同显示的交货方式均为CIF，付款方式为L/C。法院经审理认为，两公司所签订的代理出口协议合法有效，法院所调取的海关档案材料，系詹姆士公司出口报关所提交，其证据力远远高于双方单方所举相关证据。根据海关档案材料证实，川蜀公司委托詹姆士公司代理的12 000.362公吨花生果已全部出口，并且在结汇问题上不存在任何障碍，川蜀公司如约履行了代理出口协议约定的全部义务，即应享有收取货款的权利。詹姆士公司所述为川蜀公司代理的该批货物系寄售的主张依据不足，不予支持，詹姆士公司应按照代理出口协议和外销合同原定的货款支付方式支付价款。

任务一　传统国际贸易方式

一、经销与代理

（一）经销

经销是指在国际贸易中经销商按照约定条件向国外供货商销售产品。双方订立协议或相互约定，由供货商向经销商定期、定量供应货物，经销商在本国市场上销售。

1. 经销的性质

从性质上讲，经销方式中的供货人与经销人之间是一种买卖关系，但又与单边逐笔售定的一般贸易方式不同，当事人双方除需要签订买卖合同外，还需要事先签订经销协议。从法律角度来看，经销商以自己的名义购进货物，再以自己的名义进行销售，因此，经销人自筹资金、自担风险、自负盈亏。即使经销人在协议规定的区域内转售此类商品，也是以自己的名义进行，接受转售商品的客户与国外供货商不构成合同关系。

2. 经销的分类

（1）一般经销。

一般经销也称定销，指经销商不享受独家经营权，供货商可在同一时间、同一区域内确定几个商家经销同类商品。经销商与供货商之间的关系与一般的进出口商之间的关系并没有本质上的区别，都属于买卖关系，所不同的是他们之间建立起了一种相对长期且稳定的购销关系。

（2）独家经销。

独家经销又称包销，是指供货商通过协议把某一种或某一类商品在某一个地区和期限内的经营权单独交给某个经销商的做法。采用独家经销方式时，在经销协议规定的期限和地区内，供货商只能指定一家经销商经营指定的商品。

3. 经销协议的内容

经销协议是供货商和经销商订立的确定双方法律关系的契约，其内容的繁简可根据商品的特点、经销地区的情况以及双方当事人的意图加以确定。通常，经销协议主要包括以下几方面的内容：

（1）签约双方当事人的名称地址、签约日期及地点。

（2）经销权的授予和双方的关系。

该条款的主要目的是确定供货商与经销商之间的关系属于买卖关系，而非代理关系，供货商按合同规定负责供应商品，经销商则承担购买商品的义务。

（3）经销商品的范围。

经销商品可以是供货商经营的全部商品，也可以是其中的一部分，因此，在协议中要明确指明商品的范围，以及同一类商品的不同牌号和规格。

（4）经销地区。

所谓经销地区是经销商行使经营权的地理范围。它可以是一个或几个城市，也可以是一个甚至几个国家，其大小的确定，除应考虑经销商的规模、经营能力及其销售网络外，还应考虑地区的政治区域划分、地理和交通条件以及市场差异程度等因素。经销地区的规定也并非一成不变，可根据业务发展的具体情况由双方协商后加以调整。

在独家经销方式下，供货商在包销区域内不得再指定其他经销商经营同类商品，以维护包销商的专营权。为维护供货商的利益，有的包销协议规定包销商不得将包销品越区销售。

（5）经销期限。

经销期限即协议的有效期，可规定为签字生效起一年或若干年。一般还要规定延期条款，可以经双方协商后延期，也可规定在协议到期前若干天如没有发生终止协议的通知，则可延长一期。经销期限届满协议即终止，但为了防止一方利用对方履约中的一些微不足道的差异作为撕毁协议的借口，在协议中还应规定终止条款，明确在什么情况下解除协议。

（6）经销数量或金额。

经销协议还应规定经销商在一定时期内的经销数量和金额，在包销协议中这更是必不可少的内容之一。此项数量或金额的规定对协议双方有同等的约束力，它既是买方应购买的数量与金额，也是卖方应供应的数量与金额。经销数额一般采用最低承购额的做法，规定一定时期内经销商应承购的数额下限，并明确经销数额的计算方法。为防止经销商订约后拖延履行，可以规定最低承购额以实际装运数为准。规定最低承购额的同时，还应规定经销商未能完成承购额的赔偿责任，这是卖方的权利。

（7）作价方法。

经销商品可以在规定的期限内一次作价，结算时以协议规定的固定价格为准。这种方法因交易双方要承担价格变动的风险，故采用较少。一般情况下，经销协议中多采用分批作价的方法。此外也可由双方定期地根据市场情况加以商定。

（8）经销商的其他义务。

对经销商来说，可能还会在协议中规定其负责做好广告宣传、市场调研和维护供货人权益等相应工作。

除上述主要内容外，还应规定不可抗力及仲裁条款等一般交易条件，其规定方法与一般的销售合同大致相同。

4. 独家经销的利弊

（1）独家经销的优点。

①通过专营权的给予，有利于调动包销商经营的积极性，利用包销商的销售渠道，巩固和扩大市场。

②可减少同一地区多家经销商自相竞争的弊端，更有效地实现一定的价格管理和销售目标。

③有利于有计划地组织生产和供货。双方有着稳定的利益关系，出口商就能够对市场销售作全面、系统和长期的规划和安排，制定近期和远期的销售策略。

（2）独家经销的缺点。

①包销商可能利用其垄断地位操纵价格和控制市场。有的包销商利用自己多年来独家专营所形成的特殊地位，反过来制约出口商，如故意压低价格，在其他方面讨价还价等，使对方蒙受损失。

②若包销商经营能力差，会出现“包而不销”的情况，出口商又不能向其他商人销售，从而减少了销量，失掉了客户。

（二）代理

所谓代理，是指代理人按照委托人的授权，代表委托人与第三人订立合同或从事其他法律行为，由此产生的权利和义务由委托人直接负责。在国际贸易中，很多业务都是通过代理来完成的，如销售、采购、运输、保险、广告等。本任务我们主要介绍销售代理。

1. 代理的性质

代理业务中的两个基本当事人的关系不是买卖关系，而是通过代理协议或合同的订立所建立的委托代理关系。代理人以委托人的名义与第三方签订合同达成交易，代理商只赚取佣金，不垫资金、不担风险、不负盈亏。

2. 销售代理的分类

（1）总代理。

总代理是在特定地区和一定时间内委托人的全权代表。除有权代表委托人签订买卖合同、处理货物等商务活动外，也可以进行一些非商业性的活动，而且还有权指派分代理，并可提取分代理的部分佣金。

（2）一般代理。

一般代理又称佣金代理，是指在同一地区、同一时期内，委托人可以选定多个客户作为代理商，根据推销商品的实际金额付给佣金，或者根据协议规定的办法和百分率支付佣金。在我国的出口业务中，运用此类代理商的较多。

（3）独家代理。

独家代理是指在特定地区内、特定时期内享有代销指定商品的专营权，同时不得再代销其他来源的同类商品。凡是在规定地区和规定期限内做成该项商品的交易，除双方另有约定外，无论是由代理做成，还是由委托人直接同其他商人做成，代理商都有提取佣金的权利。

独家代理与独家经销之间的区别见表13－1。

表13－1　独家代理与独家经销的主要区别

区别		独家代理	独家经销
①	业务关系不同	委托代理关系	买卖关系
②	专营权的内容不同	代理人享有专营权，但委托人仍可以自销	独家经销人享有独家经销权，供货商不得自销
③	盈亏负担和经营目的不同	代理人不担风险、不负盈亏，只赚取佣金	独家经销人自担风险、自负盈亏，赚取商业利润

3. 代理协议的内容

代理协议是明确协议双方委托人与代理人之间权利与义务的法律文件。其主要内容包括下列几项：

（1）协议双方当事人的基本关系。

通常代理协议的双方为委托人及代理人，代理人以货主（一般为委托人）的名义从事业务活动。协议双方当事人是独立自主的法人或自然人，协议中要明确每一方的全称、地址、法律地位、业务种类以及注册日期和地点等。

（2）指定的代理商品范围及代理地区。

在协议中应明确说明代理商品的品名、种类、规格、牌号和型号等。

代理地区是指代理人有权开展代理业务的地区。独家代理同独家经销一样，代理的范围不宜过大。

（3）授予代理的权利。

该条款的内容差异程度较大，取决于不同性质的代理人。如独家代理拥有专营权，而一般代理则不具备。是否授予专营权是独家代理和一般代理的主要区别。

（4）协议有效期。

按照相关国际惯例，代理协议既可以定期，也可以不定期。定期的有1～5年。如不规定期限的话，双方当事人应在协议中规定，其中一方不履行协议，另一方有权终止协议。

（5）代理人佣金条款。

代理人的佣金条款是代理协议的重要条款之一。条款主要包括下列内容：

①代理人有权索取佣金的时间。

②佣金率。佣金率的大小直接关系协议双方的利益。

③计算佣金的基础。

④支付佣金的方法。

（6）非竞争条款。

非竞争条款是指代理人在协议有效期内无权提供、购买与委托人的商品相竞争的商品，也无权为该商品组织广告，也无权代表协议地区内的其他相竞争的公司。

（7）关于最低成交额条款。

最低成交额条款是指代理人要签订不低于规定数额的买卖合同。如果代理人未能达到或超过最低成交额时，委托人对代理人的报酬可作相应的调整。

（8）其他义务条款。

代理协议还可能规定代理人其他方面应履行的义务。如代理人需要向委托人提供市场情报、需要广告宣传和保护商标等条款。

4. 代理的利弊

（1）代理的优点。

①代理商根据出口人的意图销售，主动权在出口人手中，因此灵活主动。

②代理商不垫付资金、不负盈亏、不担风险，其积极性会更高。

③有助于出口人逐步摸清市场情况，扩大销售。

（2）代理的缺点。

①代理商不负盈亏会影响其销售效果。

②如果代理商资信不好、经营能力差，会出现代理商品推销不出去的现象。

二、寄售、展卖、拍卖

（一）寄售

寄售是指货主（委托人）先将货物运往寄售地，委托国外一个代销人（受委托人），按照寄售协议规定的条件，由代销人代替货主进行销售，货物出售后，由代销人向货主结算货款的一种贸易做法。

1. 寄售的性质

在寄售业务中，寄售人就是委托人，也就是出口人；代销人作为受托人，即指接受委托从事寄售业务的商号或公司。寄售协议属于信托合同性质。寄售业务是按寄售人和代销人签订的寄售协议进行的。寄售协议与买卖合同有别，买卖合同中的双方当事人是买卖关系，但寄售协议中的双方当事人却不是卖断或买断的买卖关系，而是委托和受托的关系。寄售业务的代销人介于委托人与实际买主之间。代销人有权以自己的名义与当地购货人签订购销合同，合同双方当事人之间的关系不涉及寄售人，如当地购货人不履行合同，代销人有权以自己的名义起诉。因此寄售方式中代售人的权限往往大于代理方式中代理人的权限。关于委托人与代销人的权利和义务，由寄售协议做出具体规定。

2. 寄售的特点

（1）寄售人先将货物运至目的地市场，然后经代销人在寄售地向当地买主销售，是一种典型的凭实物进行买卖的现货交易。

（2）寄售人与代销人之间是委托代售关系，而非买卖关系。货物在出售之前其所有权仍归寄售人所有。

（3）寄售货物在售出之前，包括运输途中和到达寄售地后的一切费用和风险，均由寄售人承担。

（4）代销商不垫资金、不担风险、不负盈亏，只赚取佣金。

3. 寄售协议的内容

寄售协议规定了有关寄售的条件和具体做法，其主要内容如下：

（1）双方当事人的基本关系。

寄售人和代销人之间的关系是一种委托代售关系。货物在出售前所有权仍属寄售人。代销人应按协议规定，以代理人身份出售商品，收取贷款，处理争议等，其中的风险和费用由寄售人承担。代销人若出现亏损破产，无权使用代销货物偿还债务，只能将其退还寄售人。

(2) 寄售商品的定价方法。

对于寄售商品的价格，有三种定价方式：其一是规定最低售价；其二可由代销人按行情自行定价；其三还可由代销人向寄售人报价，征得寄售人同意后确定价格，这种做法较为普遍使用。

(3) 寄售区域及寄售商品。

在寄售协议中，必须规定委托代售的商品范围，此外还需要指定代售的区域。代销人只能在协议规定的区域内销售指定的商品。

(4) 佣金条款。

在寄售业务中，代销人赚取的是佣金，因此，对于佣金比率等方面的规定直接影响代销人的积极性。通常佣金由代销人在货款中直接扣除，再将剩余货款付给寄售人。寄售协议中有关佣金支付的规定与代理协议类似。

4. 寄售的利弊

(1) 寄售的优点。

①货物出售前，寄售人拥有寄售货物的所有权，仍掌握货物销售处理、价格确定等权利，有利于随行就市。

②寄售方式是现货贸易，买主能直接见到货物，有利于促成交易。

③对于代销人来说，不担风险与费用，不占用资金，其积极性会更高。

(2) 寄售的缺点。

①出口人承担的风险较大，费用较大。

②寄售货物的货款回收较缓慢。

(二) 展卖

展卖是指利用展览会或国际博览会及其他交易会形式，对商品实行展销结合的一种贸易方式。现在各国在商贸领域利用展览会、博览会、交易会、洽谈会等形式对商品进行边展边销的现象已十分普遍。

1. 展卖的性质

展卖主要有两种方式，一是将货物通过签约的方式卖断给国外客户，双方是一种买卖关系，双方均以自己的名义达成交易，承担的权利义务是对等的。即展览方保证所提供货物的质量符合相关标准，拥有收取货款的权利；而国外客户则按规定支付货款后获得其购买货物的所有权。由客户自行在国外举办或参加展览会，货价有所优惠，货款可在展览会后或定期结算。

另一种方式是双方合作，展卖货物的所有权不发生改变，展品出售的价格由货主决定。国外客户承担运输、保险、劳务及其他费用，货物售出后收取一定手续费作为补偿。这种方式下双方属于委托代理关系，而非买卖关系。

2. 参展的方式

(1) 参加国际博览会。

国际博览会又称国际集市，是指在一定地点举办的由一国或多国联合组办、邀请各国商人参加交易的贸易形式。它不仅为买卖双方提供了交易方便，而且越来越多地作为产品介绍、广告宣传，以及介绍新工艺、进行技术交流的重要方式。目前国际上著名的国际博览会有法国的巴黎和里昂、德国的莱比锡、意大利的米兰等。

国际博览会可分为两种形式：

①综合性国际博览会：又称“水平型博览会”，即各种商品均可参展并洽谈交易的博览会。这种博览会的规模较大，产品齐全，且会期较长。

②专业性国际博览会：又称“垂直型博览会”，即仅限于某类专业性产品参加展览和交易的博览会，规模较小，会期较短。

（2）展览会。

展览会是指由出口方选择合适的场地，集中一定的商品，不定期地进行展出和销售的贸易方式。展览会根据时间长短通常又可以分为短期展览会、长期展览会、流动展览会等。在我国比较出名的有中国出口商品交易会，又称“广州商品交易会”，是我国各进出口公司在广州定期联合举办的、邀请国外客户参加的一种集展览与交易相结合的商品展销会，习惯上简称“广交会”。我国于1957年举办了首届广交会，以后每年春秋两季各举办一次。

3. 展卖的优点

（1）有利于宣传出口产品，扩大影响，招揽潜在买主，促进交易。

（2）有利于建立和发展客户关系，扩大销售范围及地区。

（3）有利于开展市场调研，改进商品质量，增强出口竞争力。

（4）有利于在进行商品购销的同时，展示各参展商经济成就的全貌并交流经济信息。

（三）拍卖

拍卖（Auction）是一种由拍卖行组织的，在一定的时间和地点，按照一定的章程和规则，买卖某种特定商品的交易。国际市场上采用拍卖方式出售的商品，主要有农畜产品，如羊毛、毛皮、茶叶、烟草、香料、蔬菜、水果等和某些贵重商品，如黄金、古玩、地毯和艺术品等。

1. 拍卖的性质

在拍卖过程中，货主与拍卖行之间属于委托代理关系，而货主与买家之间属于买卖关系。买卖双方通过拍卖行达成交易，由货主即卖方提供货物，拍卖行通过一定章程在规定的时间地点进行拍卖，而买方则需向拍卖行交存一定数额的履约保证金方可参与竞拍。交易达成后，成交价款减去买方所交保证金即为买方需付货款，若未成交，则保证金退还交纳人。拍卖行从中赚取佣金。

2. 拍卖的特点

（1）拍卖是在一定的机构内有组织地进行的。拍卖一般由拍卖行统一组织进行。

拍卖行可以是公司或协会组织的专业拍卖行，也可以是大贸易公司内设的拍卖行，还可以是货主临时组织的拍卖会。

（2）拍卖具有自己独特的法律和规章。拍卖在交易磋商的程序方式、合同的成立履行等多方面均与一般的进出口贸易有别。因此各国一般都对拍卖业务制定有专门的法律规章。此外，各拍卖行又分别自己制定了相应的章程规则。因此，拍卖在众多贸易方式中具有自己的独特之处。

（3）拍卖是一种公开竞买的现货交易。在拍卖前，买主可以查看货物，拍卖开始后买主当场出价公开竞买。成交后，买主即可付款提货。

3. 拍卖的出价方法

（1）增价拍卖。

增价拍卖有时又称为“买主叫价拍卖”或“英格兰式拍卖”，是由拍卖人宣布预定的最低价格后，由买主相继竞相加价，直至出价最高时，由拍卖人以击槌动作表示接受，宣告交易达成。

（2）减价拍卖。

减价拍卖有时又称为“卖主叫价拍卖”或“荷兰式拍卖”，是由拍卖人先开出最高价格，然后由拍卖人逐渐减低叫价，直到有人表示接受而达成交易。减价拍卖经常用于拍卖农副产品，如拍卖鲜活商品和水果、蔬菜等。

（3）密封递价拍卖。

密封递价拍卖有时又称为“招标式拍卖”，是由拍卖人事先公布每批商品的具体情况和拍卖条件，然后竞买者在规定的时间内将密封标书递交拍卖人，由拍卖人选择条件最合适的标书接受而达成交易。

4. 拍卖的一般程序

拍卖业务一般可分为三个阶段：

（1）准备阶段。

参加拍卖的货主把货物运到拍卖地点，存入仓库，然后委托拍卖行进行挑选、分类、分级，并按货物的种类和品级分成若干批次。在规定时间内，允许参加拍卖的买主到仓库查看货物。

（2）正式拍卖阶段。

拍卖在规定的时间和地点开始，并按照拍卖目录规定的先后顺序进行。按照拍卖业务的惯例，在主持人的木槌落下之前，买主可以撤回其出价；货主在货物出售之前也可以撤回其要拍卖的货物。

（3）付款和提货。

拍卖成交后拍卖行的工作人员即交给买方一份成交确认书，由买方填写并签字，表明交易正式达成。在买方付清货款后，买方凭拍卖行开出的提货单到指定的仓库提货。提货必须在规定的期限内进行。

三、招标与投标

招标是指招标人事先发出招标通告或招标单，提出在规定的时间、地点，准备买进的商品的名称、品种、数量和有关的交易条件，邀请投标人参加投标的行为。

投标是指投标人应招标人的邀请，根据招标通告或招标单所规定的条件，在规定的期限内，向招标人发盘的行为。

由此可见招标、投标是一种贸易方式的两个方面。一般大型的政府采购、利用国际金融组织贷款采购的物资、国际承包工程等，大部分都采用招投标方式。

（一）招标与投标的性质

招标方与投标方属于买卖关系，招标方为买方，投标方为卖方，招投标是一种公开竞卖的贸易方式。招标方进行招标属于交易磋商中的询盘，因此如果招标人在众多投标人中找不到满意卖家的话，可以拒绝投标，不强制必须从中选取。而投标方递交标书投标则属于发盘行为，如果中标必须与招标方签约。

（二）招标的主要方式

目前，国际上采用的招标方式归纳起来主要有以下几种：

1. 国际竞争性招标

国际竞争性招标是指招标人邀请几个或几十个投标人参加投标，通过多数投标人竞标选择其中对招标人有利的投标人达成交易，其属于竞卖的方式。

2. 谈判招标

谈判招标又叫议标，是非公开的，是一种非竞争性的招标。由招标人物色几家客商直接进行合同谈判，如果谈判成功则交易达成。它不属于严格意义上的招标方式。

3. 两阶段招标

两阶段招标是指无限竞争招标和有限竞争招标的综合方式，采用这种方式时，先用公开招标，再用选择性招标，分两阶段进行。

（三）招标与投标的主要特点

（1）招标与投标一般是在规定的时间和地点公开进行的，由于国内外多家卖主同时参加投标，属于公开竞卖，所以对招标人比较有利。

（2）招标与投标不经过交易磋商环节，招标人在招标公告中规定各种交易条件，由多家卖主投标，采取一次递价的办法，这无形中就缩短了交易时间。

（3）投标人的报价在一定时期内对投标人具有约束力。

（4）招标投标与拍卖方式存在差异，其主要区别见表 13－2。

表 13－2 招标投标与拍卖的主要区别

主要区别		招标投标	拍卖
(1)	竞争的标的物不同	工程承包或商品采购	商品
(2)	竞争的目的不同	竞卖	竞买
(3)	竞争的价格不同	竞低	竞高
(4)	竞争获胜的条件不同	低价加上综合指标均合格者才能获胜	出最高价者必获胜

（四）招标投标业务的基本程序

世界各国由于法令和习惯的差异，招投标的条件不同，但基本程序相似，具体包括招标、投标、开标和评标、中标签约四个环节。

1. 招标

一项理想的国际招标，其成败的关键往往在此环节。其主要包括发布招标公告、资格预审、编制招标文件等基本工作。

2. 投标

投标人在慎重研究标书后，一旦决定参加投标，就要根据招标文件的规定编制和填报投标文件。为防止投标人在中标后不与招标人签约，招标人通常要求投标人提供投标保证金或银行投标保函。最后，投标人将投标文件在投标截止日前送达招标人，逾期失效。

3. 开标和评标

（1）开标指招标人在指定日期、时间和地点将寄来的投标书进行综合比较，择优选定中标人的做法。开标日期、时间和地点通常在招标文件中予以规定。根据投标人是否监视开标，可分为公开开标和不公开开标两种方式。国际招标一般采用公开开标的方式。招标人当众开启密封的投标文件，宣读内容，允许在场的投标人作记录或录音，但并不当场确定中标人。

（2）评标是指招标人组织人员从不同角度对投标人进行评审和比较、最后择优的过程。评标的主要内容为：第一，审查投标文件。审查其内容是否符合招标文件的要求，计算是否正确，技术是否可行等；第二，比较投标人的交易条件，可逐项打分或集体评议或投票表决，以确定中标人选。初步确定的中标人选，可以是一个或若干个替补人选；第三，对中标人选进行资格复审，审查候选人的生产能力和信贷能力，进而判断其履约能力。

4. 中标签约

中标是从若干投标人中选定交易对象。中标者必须与招标人签约，否则保证金予以没收。为了确保中标人签约后履约，招标人仍然要求中标人缴纳履约保证金或出具银行履约保函。

任务二　新兴国际贸易方式

一、对外加工及装配

加工贸易是国际上普遍采用的一种贸易方式，被称为未来的国际贸易主流。它是以加工为特征、以商品为载体的劳务出口。目前我国常用的加工贸易主要有对外加工装配和进料加工两种，主要特点均为“两头在外”，即原材料、零部件来源于国外，产品制成后再销往国外。其中进料加工方式出现较早，它是指用自有外汇从国外市场上购进原材料、元器件或零部件，按自己的设计加工成成品再销往国际市场。

而对外加工及装配则是新兴的一种贸易方式，包括来料加工及来件装配。来料加工贸易是指外商提供全部原材料、辅料、零部件、元器件、配套件和包装物料，必要时提供设备，由承接方加工单位按外商的要求进行加工装配，成品交外商销售，承接方收取工缴费，外商提供的作价设备价款，承接方用工缴费偿还的业务。来件装配是指由外商提供产品的主要器件、零配件、辅助件，由中方按外商的要求组装成成品后，交给外商销售，中方承接方只收工缴费（加工费和装配费）的交易。

（一）我国对外加工装配业务的成交方式

对外加工装配业务的方式多种多样，而我国目前主要采用的方式有如下几种：

（1）由外贸公司和从事加工业务的工厂联合签订加工装配合同。工厂负责原料引进、安排加工装配及办理成品交货，外贸公司负责收取工缴费。

（2）外贸公司单独与外商签订加工装配合同，然后将外商提供的原材料、零部件交给自己所联系的工厂进行加工装配，成品由外贸公司负责交货并收取工缴费。

（3）外贸公司代理有关工厂进行对外洽谈、签订加工合同，再由工厂负责加工装配、产品交货及收取工缴费，外贸公司只赚取佣金。

（4）有对外经营权的工厂直接与外商签订加工合同，并负责办理加工装配业务全过程，自行收取工缴费。

（5）在一些加工业务较多的地区成立专业的加工装配服务公司，作为当地加工企业的代理，统一负责对外签约、办理报关出运并收取工缴费。

（二）进料加工和来料加工业务的区别

（1）交易双方的关系不同：进料加工业务的双方是一种买卖关系；而来料加工业务的双方是一种委托与被委托的关系。

（2）产品的所有权不同：进料加工的产品所有权归原料进口方即产品的出口方所有；来料加工的产品归原料提供方所有。

（3）原料的来源不同：进料加工是加工方自行进口原料进行生产加工；而来料加

工是委托方提供原料。

(4) 所得利润不同：进料加工的利润是成品销售收入减去原料外汇成本的差额；而来料加工的利润是工缴费的净收入。

(5) 产品质量和技术标准的确定者不同：进料加工由原料进口方根据市场需求自行确定；来料加工由委托方确定。

(三) 对外加工装配合同的主要内容

1. 关于来料来件

原料、配件的质量关系到成品的质量，进而又会关系到委托方的销售及其信誉。因此，要在合同中明确来料来件的品质要求，对其加强验收保管，包装收进的原料、配件符合质量要求，并防止其散失受损。

2. 对提交成品的规定

对外加工装配的产品要交给外商的国外市场销售，其质量好坏关系到销路，也影响到利润。因此，外商对成品质量的要求都相当严格。在这一条款中，一般都要对成品的品质规格以及数量和交货期作出明确规定，对于有特殊要求的产品，需要订立详细的技术条款。同时，还往往规定对违约的处理办法。加工方在规定这一条款时，应根据自己的技术水平和生产能力，实事求是，妥善规定，做到既对双方有利，又切实可行。

3. 关于工缴费规定

工缴费是指加工成本加加工利润，它与双方当事人的经济利益密切相关。如何确定工缴费标准是一个十分重要的问题，由于加工装配业务从本质上看是一种劳务出口的方式，工缴费的核定就应该以国际劳务价格作为基准。为了加强竞争力，并争取为国家多创外汇，我国在规定工缴费标准时，主要以邻近国家和地区的历年工资水平作为计算基础。

4. 关于消耗定额与合格率的规定

加工装配合同必须定一个合理的料、件消耗定额及成品合格率，这样才能尽量避免纠纷，使承接方与委托方均能满意。

5. 保险问题

从理论上讲，保险的责任和费用，应由委托方承担，但在具体业务中，有时委托方要求承接方代办保险。在这种情况下，在合同中应规定委托方除支付加工费外，再支付保险费，或者在计算加工费时将保险费打入，不再单独支付。由加工方代办保险的情况下，在合同的保险条款中，应明确规定保险险别、保险金额和投保人。

6. 付款办法

有关付款办法的规定，可因具体做法而异。如来料、来件及成品均不作价，单收加工费，即由委托方在加工方交付成品后通过信用证或汇付的方式，向加工方支付加工费；此外，如果合同规定料、件和成品分别作价，即所谓“各作各价”，则可规定加工方开远期信用证或以远期托收方式支付对方料件价款，委托方以即期信用证或以即期托收方式支付成品价格。

（四）开展对外加工装配业务应注意的问题

1. 正确处理加工装配业务与正常出口的关系

从我国的实践看，对外加工装配业务是我国增加外汇收入的一种手段，但与出口贸易比较，还是次要的。凡与出口贸易争客户、争市场的业务，应该尽量少接或不接。

2. 合理确定工缴费收费标准。要讲究经济合算，注意经济效益

由于我国在对外贸易中存在着两个市场、两种价格，而且加工成本低于国外，所以在决定工缴费水平时，不仅要考虑本单位是否合算，还要参照国际市场工缴费水准进行核算，讲求效益，力争使我方的工缴费标准既具有竞争性，又能为国家多创外汇，严格避免各加工单位自相竞争，任意降低收费标准。

3. 力争逐步扩大国产料、件的比重

在有条件的地区或单位，应力争多用国产原材料或零部件，争取提高这方面的比重，逐步过渡到自营出口。

4. 不断提高职工素质和劳动生产率，大力提高加工水平和技术层次

努力提高劳动者的素质，不断提高劳动生产率，从质的方面提高竞争能力。不断提高技术水平，在有条件的单位应有计划地逐步提高加工装配业务的技术层次，从目前的以劳动密集型加工为主，逐步过渡到资本密集型和技术密集型的加工为主。

5. 加强监督管理

海关应严格审批制度，加强对料、件和成品的出入境监督管理，严打以开展加工装配业务为名，行走私、偷漏税之实的违法行为。

二、对销贸易

对销贸易又称对等贸易、反向贸易，关于其解释现在还没有一个标准的定义和确定的界限，其基本概念是，出口方承诺从进口方购买等值或一定金额的商品或劳务，不用或少用外汇，贸易双方的进出口货款全部或部分抵消，交易过程在合同或协议规定的期限内完成。

（一）对销贸易的特点

1. 互惠性

对销贸易不同于单边进口、单边出口，而是进出结合，双方互相提供出口机会，带有明显的互惠性质。

2. 以物物交换为交易基础

在对销贸易中，买卖双方达成的是“有买有卖”的交易，金额基本互抵。多数情况下买卖双方不支付现汇，而是售货一方以回头货的方式平衡交易。虽然某些方式下如互购表面是现金支付，但实质上仍以物物平衡为基础。对于外汇储备短缺、紧张的

国家来说，对销贸易可缓解这一问题。

（二）对销贸易的基本形式

对销贸易有多种形式，最基本的形式有易货贸易、互购贸易、转手贸易和抵消贸易。

1. 易货贸易

（1）易货贸易的定义。

易货是把进口与出口结合起来组成相互联系的整体交易，有狭义和广义两种方式。

狭义易货，指易货双方交换的货物价值相等、交货时间相同，双方无须动用货币支付。如果双方货值存在一些差额，可以用货币支付。狭义的易货要求双方同时交货，常在相邻国家的边境贸易中出现。对于不相邻国家间的易货贸易，由于运输时间的限制，无法同时交货，一般采取对开信用证的方式来保证合同的履行。这种易货虽然采取了信用证的方式，但出口方不能取得信用证中标明的货款，只能用对方提供的货物来补偿。

广义的易货比狭义的易货更为灵活，它既可以用某一种出口货物交换另一种进口货物，货款逐步平衡；也可以双方签订易货协议或总合同，规定在一定时期内，用几种出口货物交换几种进口货物，货款分别结算，最后综合平衡。广义易货一般采取记账结汇和双边结算的方式进行。

（2）易货贸易的优点。

①交易双方不使用或很少使用外汇，不仅可以促进外汇支付能力差的国家或企业的贸易往来，还可以避免汇率变动带来的风险。

②当本国对另一国商品有需求时，采用易货贸易可以在进口和出口双向获得利润。

（3）易货贸易的缺点。

①易货贸易要求双方的货值基本相等，由于需求的多样性和交易渠道的有限性，导致易货贸易需要长期谈判。

②易货贸易容易受到两国产业结构的制约。

2. 互购贸易

（1）互购贸易的定义。

互购贸易又称互惠贸易或平行贸易，是指出口的一方向进口的一方承担购买相当于它出口货值一定比例的商品。即交易中，双方签订两份既独立又有联系的合同，一份是约定先由进口的一方用现汇购买对方的货物；另一份则由先出口的一方承诺在一定的期限内购买对方的货物。

（2）互购贸易的特点。

①互购是现汇交易，而且不要求等值交换。

②互购双方签订两个既相互独立又相互联系的合同。

③互购贸易有时要涉及两个以上的当事人。

（3）互购贸易的优缺点。

①优点：属于现汇交易，先出口的一方可以利用对方的资金；对先进口的一方来说，可以带动本国商品的出口；交换商品的范围比较灵活。

②缺点：具有不稳定性，先进口的一方面临先出口的一方不履约的风险；对先进口方不利，其需要先付资金，因而不利于交易的达成。

3. 转手贸易

（1）转手贸易的定义。

转手贸易，又称为转账贸易、三角贸易，是在记账条件下，贸易商取得硬通货的手段。这种方式涉及两个以上的当事人，内容较为复杂，是“二战”后原经互会国家和许多国家签订双边贸易、支付协定的产物。

（2）转手贸易的种类。

①简单的转手贸易。简单的转手贸易是指拥有顺差的一方将用记账贸易的办法买下的货物运到国际市场上出售，取得可自由兑换货币。

②复杂的转手贸易。复杂的转手贸易是指在记账贸易下，拥有顺差的一方用该顺差以高于市场价格的价格从第三方购进所需的设备或商品，然后由该第三方用该顺差项在相应的逆差国家购买货物，运往国际市场销售，以收回硬通货。

（3）转手贸易的优缺点。

①优点：对记账贸易下的顺差国来说，可以将账户上的顺差变为可自由兑换货币；对于转手商来说，一方面可以高价出售其商品，另一方面可以从逆差国购进其认为有利可图的商品。

②缺点：程序复杂，不易操作；对记账贸易下的逆差国不利，因对方低价销售产品，可能会冲击其正常销售渠道。

4. 抵消贸易

（1）抵消贸易的定义。

抵销交易指一方在进口设备时，以先期向另一方或出口方提供的某种商品或劳务、资金等抵销一定比例进口价款的做法。目前多见于军火或大型设备的交易。

（2）抵消贸易的种类。

①直接抵消。在直接抵消方式下，出口方向进口方提供大型设备、运输工具等产品，并承诺从进口方那里购买该产品所使用的零部件或与该产品相关的产品。有时，出口方还会对进口方生产这种产品提供技术或进行投资，双方建立长期稳定的合作关系。因此，该贸易方式有时又称为“工业参与”或“工业合作”。

②间接抵消。在间接抵消方式下，出口商承诺回购的是与其出口产品无关的商品。双方关系类似于间接补偿，但间接抵消设计的商品多为高科技产品或限制交易的商品，因此其内容更加丰富，操作程序也更加复杂。

（三）对销贸易的利弊

1. 对销贸易的优点

①进行对销贸易有助于应对一个国家的外汇短缺。

②对销贸易可以促进出口。在贸易保护主义盛行的当代，通过对销贸易，有助于打破西方国家的贸易壁垒，为本国产品，尤其是发展中国家的工业制成品打开市场。

③对销贸易可用来减少出口收入方面的不确定性。

④使用对销贸易可以避开国际价格协议，如石油输出国组织（OPEC）的价格协议。

⑤对销贸易可以帮助有严重债务的国家继续进口商品而实际上向债权人掩盖出口收入。

2. 对销贸易的缺点

①掩盖交易的真正价格和成本。对销贸易可以掩盖并促进一国长期在市场上保持低下的效益。公司因不能摆脱劣质产品将受到损失。

②对销贸易带有浓厚的双边性和封闭性，被认为是贸易保护主义的一种表现形式。这其实是以限制性的措施来反对保护主义，其结果反而增加了贸易保护主义的气氛。

③在对销贸易方式下，决定交易的主要因素已不是商品的价格和质量，而是取决于回购的承诺。这就不可避免地削弱了市场机制的作用。

三、补偿贸易

补偿贸易是指在接受贷款的基础上，进口机器设备、技术，然后以回销产品或劳务所得的价款，分期偿还进口设备或技术的价款及利息的一种贸易方式。

（一）补偿贸易的特点

（1）贸易是在卖方信贷的基础上进行的，利息由设备进口方承担。

（2）设备进口方利用了国外的资金、设备或技术等。

（3）设备的供应方必须承诺回购对方的产品。如果设备供应方不承诺回购进口方产品，则该贸易不能称为补偿贸易。

（二）补偿贸易的种类

1. 直接产品偿付

直接产品偿付是补偿贸易最基本的形式，它是在信贷基础上，从国外进口机器设备用来开发天然资源或新建生产企业，然后再用这些项目生产的产品来偿还贷款本息。

2. 间接产品偿付

间接产品偿付即设备技术的进口方，在偿还出口方技术和设备货款时，不是用该项进口技术设备直接生产的产品，而是用双方约定的其他产品偿还供方的货款。这种方式表面看比较灵活，实施余地大，但实际上不如前一种方式简单易行。

3. 货币收入偿付

货币收入偿付即接受设备、技术的一方，用项目建成后的收入分期偿付给提供方。这种方式一般适用于项目产品难以作为支付手段的情况。如建造桥梁、旅游宾馆、电厂、道路等。这种方式不涉及产品返销，只要双方议价合情合理，比较容易达成协议。

4. 综合补偿

综合补偿即将以上三种方式综合运用，对引进的设备、技术议价，一部分用产品偿付，一部分用货币偿付。产品可以是直接产品也可以是间接产品。这是补偿贸易进一步发展的更灵活的方式。

5. 多边补偿

多边补偿又称转手补偿，是一种有中间商参与的补偿贸易。如果设备、技术的出口商难以转售补偿的产品，可由中间商代为转售，所得货款扣除一定费用后转交设备技术出口方，或用于帮其购买所需的其他商品。

（三）补偿贸易合同的主要内容

1. 有关技术及技术协助方面的规定

为了使双方的责任义务更加明确，减少以后产生纠纷的可能性。这一部分内容一般来说要明确设备的名称、型号、规格、性能和参数，同时还应规定设备的安装责任、对方应提供的技术协助的内容、质量保证及其期限等。如果涉及专利或专有技术，还应明确规定设备供应方的有关保证。

2. 有关信贷的条件

这部分一般包括贷款金额、计价和结算货币、利率、偿还期限、偿还办法以及银行担保等内容。

3. 有关回购义务的规定

构成补偿贸易的条件之一是设备供应方承诺回购产品或劳务的义务，因此，在订立补偿贸易合同时，有关这方面的内容，需要在合同中具体、明确地一一作出规定。规定主要包括以下几个方面：

（1）回购产品的名称、品种、规格。

在商订这些内容时，一定要做到明确、具体，如果双方约定用直接产品偿付，则在合同中就应将产品的品质订明，作为以后履约的依据，以避免日后双方在这个问题上的分歧而影响回购义务的履行。

（2）回购的额度。

在回购交易中，设备供应方对于设备进口方回购承诺比例的大小，直接关系到为设备进口方提供多大偿还能力。在实际业务中，具体的抵付额度通常取决于进口方对技术设备的需要程度、返销产品的供应能力、设备供应方推销设备的迫切程度，以及其他可能影响双方谈判地位的各种要素。

（3）回购产品的作价。

对于期限较短（一般1~2年）、金额较小而且产品价格相对稳定的补偿贸易，有时可在合同中明确规定回购产品的价格。但是，补偿贸易的特点往往是金额较大、期限较长，有时甚至要持续10~15年。在这种情况下，一般认为在合同中最好不固定价格，但必须规定作价的原则、时间、定价标准、方法及程序等，以利于合同的执行。

（4）对回购产品销售地区的限制。

回购的产品，除有时自用外，多数情况下都是用于转售。在回购产品销售市场这个问题上，双方往往也存在着分歧。对于承诺回购义务的一方来说，总是希望尽量减少对回购货物转售的限制。对于回购产品的供货方来说，则通常是希望能对产品销售的地区加以限制。此外，如果设备涉及工业产权，也应对其产品的销售地区加以一定的限制，以免出现侵权行为。

（四）进行补偿贸易应注意的问题

（1）选择合适的项目。补偿贸易项目要选择生产型的项目，要保证返销数量，企业要达到自身的外汇平衡。在签约前要对每个经济效益指标进行论证和评估。

（2）认真核算贷款成本，合理安排偿还期。

（3）选择合适的补偿产品。补偿产品应兼顾双方利益，畅销产品和滞销产品搭配，防止补偿产品冲击本国同类产品的正常出口。

（4）选择合适的客户对象。应当选择信用好、融资能力强、有稳定销售渠道的客户对象。

（5）尽量利用设备出口国的出口信贷。补偿贸易的显著特点就是利用外资，必须先使用外国的机器设备，如果在规定支付方式时违背了这个原则，就脱离了补偿贸易的内涵，有可能导致外商先使用我国外汇资金的现象。

四、直销

世界上普遍认可的直销定义是由世界直销协会联盟在其制定的《世界直销商德约法》中作出的解释，即直销是指“直接与消费者在其家中、工作地点等商店以外的地方进行产品销售或服务的行为，通常由直销人员在现场对产品或服务作出详细说明或示范”。

（一）直销的特点

1. 面对面销售

从世界直销协会联盟对直销的定义可以看出，直销强调的是销售员与顾客之间的直接沟通，即面对面的交流，在这一过程中销售员对产品进行演示或提供相应的服务，最终双方达成交易。

2. 不设固定零售点

这是直销有别于一般零售的表现，它属于无店铺的零售方式。一般由直销员到顾客家中、工作地点或其他非特定场所介绍产品进行销售。但并非所有直销都不设固定零售店，如韩国的直销法就规定每100位销售员必须配有一个店铺。而我国政府规定直销公司必须通过店铺＋推销员的方式进行销售。因此，随着经济的发展、各国法律的修订，对于直销定义中的无店或不设固定零售店的描述应加以修订，改为大部分直销无店铺或不设固定零售店。

（二）直销的基本形式

1. 厂家直销

厂家直销是指厂家不经过任何商业上的批发环节，直接销售自己的商品。例如直接派售货员送货上门、自己开店销售等。有的厂家两种性质的销售方式均有采用，既有直销，也从事商业批发。厂家直销的方式也有很多，常见的是厂家生产出来后通过直销员将货物销售给顾客并送货上门；也有前店后厂的形式，如一些生产鞋类、服装类的手工作坊，在后面作坊中生产出来后放到前面柜台进行销售；此外，一些厂家的连锁经营也有直销的特征。

2. 农民、手工业者的个体直销

这即自产自销产品，历史上早已存在，是生产者与消费者达成交易的一种常见形式。随着经济的发展，这种销售方式已应用到国际贸易领域。

3. 邮购直销

邮购直销是指消费者通过各种各样的商品邮购信息，采用信函、电话、传真等办法，向厂家直接订购商品，常见付款方式为汇款，现在也有部分厂家可以货到付款。消费者可以足不出户即收到自己所需的商品。

4. 电视直销

交易流程与邮购类似，只是消费者获取商品信息的渠道不同，邮购一般为厂家信函或宣传单广告，而电视直销的信息传播主要依靠电视广告。电视购物一般采用电话订购、送货上门的方式，更加方便、快捷、可靠。

5. 网上直销

这是随着电子信息技术及互联网的发展新兴起来的一种销售方式，是指生产厂家直接在网络上发布产品信息，将产品销售给消费者。其交易磋商、订购方式、付款方式更加多样化，既可以通过传统信函、电报、电话，也可以通过互联网来进行。

当然上述几种只是常见的一些直销方式，除这些方式外还有电话营销、商品目录营销、数据库营销等多种直销方式。

（三）直销的利弊

1. 直销的优点

（1）减少流通环节，降低交易费用，使产品价格更具竞争力。

（2）不受时间与空间的限制，有利于增加销售量。

（3）大部分产品的外观形态可以通过面对面交流而得知，有助于消费者了解产品，

促成交易。

2. 直销的缺点

（1）参与直销的生产者资质各异，产品质量良莠不齐。

（2）一些直销方式消费者只能通过间接的接触来了解产品形态、质量，如网络、电视、邮购等，可能会出现理解偏差或产品实物与所见不一致。

（3）由于直销方式多种多样，加之为新兴贸易方式，各国法律法规还不够健全，易被一些不法分子利用漏洞欺骗消费者，牟取暴利。

项目十三
任务训练

参考答案

课后记

本书在编写过程中摈弃过时内容，紧贴当前国际贸易领域最新内容，力求通俗易懂、循序渐进，旨在为学生及相关爱好者提供一个简单易学的平台。

本书由吴兰担任主编，李超翠、黄灿、肖映红担任副主编。本书得以顺利出版，首先要感谢北京理工大学出版社编辑的大力支持，是他们为编者与广大读者提供了一个学习交流的平台。此外还得感谢重庆工程职业技术学院的领导（老师）的鼎力帮助，感谢他们的支持与指导。本书在编写过程中参照了大量书籍、学术期刊，并加以引用，在此我们对原作者表示衷心的感谢。